冯志刚 主编

朱臻 樊新强 副主编

『龙门书院·上海中学』书系 冯志刚 总主编

纳新固本

——普通高中『双新』视野下学科教学校本纲要导引

上海教育出版社

SHANGHAI EDUCATIONAL
PUBLISHING HOUSE

走在向世界一流研究型、创新型
学校发展的新征程上

（代总序）

上海市上海中学的前身是创始于 1865 年的龙门书院。150 多年来,学校秉承"储人才备国家之用"的办学宗旨,坚守"自强不息、思变创新、乐育菁英"的龙门之魂,为国家的发展与民族的振兴培育了一批又一批英才。

进入中国特色社会主义新时代后,上海中学持续走在向构建世界一流研究型、创新型学校发展的新征程上,比肩世界名校,不断深化国际视野下不同领域拔尖创新人才的早期培育之内涵,持续为师生营造研究氛围、搭建创新平台,力求在基础教育领域的探索与引领方面继续发挥应有的作用。我们在不断思考与实践的基

础上形成了本套"龙门书院·上海中学"书系。

立足于人力资源强国建设与创新型国家的建构,我们将世界一流研究型、创新型学校理解为:以具有国际视野、本土情怀的拔尖人才的早期培育为基础,倡导独立思考、敢于质疑的精神,构建师生感兴趣的良好研究领域,鼓励创新,包容失败;以学校独具特色的、可选择的课程体系建设为载体,集聚起大量高层次教学与科研能力的创新型师资,同时利用社会资源,做好高校、科研院所等与基础教育阶段的学校在研究与创新方面的有机衔接,不断释放师生的研究激情与创新活力。

构建世界一流研究型、创新型学校的实践,重在搭建一个核心平台——"培养具有国际视野、本土情怀的拔尖创新人才的早期培育实验";追逐两个发展关键点——"研究型"与"创新型",前者以"研究氛围的营造"为切入点,注重以研促学、以研促教;后者重在创新平台的搭建,以教学创新、课题创新、项目创新来推进,并以教育教学、学校管理的创新作为支撑,以思想与方法创新为内核。"研究型"强调机制支撑,重在土壤培育;"创新型"强调目标驱动,重在学问之道。

世界一流研究型、创新型学校的建设,力求教育教学质量的高水平和人才培育的高素养,不局限于传统课程和教材内容的传授,而以提升人才核心素养与21世纪所需人才的关键能力为着力点。打破学生发展的学段培养之时限、打破课堂空间之局限,为终身学习、读好书本与实践两本人生之"大书"打下坚实的基础,着眼于学生的生涯规划与人生之路的可持续发展。

为此,学校把握时代发展的脉搏,注重"在传承中发展、在发展中谋划",在传承上海中学原校长唐盛昌先生的诸多改革思想的同时,在育人方式、办学理念、管理机制、治理体系、人才培养模式,乃至校园文化等方面与时俱进,不断创新。

世界一流研究型、创新型学校的建设,有其固有的一些特质。

需要在传承与发展的基础上，强化以创新为核心的文化基因，提倡教学与研究并重，在优势学科教学与研究上逐渐形成品牌；需要搭建大量的基于科学技术、体现时代特征的创新平台，促进学生个性潜能的发展、提升阶段最佳发展取向的选择能力；弘扬"不走寻常路"的学校精神；展示教师的学术领导力。在构建世界一流研究型、创新型学校的新征程上，我们需要不断强化这些特质，不断寻求学校发展的"新支点"。

我们将一如既往，坚持"守得住理想、耐得住寂寞、干得成事情"的办学精神，坚守中国本色、强调国际特色、促进中西高端教育的融合，努力提升教学的学术水平，为学生创建一片多课程、多课题、多项目的"海洋"，让他们在"游泳"中去发现自己的兴趣、特长与潜力之所在，成长为一个有理想、有本领、有担当的时代新人。

当下，上海中学已经走在向世界一流研究型、创新型学校发展的新征程上，需要在坚守理念与做好顶层设计的基础上做很多事情。"龙门书院·上海中学"书系的持续推进就成了题中应有之义。相信它能为教师拓宽视野、追求学术、探究育人、提升专业创设发展平台，以促进教师的反思与顿悟；也是为学生的聚焦志趣、激发潜能、提升素养、展示才华并攀登高峰搭设梯子；更是一份展现中国特色、世界水平的现代教育先行先试的学校实践之记录，为同类学校有特色的多样化发展奉献我们在探索之路上的实践与思考，有助于促进彼此的交流。

是为序。

上海中学校长、国家督学、正高级教师
2023 年 3 月

前言:高中育人方式变革视野下 高品质实施新课程的空间

　　为推进新时代普通高中育人方式改革,国家明确要求普通高中在 2022 年前全面实施新课程、使用新教材。《普通高中课程方案(2017 年版 2020 年修订)》明晰了新课程应着眼于"推动人才培养模式的改革创新,培养德智体美劳全面发展的社会主义建设者和接班人"的育人追求。2020 年 7 月,一批新课程新教材实施的国家级示范区、示范校名单经教育部遴选公布,上海中学获准成为普通高中新课程新教材实施国家级示范校。在高中育人方式变革视野下,推进普通高中高品质实施新课程,不同类型的学校可以根据自身的传统、基础以及学生群体的特点进行多维发展,在把握共性要求的同时进行特色、个性的追寻,立足于形成高中育人方式改革的大格局谋划,进行学校战略智慧拓展与实施空间营造,使普通高中的办学活力与主观能动性得到最大限度释放。

高中育人方式改革关注学校高品质实施新课程

　　普通高中高品质实施新课程的空间,来自对高中育人方式改革的追求,应注重对新课程实施要求的精准把握。在高中育人方式变革背景下推进学校高品质实施新课程,不同类型的学校要从生源选拔到促进学生课程选择、从关注学生学科成绩到注重学生全面成长的观念转变,形成具有中国特色、体现国际发展趋势、充满活力的学校课程实施系统,提升课程思想性、科学性、时代性、系统性、指导性,体现新时代五育并举的教育方针。在新课程实施中,应凸显"面向人人"(教育公平)、"适合人人"(尊重差异)、"更加灵活"(保证基础兼顾选择)、"更有质量"(强调培育学生核心素养与综合素质)的特质。

高品质实施新课程,首先强调对高中育人方式改革要求的把握,扎实地贯彻新课程新教材改革的精髓,进行规范化实施,关注对新课程要求、规则的把握(如必修学分 88 学分,选择性必修学分≥42,选修学分≥14,是必须强调与达成的)。然后,根据学校的教育文化传统与办学特色进行拓展与延伸,强调有特色、大格局与创造性实施。有特色在于把握新一轮课程改革为学校课程实施留足的自主空间进行特色谋划;大格局在于注重整体设计与分步推进相结合,正确处理好小与大的辩证关系,既要关注高位突破的一小步,也要强调整体实力提升的大发展。创造性在于人才培育上突破惯性思维,师资培养上敢于推陈出新,综合素质评价改革引领上瞄准学校发展的战略定位。

学校高品质实施新课程空间拓展应把握的立足点

不同类型的普通高中在分析学校已有基础、生源特点、办学追求的同时,进行高品质新课程的空间拓展,应把握几个基本立足点。

首先,聚焦一个目标。普通高中实施新课程,必须牢牢把握落实立德树人这一根本任务,强化五育并举,促进学生全面而有个性的发展,为使高中生成为有理想、有本领、有担当的时代新人与创新人才奠基。学校力求通过育人方式的变革,实现"凝聚人心、完善人格、开发人力、培育人才、造福人民"的学校教育改革追求,促进学校持续走在研究型、创新型高中发展之路上,为学生适应社会生活、高等教育和职业发展做准备,为学生终身发展奠定基础。

其次,提升两大素养。普通高中实施新课程,需要把握学科核心素养的内化要求,在促进高中生核心素养与综合素养提升上形成切合学校发展特点的思考,具体可以表现在高中生作为"人"的核心素养和"学习者"的核心素养上。其中"人"的核心素养主要体现在作为时代新人需要具备不断学习以适应时代发展的正确价值观、必备品格和关键能力。"学习者"的核心素养体现在通过高中阶段各学科核心素养的学习内化,为学生成为未来国家发展需要的时代新人夯实根基。

最后,凸显三大亮点。新课程改革方案为学校课程实施留了更大的自主空间,学校可以根据已有的基础优势与学生发展需求,瞄准战略定位,在人才培育上突破惯性思维,大胆实践,敢于推陈出新,凸显出新课程的三大亮点:

其一,凸显新课程新教材的育人情怀高度,彰显高中育人方式变革视野下的时代特点与思想高度。充分挖掘学科育人的思想性,在新课程新教材的实施中培育学生社会主义核心价值观。在挖掘新课程新教材的育德元素上形成示范经验,将社会主义核心价值体系有机融入新课程新教材的实施体系化建设中,对新教材进行大单元、任务群、结构化、演绎式、组合型、串联组等多样教学探索。

其二,凸显新课程新教材实施的因材施教强度。根据学校集聚学生的共性与差异性特点,在筑牢学生发展共同基础,高标准实施国家必修、选择性必修课程的同时,在规定课时中选择增加学科课程"溢出内容"进行延伸与拓展,用足用好新课程提供的选修课程开发空间,为不同优势潜能、不同兴趣爱好的学生提供丰富、多样、高品质的选修课程系统。

其三,凸显新课程新教材实施的探究精神深度。以跨学科研究、深度学习、课题开展与项目设计等为载体进行突破,深化基于学习生活记录的评价制度改革。重视学生探究精神与创新能力的培养,注重学科间联系与内容整合,鼓励不同学科潜能学生合作、不同学校学生之间合作,完成跨学科课题与项目的研究。

学校高品质实施新课程的空间营造应脚踏实地稳步推进

一般而言,课程包括四个层面,国家规定的文本形式课程计划、学校具体实施的课程方案、教师落实在教学中的课程、学生学到的习得课程。在普通高中育人方式改革视野下推进学校高品质实施新课程,主要侧重于后三个层面,让新课程改革要求在学校落地生根。普通高中可以结合学校的办学定位和已有优势,围绕课程体系建设、课程组织管理、教学改革、考试评价改革、校本教研五项建设任务,分析学校面临的挑战,为新课程在学校落地进行空间延伸,培土固根,具体可以在激活四个平台、优化五个系统上下功夫。

激活四个平台,立足学校已有基础进行延伸与突破。新课程新教材实施需要师资资源、课程资源、实践资源、技术资源的匹配,相应需要学校激活四个平台。第一,有利于新课程新教材实施的教师激励平台。推进以研促教、以研促学的普通高中教学学术系统与教研激励系统,让绩效激励与学术激励融于一体。第二,拓宽激发学生兴趣、开发学生潜能的实验室探究平台。充分挖掘新课程新教材中的实验探究内容与学生聚焦志趣、激发潜能的实验空间,促进学生基于实验室平台的自主、合作、探究学习。第三,围绕学生生涯发展指导,进一步优化学生的选课指导平台。在尊重学生兴趣和志向的基础之上,引导学生将课程选择与兴趣特长、潜能开发、社会需要融为一体。第四,提升学生进行探究创新的科创空间平台。学校应善于拓宽现有的科创空间,整合现实空间与虚拟空间,打造场景化、沉浸式、互动式的智慧校园,营造具有引领价值的、基于高水平人才综合能力与创新素养培育的科创平台。

优化五个系统,落实五项基本建设任务和学校特色的建设任务。普通高中应注重匹配新课程标准的思想性、时代性、基础性、选择性、关联性五大原则与德智体美劳五育并举要求,优化五个系统。其一,根据学生实际需求和学校"高立意、高思辨、高互动"的教学特色,以各学科教学校本纲要、高选择性选修课程体系为载体,形成国家课程框架下的实施系统;其二,形成以认识自我与认识社会为主线的学生发展指导系统,围绕学生的志趣聚焦、潜能开发,创设有助于学生全面发展基础上个性特长发展的成长环境;其三,形成学科核心素养教学再造系统,推进基于新课程新教材的内容重组的教学方式、教学路径、教学管理与教学评价的变革,促进课程教学改革从"他组织"向"自组织"转化;其四,形成以考试评价研究为推力的真实学习过程评价系统,普通高中应稳步推进学分认定和管理制度,完善综合素质评价制度,编制切合学生成长特点的成长记录册和考评办法;其五,形成以大中学合作为支撑的校内外课程资源统整系统。如利用周边企业资源、科研院所资源进行学生生涯规划导引,借助高校资源深化以专门课程开发、课题研究与导师制为载体的大中学合作,促进有发展潜质学生的志趣激活与潜质开发等。

诚然,每一所普通高中在新课程实施过程中,可以根据学校已有基础与实际,既形成高品质实施新课程的大格局谋划,也要关注普通高中多维分类发展的要求,关注共性要求下的个性、特色凸显,发挥学校的能动性与创造性,为高中育人方式变革提供学校智慧,为人才培养模式创新注入学校推动力。(此文主要内容曾以"新课程如何撬动高中育人方式变革"为题,刊发于《光明日报》2020 年 12 月 29 日第 13 版,在编入本书时有所删改。)

2023 年 6 月

目录 contents

普通高中"双新"视野下
思想政治学科"三高"教学纲要导引

一、思想政治学科"双新"视野下"三高"教学的内涵诠释

"三高"教学,即"高立意、高思辨、高互动",是上海中学在其创新素养培育实践研究基础上探索出的教学模式,旨在为资优生的进一步发展提供良好的"土壤"。

习近平总书记在中国人民大学考察时指出,"思政课的本质是讲道理,要注重方式方法,把道理讲深、讲透、讲活"。习近平总书记的重要论述深刻揭示了思政课的本质,为新时代思政课建设指明了前进方向,提出了明确要求。根据《普通高中思想政治课程标准(2017年版2020年修订)》(以下简称课标),高中思想政治课程是落实立德树人根本任务的关键课程,是帮助学生确立正确的政治方向、提高思想政治学科核心素养、增强社会理解和参与能力的综合性、活动型学科课程。这一对高中思政课程的完整定位在客观上为思政学科"三高"教学提供了方向上的指引与要求。

1. 以习近平新时代中国特色社会主义思想为主线的教学内容呼唤高立意

高中思政课的首要要求是讲述马克思主义基本原理,紧跟实

践基础上的理论创新进程,阐明习近平新时代中国特色社会主义思想,落实立德树人根本任务,全面加强爱国主义、集体主义、社会主义教育。这样的宏大叙事如何在上中资优生群体中落地,考验的是思政教师对相关意识形态内容的高立意领会与教授。"双新"背景下的思政课教学以习近平新时代中国特色社会主义思想为主线,要将学习内容与新时代伟大梦想的历史使命和时代担当紧密结合在一起。习近平新时代中国特色社会主义思想是马克思主义中国化的最新理论成果,将其融入思政课教学,既是用新理论武装青年大学生头脑的现实需要,也是思政课高立意教学的内在要求。

习近平总书记强调,"'大思政课'我们要善用之,一定要跟现实结合起来"。高立意的思政课应从大历史、大体系、大视野视角中进一步构建跨越百年历史维度、多维时空协同育人的思政课新形态,这启示思政教师应善用科学思维方法,在重大事件和社会热点相结合处着眼,在"思政小课堂"和"社会大课堂"相结合上着力,立足高中思政课教学,助力构建大中学思政课一体化格局。

思政课的本质是讲道理,要把道理讲深、讲透、讲活。"双新"背景下的上中思政课堂必须重视高立意,既要对课本涉及的理论知识进行"有高度"的理解,又要对所联系的社会实践展开"有高度"的分析。前者要求思政教师必须将相关的意识形态内容置于更为深远的历史脉络与思想谱系之中,从更为宏观的理论视角对当前的意识形态内容与任务形成更为完整和充分的理解;后者要求在将意识形态内容落地时,不能采取简单的一一对应式的举例说明,而应当注重分析理论与实践之间的复杂关系,以抽丝剥茧的方式展现相关案例的多个维度,帮助学生更好地理解理论与现实。

2. 强调参与能力和社会理解的课程开发要求高思辨

课标及学科核心素养强调公共参与能力,即思政课程最终是服务于学生的社会生活的,这无疑大大拓展了高思辨的外延,即从校园内对教学活动的思辨拓展到了与社会的对话与活动,这便要求高中思政课在教学设计中进一步关注实际生活的复杂性与多样化,通过多种形式的教学活动,如社会调研、志愿者服务、社团活动等类型的平台强化学生对社会的体验与认知,并从中理解社会问题的复杂程度,在高度思辨与实际相结合的过程中真正具备社会参与能力。同时,公共参与能力也是学生政治认同、科学精神、法治意识水平的彰显,学生将学科核心素养融会贯通,参与社会生活中,成为负责任的社会主体,是衡量高思辨教学下学生思维能力发展水平的重要基准。

课标强调高中思政课的改革方向与问题导向,明确了情境化、议题化教学在高中思政课程中所具有的主导地位。由此,"双新"背景下的思政课程不再出现以往常见的以单个知识点对应单个案例的举例说明式教学方法,而必须强调在一个完整课时和具体情境中解决一个完整的社会性议题,这一要求决定了课程设计中的情境与议题必须具备足够丰富的维度,在内容上能融会贯通本课时所要教授的知识内容,在形式上能使学生在探究具体议题的过程中自主运用知识与技能寻求问题的答案,而这两项要求必然指向高思辨的特征,即教师与学生在反复的交换意见过程后最终形成一个系统化的完整的结论或方案,以避免出现单一化的对知识点的死记硬背,从而失去与现实问题对话的能力。

课标的确定和思政课教材编写的逻辑线是学科基本观点,教材的每个单元均凸显教师希望学生理解、认同并能论证的学科基本观点。在思政学科基本观点的探究过程中,教师通过辩论、研讨、辨析等模式推进学生形成高思辨能力,在思政课学习后能旗帜鲜明地坚持正确观点,驳斥有失偏颇的观点,在思辨中提升科学精神,树立正确的价值观。

3. 综合性、活动型的课程设计要求需要高互动

课标明确将高中思政课程定义为综合性、活动型课程,强调教学要促进学生的知行合一,凸显课程的实践性与参与性。这一要

求的实现绝不可能一蹴而就,而是需要师生在长期的互动过程中共同努力,不断深化才能达成。

　　无论是在课堂内由教师创设的情境中,需要教师以互动方式对学生进行循循善诱,还是在课堂外,当学生自主发现社会性问题后在与教师的不断互动中逐渐聚焦问题、分析问题最终解决问题,这些都必然指向高互动的教学模式。教师必须摒除在课堂上以理论传授实现毕其功于一役的旧有观念,高度重视在教学过程中关注学生每一阶段的言行反馈,并随时做出必要的调整,从而真正积极地引导学生从活动中收获真实的问题与答案。平时,教师应当积极回应学生的各种问题并有意识地引导学生透过问题的表面不断挖掘更深层次的内容与问题,从而在不断的互动过程中加深学生对教材与现实的理解。

二、思想政治学科"双新"视野下"三高"教学的内容统整

1. 单元教学背景下的教学内容梳理

　　高立意的教学理念规定了理论与知识的高度整合,高思辨的教学方法决定了解决问题所需工具的复杂程度,高互动的师生关系明确了教学活动的层层递进。因此,在"三高"教学理念下的高中思政课时设计必然是单元化的。只有以单元化教学的方式才能既展现完整而非片面的情境与议题,又包含丰富的活动内容与过程。

　　因此,虽然新的统编高中思想政治教材已经在课程设计上实现了单元的划分,但是思政教师仍然要在此基础上进一步整合教材内容,充分挖掘篇章之间的逻辑关系,从而做到在有限的课时中以最高的效率将尽可能多的内容以合乎逻辑的方式完整地体现在课堂教学任务中。

　　例如,必修一《中国特色社会主义》作为教材的第一册,其特点在于着眼于整个人类社会的发展历程,立足于整个中国特色社会

主义的伟大实践,因此对其内容的梳理绝对不能仅限于课本内的"小世界",而是应当与其他必修和选择性必修教材进行充分的比对与理解,保证在后续的教学环节中形成与之呼应的体系,从而形成一个"大宇宙",使知识与知识、理论与理论之间的关系更为密切,让学生加深对相关内容的理解与应用。

2. 服务于解决社会性问题的知识整合

"三高"教学的内容统整除了要注意内容间存在的逻辑关系,同时要注意不同内容在解决同一问题中所发挥的作用,即统整于某个社会性问题之下,为提高学生的学科核心素养提供完整的工具箱。

例如,在教授形式逻辑相关知识时,从知识体系角度看,这一内容具有相对独立的特征,但是如果将其置于具体的价值判断问题中时,就能与教材其他内容形成实际上的联系。以分析"中国威胁论"为例,常见的反驳方式是从内容上展开的,学生会较为自然地动用我国的外交政策等知识对"中国威胁论"进行回应,驳斥其与实际情况不符的观点。另外,"中国威胁论"在形式逻辑上也存在大前提"逢强必霸"的观点并非通过必然推理而是通过不完全归纳得出的或然推理的结论,因此从形式上不能确保其结论为真。

教师在将理论联系实际的过程中有意地选择与其他知识点可以共同解决同类问题的情境与议题,是一种对现有教材内容的有价值的统整,既体现现实问题中的多角度,又使学生领悟不同理论与知识之间的关系。

三、思想政治学科"双新"视野下"三高"教学的特色创建

1. 积极探索思想政治教学中跨学科思维的理论分析

上海中学的思想政治学科教学,继承和发展了"三高"教学的

风格,在"双新"背景下,探索将培育学生思想政治学科核心素养作为立德树人的抓手。核心素养是指适应学生终身发展需要的能力与品格,且与知识经济时代的发展要求相契合。关于核心素养及其理解的各种观点,虽然在语汇表述上略有差异,但普遍认为,核心素养至少应具备如下特征:第一,统整性,即核心素养是包含并统整了三维目标的综合素养。第二,跨领域性,即核心素养软化了学科边界,是不指向单一学科或领域的学科群或跨领域的素养。

在高中学段,各学科中都蕴含丰富的思政课的资源、内容与因素。为此,教育部提出"将中小学德育内容细化落实到各学科课程的教学目标之中,融入渗透教育教学全过程"。各学科教学虽然跟思政课教学在教学目标、教学方法、教学评价等方面存在诸多差异,但换个角度看,倘若将各学科教学中的德育资源渗透"翻转"过来,即合理运用政治课教学中的跨学科思维渗透策略,定能给思政课教学提供新鲜的概念、素材与思维方法。经过思政课教师的合理剪辑与编排,有机融入教学中,以达到改善教学效果,提升教学品质的目的。

在思想政治教学中渗透跨学科思维的策略,与发展学生核心素养的目标取向是统一的。这种统一,具体体现在知识与技能、过程与方法、情感态度与价值观三个层面。首先,思政课教学中渗透跨学科思维,活化了思政课的教学内容,丰富了思政课的教学资源,帮助学生培育学科群或跨学科的知识体系,以此回应让学生形成核心素养的知识与技能维度的诉求。其次,思政课教学中跨学科思维,不是简单的机械叠加或单向灌输,而是在充分挖掘各学科的认知方法、思维方式后的多学科整合过程,以此满足让学生形成核心素养的过程与方法维度的诉求。再次,思政课教学中渗透跨学科思维,从不同的知识体系、方法体系中汲取养分,培育学生对学科的信任感、忠诚感、归属感,进而形成正确的世界观、人生观、价值观,以此契合让学生形成核心素养的情感态度与价值观维度的诉求。如果核心素养是作为新时代期许的新形象所勾勒的一幅蓝图,那么,各门学科则是支撑这幅蓝图得以实现的"构件",它们各自拥有其固有的本质特征及基本概念与技能,以及各自学科所体现出来的认知方式、思维方式与表征方式。[①]

2. 积极探索思想政治教学中"跨学科思维"的行动案例

上海中学思政教研组通过在思政课教学中渗透跨学科思维,进一步加深了对学生核心素养内涵的认识,探索思政课教学的新方法、新策略。以下就以新教材必修四《哲学与文化》第二单元"认识社会和价值选择"为例,分析教学中如何体现跨学科思维的有机渗透,体现"三高"特色。

先梳理"价值选择"这一节课的教学环节。第一步,教师并没有在"什么是价值选择"这个概念上花费太多精力,而是通过视频"小明的烦心事"呈现两难情境,引发认知冲突,增强学生在真实情境中对"如何看待责任担当"这一价值判断与选择进行思考的初步代入感。第二步,考虑学情,教师紧紧围绕"为什么我们需要责任担当"组织学生进行讨论。通过寓言故事的铺垫,让学生经过协同学习、跨学科思考以及计算机程序运算,分别从生物进化思想、理性的"经济人"思想以及重复博弈论思想中汲取养分,对该问题进行多角度分析。在这个过程中,学生不断与他人分享观点,修正完善自己原先对"责任担当"的认知,获得新的跨学科知识与方法的支持,从而培育学生对"我们需要责任担当"的价值判断与选择初步认同感。第三步,笔者让学生讨论"我们该以什么样的动机来考虑责任担当问题",借助柯尔伯格的道德认知发展阶段理论,引导学生分类与反思第二步中对两难情境问题回答时的每条理由。至此,学生获得的对责任担当的价值理解与判断,不再是教条式的,

① 钟启泉.基于核心素养的课程发展[J].全球教育展望,2016(1):8.

而是经过体验、反思后新生成的。

在思政课教学中渗透跨学科思维的策略,与发展学生核心素养的目标取向是内在统一的。本节"价值选择"课例,通过渗透生物学、经济学、数学、信息技术的相关知识与方法,旨在更好地发展与完善学生核心素养中的"社会责任"这一关键能力与人格。

3. 积极探索思想政治教学中"跨学科思维"的反思

从根本上说,思政课教学需要从"教师为中心"转向"学生为中心",恰当运用跨学科思维渗透策略。结合"价值选择"课例的实践,笔者认为,"三高"教堂中需要具体把握好两个着力点。

第一,思政课堂需要情境教学。"双新"与"三高"的融合,核心素养是抓手,是目的。而学生核心素养的促进是一个内化和外化的整合过程。体验使得核心素养的发生变成可能。学生核心素养的培养过程离不开情境,脱离生活场景而成的道德观念是不牢固的。在课例中,教师设计"小明的烦心事"这个两难问题,引发学生的观点冲突与深入讨论。两难情境的设计,既关注学生生活实际,充分考虑学生的困惑、挑战等心灵触发点,又包含"双新"教学的目标要求,从整体上把握课程的知识结构和学生的思维结构。

第二,思政课堂需要跨学科教学。学生在面对复杂情境时,需要运用跨学科的知识与技能,统整性地寻求问题解决方案,为价值理解和判断寻求多学科理论支撑。为此,教师可以将思政课教学中的核心问题分解成若干子问题,并通过与信息技术的深度融合①,实现跨学科的统整教学,以提高教学效果与品质。在课例中,学生在思考"小明的烦心事"这个两难问题时,笔者通过巧妙的问题设计(为什么为集体担当责任从长远看是最优选择)引导学生借鉴生物课中生物进化思想、经济课中理性经济人思想、数学课中重复博弈思想进行跨学科统整思考,让学生认识到:从生物进化角度

---

① 胡燕红.面向核心素养的教学设计转型[J].教学与管理,2017(12):6.

看,合作与担当有利于作为社会人的长远发展;从理性经济人角度看,每个人在遵循规则与不损害他人利益前提下的理性行为是最经济的;从重复博弈角度看,选择信任他人、承担责任,最终"好人必有好报"。这样,学生对于价值判断与选择理解,不再是平面的、单角度的,而是立体的、多角度的。

四、思想政治学科"双新"视野下"三高"教学的资源开发

"双新"实施以来,为切实推进统编教材的全面落实,高中思政学科教研需要在把握和聚焦学科核心素养的前提下,在课程实施过程中,多渠道地开发教学资源,从教学方法、教学资源、教学协同等方面,立足"三高"推动资源共享,完善思政课程教学。

1. 激发中青年师资优势,积淀特色教学资源

教育是面向人的事业,同时是由人构成的事业。当前,以学习者为中心的指导思想,以提高教师能力为本位,以认知领域、内省领域、人际领域和教学领域为主要维度,对教师个性化教学的能力要求进行全面阐释。[1]因此,建立一支师德良好、素质优良、结构合理、充满活力的教师队伍,对保障教学优势至关重要。上海中学政治教研组共有教师 5 名,以中青年教师为主,能够在教学方式、教学课件、教学经验等方面进行有效传承。在思想政治理论课教师队伍建设中,中青年教师在出生成长环境、受教育程度、价值观、工作观等方面有着一定差异。[2]因此发挥各个年龄段教师的优势,充分调动各个年龄段教师的积极性和创造性,有利于在立足基本素养的基础上提高高中思想政治课程教学的多元化。同时,教师在政治教学的模块中,有各自擅长的领域,如经济、政治、哲学等,这

---

① 王晓莉,杨淑霞.教师个性化教学能力构成的审思——基于美国《指向个性化,以学习者为中心的教师教学能力框架》的分析[J].现代教育论丛,2021(06):82-90,96.

② 苏尚.思想政治理论课教师代际差异研究[J].现代企业教育,2013(22):115-116.

就需要他们充分挖掘自身优势,积淀特色化教学资源。此外,教师在教学中不仅要注重其个性化特征,同时要注重学生的个别差异,采取个性化教学①,即结合教师个人特色与学生个性化需求,逐渐积淀特色教学资源。在不断丰富特色教学资源的过程中,渐渐让学生成为学习的主体,让教师成为学生学习活动的设计者、指导者和促进者。

2. 立足资优生培育体系,拓展校外资源开发

1999年,中共中央、国务院作出《关于深化教育改革全面推进素质教育的决定》,提出"全面推进素质教育,为实施科教兴国战略奠定坚实的人才和知识基础"。全面推进素质教育要求素质教育的实施应贯穿各级教育之中。上海中学在夯实基础课程的同时,强调五育并举,德智体美劳全面发展,已经形成一套资优生的培育体系,培养学生的学习兴趣、创新精神和实践能力。上海中学的发展课程图谱,尤其是在设计大型发展课时,邀请上海高校教授前来授课,其中多门发展课均与政治学科联系紧密。比如,面向平行班学生的走进法的世界、金融实验课等大型发展课,就邀请华东政法大学、上海财经大学教授前来授课,两门课程与必修三《政治与法治》、必修二《经济与社会》联系紧密。再如,面向科工班学生的社会科学方向专门课,邀请复旦大学社会发展与公共政策学院教授前来辅导课题,还有"复旦大学—上海中学学术兴趣与素养培育的导师制计划"中的哲学、政治、经济等方向,均与高中思想政治教学联系紧密。这些校外资源将有利于资优生培育课程体系的建设,并完善校内思政课程的设计与拓展。

3. 深化数字技术运用,基于学情精准施教

教育是直接培养人的,教育者以怎样的方式去做事,背后都是

---

① 陈慧敏.教师推进个性化教学策略的研究和实践[J].基础教育研究,2017(09):34-36.

有深刻动因的。①对学生学情的了解,便是教学设计的最大动因。随着在线教育、云课堂的兴起与发展,将数字技术运用于教学过程中的各个环节,已成为提高教学质量、构建以学习为中心课堂的有效措施。在推动数字技术广泛运用的过程中,每个学生的个性化发展越来越受到重视,教师可基于详尽、真实的数据,清晰了解学生的学情。通常来说,研究学情的方法一般有考试测评法、问卷调查法、访谈法等②,了解学情可以更有针对性。在教学设计中,形成以学情分析为特色的学生数字画像,有利于教师充分了解学生学情,并基于整体学情制订契合学生认知水平与接受能力的教学方案,真正做到精准施教。例如,教研组曾采用问卷调查法,获取高一年级学生对必修三《政治与法治》第三单元"全面依法治国"的学情数据。基于以核心素养为导向的教学观念,从知识基础、学习方法、学习志趣三个方面分别设计调查问题,从这三方面描摹学生数字画像,创设以学生为中心、以学习为中心的课堂氛围。

4. 构建现代创新实验室,将教学与实践结合

上海中学是一所有着悠久历史的上海市实验性示范性高中,在全面贯彻落实《国家中长期教育改革和发展规划纲要(2010—2020 年)》和《上海市中长期教育改革和发展规划纲要(2010—2020 年)》的过程中,学校始终以"为了每一位学生的终身发展,关注学生综合素质的培养"为出发点,全面推进学生创新思维培养与创造能力实践。在上海加速建设具有全球影响力的科技创新中心的背景下,如何培育青少年科技创新人才,如何建立青少年创新素养培育体系,对于创新型教育至关重要。学校已建成的数字交互金融实验室,由政治教研组教师负责金融实验课,对接上海财经大学教

---

①　李海林.从教育哲学的视角看教育的人性假设[J].上海教育,2021(03):83-84.

②　汤林春.学情研究的价值与路径[J].现代教学,2020(Z1):1.

授。学生在金融实验室中有效利用投资证券、股票分析软件及链接专业数据系统,理解投资、金融、证券、股票等概念,并模拟实验。创新实验室为上海中学学生开展研究性学习和实施探究性实验提供了一个全新的教育平台。

5. 基于学习心理与习惯,细化作业分层设计

在校学习是学习者、教学者在特定环境中对一定学习对象的习得过程,需要研究各方面的规律,以获得自觉的、比较全面科学的认识。①在"双减"背景下,以分层设计为原则的细作式作业,是提高学生学习质量的有效方式,其通过分层设计为不同学习过程提供作业选择,保证不同学习阶段作业与学习内容相适应。细化作业分层要求教师熟练运用分层设计的基本原理、核心依据、技术路线,以校本教研为支撑,着力培养学生知识迁移的意识和能力,保证学习质量得到不断提升。以高一思想政治作业为例,在新课开始前设计预习填空题卷,引导学生对照课本进行预习,形成对新一课内容的框架感;在课程结束后,基于遗忘曲线及时巩固知识,培养知识的应用迁移能力,设计与该课相关的具有一定难度的选择题。通过实践,不断对思想政治作业进行优化设计,让作业的数量更合适,作业的质量更高,作业评价更符合学生身心发展和教师的需要②,让课前、课中、课后作业形成整体,相辅相成。

五、思想政治学科"双新"视野下"三高"教学的评价系统

核心素养是当前教育改革的时代追求。核心素养以培养"全

---

① 江永亨,任艳频,于莹.从学习规律视角考察高等教育实验教学的基本属性和课程设计要点[J].中国大学教学,2022(03):58-62.

② 郑雪.初中物理作业分层设计研究[D].江苏大学,2020.

面发展的人"为核心。当教育指向核心素养,知识核心时代将真正走向核心素养时代。教育的任务是为学生未来的发展提供核心能力。核心素养育人目标的提出促进了以发展学生核心素养为主体的评价理念的产生。评价上的问题是制约核心素养培育的关键所在。课标指出,本课程紧紧围绕思想政治学科核心素养的形成与发展,建立激励学生不断进步的发展性评价机制。

有鉴于此,围绕"三高"理念建立促进资优生思想政治学科核心素养发展的评价机制便成了教学改革的重要课题。

1. 纸笔类终结性评价

不可否认的是,以纸笔测试为载体的终结性评价仍然占据课堂教学的主导地位,学业水平考试的纸笔测试性质对学科核心素养考查内容和方式能产生显著影响。然而现有研究多局限于对思想政治学科核心素养测评的某一具体问题的研究,而没有研究整个评价体系的构建问题。"三高"理念如果要落实到教学的最终评价环节,则必须建立整体的对终结性评价与学科核心素养之间的联系。

在系统研究课标中有关核心素养水平的划分标准后,我们发现其中亟待解决的问题在于课标在划分四个水平的学科核心素养中所使用的一组概念,即简单情境问题、一般情境问题、复杂情境问题以及具有挑战性的复杂情境问题四类问题的界定仍处于相对模糊的状态。在终结性评价的命题设置方面,这是一个非常突出的问题,如果不能清晰地区分这四类问题,那么要对学生在纸笔测试中所表现出的核心素养水平进行划分是不可能的。因此,教研组集体讨论并与校外专家交流后,从操作层面将学科核心素养四个水平所对应的四类情境问题进行如下诠释。

表1   情境分类及影响情境复杂度基本因素

典型情境分类	影响情境复杂程度的基本因素
简单情境	情境涉及的行为主体数量 主体之间的相互作用强弱
一般情境	决策要实现的相互竞争目标 影响决策及结果的因素
复杂情境	情境不确定性 立场、观点、价值观或利益的多样性和冲突性
挑战性复杂情境	情境蕴含的价值、功能、作用的丰富性

表2   简单情境描述

典型情境	对应水平等级	情境要素抽象	情境描述
简单情境	水平1	主体单一 关系简单 约束性条件多 立场冲突小 价值功能单一	1. 主体单一且容易梳理出两个主体间的关系 2. 主体的目标明确或不同主体之间的目标冲突小 3. 约束性条件多,情境主体行为结果唯一 4. 立场观点冲突小,易比较冲突点 5. 情境的价值、功能作用单一

表3   一般情境描述

典型情境	对应水平等级	情境要素抽象	情境描述
一般情境	水平2	主体关系简单 约束性条件较多 能预测结果 立场冲突较小 价值功能简单	1. 易梳理两个主体间的关系 2. 主体间的目标冲突较小,目标追求比较简单 3. 约束性条件较多,知道有哪些可能的行为结果,且大致知晓每个结果的实现概率 4. 立场观点冲突较小,易比较不同思想观念的冲突和不同利益群体的诉求 5. 情境的价值、功能作用较简单

表4　复杂情境描述

典型情境	对应水平等级	情境要素抽象	情境描述
复杂情境	水平3	主体间关系复杂 目标选择较多 约束性条件较少 能预测结果但不知道实现概率 立场冲突较大 价值功能较大	1. 两三个主体,主体间产生互相关系,或两个主体间关系复杂 2. 主体间的目标冲突较大、目标追求较复杂,涉及目标之间选择的要素较多 3. 约束性条件较少,知道有哪些可能的行为结果,但不知道结果实现的概率 4. 在利益较多元、价值观较多元的情境下辨析不同思想观念的冲突和不同利益群体之间的不同诉求 5. 基于不同的主体或利益、价值观,从多个维度挖掘情境的价值、功能作用

表5　挑战性复杂情境描述

典型情境	对应水平等级	情境要素抽象	情境描述
挑战性复杂情境	水平4	三个以上主体间关系复杂 目标选择多 约束性条件少 无法预测结果及发生概率 立场冲突大 价值功能大	1. 三个以上主体,且主体间关系复杂 2. 主体间的目标冲突大、目标追求复杂,涉及目标之间选择的要素多 3. 约束性条件少,不知道可能的结果,也不知道结果的概率分布 4. 在利益多元、价值观多元的情境下能辨析不同思想观念的冲突和不同利益群体之间的不同诉求,并作出正确的行为选择 5. 基于主体间关系复杂、目标冲突大、利益多元和价值观多元,从多个维度挖掘、剖析情境的价值、功能作用

以上述表格中的界定标准为指导,纸笔类终结性评价在试题命制过程中,尤其是情境创设环节有了较为明确的评价设计思路,对不同情境下所体现的学生的学科核心素养有了相对清晰的评价标准,在一定程度上避免了评价的随意性与模糊性。

2. 社会调研类过程性评价

除了纸笔类终结性评价以外,以往的思政学科评价方式存在的另一大问题在于,测评实践中呈现测评工具有效性不强、测评方法不丰富等问题。尤其是对知识学习效果的测评方法多,对活动效果以及能力与素养的测评方法少。实际上,学生所经历与思考的内容并不会简单局限于课堂的教学内容。他们有大量的机会参与以社会调研为代表的社会实践活动。在这些直接接触社会的实践类、活动类教学中,如何进行评价,尤其是过程性评价,自然就成了"三高"教学评价所要解决的另一个重要问题。

为此,上中思政课程将眼光投向课堂以外的社会实践活动中,特别聚焦于突出体现学生"发现问题、分析问题、解决问题"的社会调研类活动,对已有的学生调研报告进行全面的研究,整理出一套行之有效的过程性评价方法[1],以此保证学生在参与社会调研中依旧保持高立意、高思辨、高互动的特色。

我们针对一个完整的社会调研周期,从选题、调研方法、抽样、数据分析及报告撰写五个维度进行全过程评价。

在选题维度,我们根据已有的调研报告整理出如下主题:

社会生活类与文化类主题在历年最终成文报告中整体质量偏低。因此,在对选题阶段的评价过程中,会特别注意对这两类主题进行更为细致的评价与指导,防止学生从一开始就选择不当或仅凭主观感受便开展调研活动。

---

① 王开尔.关于高中生社会调研活动中科学精神培育的实证研究[J].思想政治课研究.2020(2):142.

主题	751
教育	46
经济	121
快递外卖	12
旅游业	9
书店&报亭	16
新能源车	5
移动支付	8
科技	12
社会生活	363
公共设施	98
地铁	32
图书馆	14
广场舞	6
环保	41
禁烟	6
垃圾处理	9
交通出行	53
出租车	9
共享单车	11
社会保障	41
健康医疗	18
弱势群体	11
养老	8
社会服务	16
社区管理	20
车位	5
体育	16
饮食	18

文化	120
方言	5
建筑	17
民俗传统	27
音乐艺术	13
宗教	4
校园生活	47
亲子关系	7
作业考试	10
休闲娱乐	48
电影电视	11
动漫游戏	19
政治	6

关于调研方法,我们将是否采用观察记录、人员访谈、问卷调查、专家咨询以及资料收集五类方法中的若干种作为评价依据,并特别为资料收集赋予较高的比重,从而增强学生在调研开展前先阅读相关论文、资料的意识,保证其后续调研的价值。

关于抽样,绝大多数高中生在设计调研过程中往往忽视抽样的重要意义,由此导致虽然开展了大量的调研工作,获得的却是价值含量较低的素材或数据。因此,我们在评价学生的社会调研过程中将抽样作为重要的环节并赋予较高的权重,以此提醒学生对自己研究对象的特征要有一定的认识,从而对自己研究结论的代表性与有效性形成较为合理的判断,从而保证调研的科学性。

关于数据分析,我们既强调从对质性材料的意义挖掘,又从对定量研究的数据分析入手建立评价标准,特别注意在调研过程中评价学生的问卷设计、访谈设计等环节的表现,从而指导学生将一个宏大的问题拆分为若干可操作的小问题,进而保证最终成文的质量。

经过上述四个环节的过程性评价,学生的社会调研能做到以相对更加严谨、科学的态度和方法真正地进入田野,从中发现真实的问题,进行有效的分析,得到可信的结论。最终的报告撰写就成了水到渠成的最后一环,其评价已不再是对社会调研类活动评价的最重要部分。

六、结语

高中思政课程因其具有的学科内容的综合性、学校德育工作的引领性和课程实施的实践性等特征,决定了它将不断随着国家与社会的发展而面临各种新的要求与挑战。在"三高"教学理念的要求下,如何不断以高立意回应时代的新问题,以高思辨解析社会的复杂性,以及以高互动提升学生的获得感,将永远处于发展变化的过程中,这要求教师在今后的道路上必须始终保持对学科本体性知识的旺盛的求知欲,通过不断学习保证跟上时代前进的步伐,同时也必须始终保持年轻、开放的心态,始终将注意力聚焦于学生不断发展的特质和需求上,努力使教学内容既站在坚定的政治立场与科学基础上,又能以学生喜闻乐见的方式不断激发其对真问题、真理论的兴趣与理解,真正完成思政课立德树人的根本任务。

（王开尔）

普通高中"双新"视野下 语文学科"三高"教学纲要导引

《普通高中语文课程标准(2017年版2020年修订)》(以下简称课标),为普通高中新课标新教材实施指明了方向。上海各高中于2019年秋起全面落实"双新"。在此教育大背景下,上海中学语文教研组立足"双新",把握"三高"(高立意、高思辨、高互动)的语文教学要点,依据语文学科本质,在文学阅读与写作、整本书阅读、思辨性阅读与表达等学习任务方面进行了积极的课堂教学实践。

一、语文学科"双新"视野下"三高"教学的内涵诠释

1. 语文学科"三高"教学对象分析——资优志远,因材施教

在"双新"的大背景下,学科发展既要紧跟时代脉搏,也要立足本校特色。上海中学集聚了一批优秀的资优生,他们学习成绩优秀,资质优异,未来目标高远。跟其他学生相比,他们往往视野更开阔,领悟更敏捷,思考更深刻,好奇心更旺盛,探究欲更炽热,自主学习的能力更突出。同时,资优生具有鲜明的个性,展现更为积极主动的表达姿态和互动需求。他们正可谓如百卉之萌动,如利刃之新发于硎,风华正茂。

这样的一批学生,对语文学科教学来说,既是财富,也是挑战。语文学科要立足"双新",贯彻高立意、高思辨、高互动的教学要求,

进行创造性教学。语文教研组内进行了充分的、高质量的特色备课和集体研讨,力争吃透"双新",通过关注个性、激发志趣、强化思辨、加强对话、丰富作业、鼓励创作、引领探究等方式创设更有深度和更为鲜活的课堂,真正做到以生为本,因材施教。

2. 语文学科"三高"教学背景把握——立德树人,厚植情怀

课标明确指出,要充分发挥语文课程的育人功能。国无德不兴,人无德不立,育人之本,在于立德铸魂,在青少年学生"拔节孕穗"的关键时期,语文学科要充分发挥学科优势,落实立德树人的根本任务,厚植家国情怀。

语文教师要用好语文课堂和语文新教材,充分挖掘其中蕴含的立德树人的资源,积极引领学生把自己的个人理想和国家、民族、时代的要求结合在一起,培养正确的世界观、人生观、价值观。

在新教材的学习中,教师可以引领学生追慕先贤大圣的高尚纯粹、慷慨磊落的济世情怀;瞻仰先烈志士的蹈死不顾、救国救民的英风伟业;学习时代楷模不忘初心、默默奉献的报国之志。在语文课堂上,帮助学生培养对家国、自然、宇宙、人生圆融丰富的认知和审美情怀。对资优生来说,他们很可能是未来各行各业的顶尖人才,是实现中华民族伟大复兴的中流砥柱,更应该以德行为先,以情怀为本。

同时,立德树人不能一味靠生硬说教和单纯重复。要利用好语文学科的特点,通过朗诵、鉴赏、探讨、表演等多种形式,在学生和作品之间架设起桥梁,使得高尚道德、崇高情怀自然而然形成,潜移默化熏陶,润物细无声。

3. 语文学科"三高"教学内涵分析:素养内化,引领志趣

语文学科立足"三高"课堂,精心设计,通过鼓励和个性化指导切实提高学生的语文学科核心素养,同时发现学生的兴趣点,内化其学科核心素养,引领学生学术发展。核心素养的内化和学科志趣的引领应该并驾齐驱。

一方面,提高应用和实践能力的内化。语文学科知识必须置于育人方式改革语境下,进行结构化整合处理,增强知识学习与学生实际生活以及知识整体结构的内在联系,体现综合化、实践性。语文教师可以利用学校丰富的资源,如学校优秀多元的资优生德育课程中就有很多语文实践应用的点。教师可以搭建好跨学科平台,增强学科合作;更可以利用上海这座城市发达的文化和社会资源,把语文学科的核心素养真正落实到生活中。

另一方面,促进探究能力的内化。学生自主探究,发现问题并解决问题,是语文学科素养内化的重要途径,这也是上中"聚焦志趣、开发潜能"的鲜活体现。通过完成学习任务获得知识、解决问题,亲历实践、探究、体验、反思、合作、交流等深度学习过程,逐步实现核心素养的内化。

语文教师不但要建构课堂上基于教材的多重探究,也要在课外发现学生的兴趣点,开发学生的潜能,尊重学生在学习过程中的独特体验,支持其特长发展和个性发展。语文教师能够引领并帮助部分具有学术热情的学生撰写学术小论文、探究学术课题;也能尽力服务好学生,着眼于学生长远的学术发展,在学校大中学合作机制上,为这部分学生做推荐和牵线搭桥,使得其学术兴趣能够"生根发芽"。

二、语文学科"双新"视野下"三高"教学的内容统整

1. 凸显"因材施教"的强度,深化学科课程内容的基础性与选择性

语文课程内容的安排首先基于教材内容。通过深研课程大纲和教材,进一步强化课程内容的基础性和选择性。普通高中语文课程包括必修课程、选择性必修课程和选修课程三部分。高一阶段完成必修课程,重点落实七个"学习任务群",其中包括一个基础

型任务群(语言积累梳理与探究),三个发展型任务群(实用性阅读与交流、文学阅读和写作、思辨性阅读与表达),三个拓展型任务群(整本书阅读、当代文化参与、跨媒介阅读与交流)。基础型任务群聚焦语文中最基本的语言建构和运用能力。语文教研组在高一开设"语言文字基础知识"系列课程,搭建"汉字造字法—词语构成—短语—句子成分"的知识结构,帮助学生掌握汉语言文字运用基本规律,并通过基于教材的读写课程强化对学生文字基本功的培养。在发展型和拓展型任务群的学习实践中,进一步培养学生在思维、审美、文化方面的核心素养。例如,"整本书阅读"任务群的实践设置了一学期的阅读任务,并开展《红楼梦》创意阅读展示活动,激发学生探究兴趣;"当代文化参与"任务群的实践以活动课代替传统授课,将高互动理念贯穿其中。

　　高二、高三阶段完成选择性必修课程,以"单元研习专题"为重点,注重学习的专题性、研究性。语文课程内容配合教材开展研究性学习活动,引导学生运用所学知识分析、解决问题,形成研究成果。通过在课程内容中设置具有开放性的研习任务培养学生探究意识,如选择性必修上册"先秦诸子散文"研习专题任务,重在引导学生搜集资料,撰写先秦诸子与当代文化的研究小论文。"外国经典作品"研习专题任务,重在激发学生结合整本书内容和阅读经验开展比较阅读,探索外国小说创作的流派和技法。课程内容的设置并不局限于本单元所对应的专题,而是在单元学习内容基础上拓展延伸,体现高立意、高思辨的课程特点。

2. 凸显探究精神的深度,升华学科课程内容的关联性与融通性

　　"双新"语文课程需要树立整体意识。课程内容的关联和融通是将分散的教学篇目和资源进行重新组合,形成完整的知识体系。这包括教材之间、教材与校本材料之间、教学与评价之间、语文的工具性与人文性之间的关联和融通。

① 打破单篇教学，开展"群文"阅读

一是聚焦专题，通过锚定教学目标统揽相关教学内容，从而形成关键的教学点，形成"微专题"；二是重构群文，对新教材群文格局的"一课数文""挑选着教"或"调换着教"；三是整体感知，就是从形式到内容对文章进行整体把握；四是提供学习支架，通过比较阅读、主题阅读对单元内容进行梳理和重构。

② 注重单元学习任务的读写融合

新教材注重读写教学的关联性。写作要求整合在"单元学习任务"中，除了整篇写作，还有基于单元任务的任务式写作，包括读后感、札记、随笔、学习卡片等读书笔记以及访谈记录、调查报告、倡议书、建议书等应用类文体。语文教研组在日常教学中结合新的写作要求，布置了课文阅读鉴赏、随笔、剪报札记等写作任务。另外结合教材内的阅读书目，要求学生撰写读书笔记和报告。在一些单元具体的写作任务中，还会布置创意写作任务，将读和写的教学有效结合在课程内容之中。

③ 整合课程资源，联通学习内容

资源整合，包括必修教材与选择性必修教材资源的整合、课内外阅读资源的整合、语文和生活资源的整合。通过资源整合，能够打通学习内容，提升教学的连贯性和整体性。语文教研组在教学中注重教材内部知识的关联性，如必修教材第四单元有关戏剧教学的课程资源，与选择性必修中册挪威作家易卜生名剧《玩偶之家》的学习资源可以整合形成高中戏剧教学的课程资源。配套教材内容，语文教研组还整合了现代文长文、文言文长文、热点时文等课外阅读材料。这些材料既是学生作业中的读写素材，同时是拓展课堂内容的重要资料。

3. 凸显育人情怀的高度，彰显学科课程内容的思想性与时代性

作为以母语学习为旨归的学科，语文学科在为育人打底、立基的价值方面具有其他任何学科无法比拟的优势。语文学科的育人特殊性还体现在可与各学科互通相融,呈现语文教学育人价值的开放性与灵活性。语文教研组教师曾与政治组教师合开一门发展课,以实现跨学科领域的相互融通。

数字时代的语文课程,也应从单一纸媒介(语文课本)到多媒介转型,借助数字技术,语文学科的育人价值应融入立体网络交互式的语文课程内容体系之中。例如,在"跨媒介阅读与交流"任务群的课程实践中,语文教研组教师共同研讨"跨媒介"课程的新教法。以俞诸亮老师的公开课"媒介信息辨识中的思维方法"为代表的尝试,体现了在课程内容时代性方面的探索。

疫情线上学习期间,语文教研组充分结合校内线上课程资源库和线上直播的方式完成课堂教学,保障了线上和线下教学的同步衔接。语文教研组教师积极开展线上、线下混合式教学研究,探索出很多线上课程特色内容,如线上特色读书分享活动、利用群共享文件与学生互动交流、线上新诗会等,提高了学生的课堂参与度。

同时,语文教研组注重"以研促教",以教研组为依托,以备课组为单位,打造教学共同体。依托学校创建世界一流研究型、创新型基础教育名校的契机,语文教研组实施"请进来,走出去"的策略,多次聘请专家到校进行"双新"专题讲座,提升教师对"双新"的理解,并将新的教学理念渗透在日常课程内容之中,以此助力提升课程的思想性和时代性。

三、语文学科"双新"视野下"三高"教学的特色创建

1. 单元任务设计

高中语文统编教材告别了传统教学思路和教育模式,引导师生共同探索新时代教育理念。以单元教学逐步取代单篇教学,并

开创性地提出了 18 个学习任务群。围绕任务群开展语文学习活动,以任务为导向,整合学习情境、学习内容、学习方法和学习资源,在此过程中聚焦培育学生的学科核心素养。语文教学不能仅满足于一课的教学设计,而应该统筹安排整个单元的任务设计。语文教研组在进行单元任务设计时,从以下几方面进行了思考。

① 融合人文主题和任务群要求,确立单元教学目标

确立单元目标必须先遵照课标,了解统编教材各单元设计意图。每一单元都以人文主题和任务群双向规划设计,人文主题重在落实文本的情感核心,培养学生的价值观、人生观和世界观。任务群设计则注重学生掌握语文知识要点,提升其阅读、赏析、写作和表达等方面能力,从而提升其语文学科核心素养。实际教学中,教师们在设计单元教学目标时,要考虑在任务群中培养能力,陶冶情操,争取让学生在知识性和情感性方面有所锤炼。

同时,本组教师依托单元导语、学习提示,并且根据该单元所在的任务群的位置,思考学生已经习得的情况,提炼本单元需要重点掌握的内容,从而确立单元教学目标。

② 以高立意、高思辨、高互动的理念为指导,落实任务设计

统编教材改变了以教师为主导的教学模式,并采用任务形式引导学生。教师通过创设情境,将任务群中的目标和要求细化为可施行的活动和任务。教学以让学生在真实情境中完成任务为主,通过任务来阅读鉴赏、表达交流和梳理探究。教材单元内部组成形式多种多样,针对不同类型的单元,在设计时始终紧扣单元教学目标,并彰显不同单元之间的特点,不能将任务简单化、表面化,或者转换成复杂版的师生问答,而是依托学生学情,以高立意、高思辨、高互动的理念为指导,在任务设计环节设置真实情境,处理真实困惑,协调文本细读与任务活动的关系。将单元课文视作践行活动的阅读文本,活动所得又可在单元课文中得到印证,从而激发学生思辨能力。

如徐承志老师在教《改造我们的学习》时,考虑设置真实情境,以他们在学习生活中遇到的真实语境来触发他们的学习兴趣。学生在语文学习中接触过演讲活动,因此教师以演讲稿文体作为切入点,发布演讲稿评分量表这一具体任务。

③ 注重跨单元任务群之间的关联与照应

有些单元的任务群是具有关联性的,如"文学阅读与写作"任务群涉及五个单元,分别是必修上册第一单元、第三单元、第七单元,必修下册第二单元、第六单元。单元中主要以阅读文本为主,选文涉及古今中外,文体丰富多样,包括诗歌、散文、小说、戏剧。在统编教材中像这样具有内部关联的单元还有很多。它们或属于同一个任务群,或在任务群之间有一定的联系,可以形成知识点迁移。因此,在进行单元任务群设计时,本组教师并未单独看待某一个单元,而是把握单元之间的内在联系,鼓励学生在学习新单元时运用已经学过的知识来关联多个单元,进一步巩固已学成果。

如俞诸亮老师在教《媒介信息辨识中的思维方法》时,涉及当代文化参与、跨媒介阅读与交流、思辨性阅读与表达、实用性阅读与交流四项内容。他将必修下册第四单元"信息时代的语文生活"和选择性必修上第四单元"逻辑的力量"结合。"信息时代的语文生活"单元的单元目标包括:了解辨识媒介信息的基本知识、方法,将其运用于生活中,提升思维能力。就这个单元目标的情况来看,因为很多媒介信息背后的观点,涉及的并不只是简单的"真"和"假"的二元对立,而是存在"部分为真"的中间状态。所以,有必要教会学生一些逻辑方法,并对这类媒介信息的观点进行辨识,对其论证的有效性进行评估。这类信息的辨识要用到的逻辑知识和方法,主要在选择性必修上册的第四单元"逻辑的力量"中。

2. 整本书阅读

整本书阅读与探讨任务群是教学体系中的重要环节,该任务群要求学生在高中阶段完成《乡土中国》和《红楼梦》两本书的阅读。从篇章阅读上升到整本书阅读,阅读难度和阅读量都有所提升,并且整本书阅读与探讨任务群并不止步于读完两本书,而是以这两本书为基础,从中建构并积累阅读社科专著、长篇小说的方法和经验,并能用学到的方法自主阅读其他书籍,以培养学生良好阅读习惯,锻炼学生探究名著、研读名著的能力,从课堂外获得文学文化的滋养。

① 精化学习内容,教学中注重以点概面,举一反三

按照教学计划,该任务群用九个课时来传递整本书丰富而深邃的内容主旨。因此教师需要合理安排九个课时的内容,抓住专著的精髓之处,尽量将专著的亮点有逻辑地呈现给学生。

《乡土中国》是一部社科类学术专著,对高中生而言比较陌生。这类专著与传统文学作品相比,比较严肃,甚至会让学生觉得有点枯燥。《红楼梦》则是包罗万象,承载着杰出的文学与文化价值,难以在有限的课时内面面俱到地教授给学生。书中细腻的日常生活描绘和错综复杂的人物关系等繁杂的内容极易形成海量的信息倾注,可能会让学生晕头转向,难以抓住重点。

因此,本组教师在授课前,力求明确本单元教学重点,有选择地加以取舍,学会以点概面,鼓励学生举一反三。

如俞超老师教《乡土中国》课例时以血缘和地缘两个概念的辨析为抓手,让学生从局部突破,进而将阅读和分析视野扩展延伸到整个章节乃至整本书。这样做的意图是:血缘和地缘两个概念本身就牵涉《乡土中国》乡土性的核心概念。本书作为一部以逻辑演绎为主要论述方法的社科类学术专著,让学生从概念入手进而理清概念之间的关系,能为其最终吃透全书的思想打好坚实的认知基础和逻辑基础。

② 创新学习方式,以任务驱动进行课上与课下的双向结合

"双新"教学重在以任务驱动来提升学生学习的主动性与积极

性,真正践行"把课堂还给学生"的先进教育理念。《乡土中国》《红楼梦》的教学如果停留于课堂讲学,那么学生只会被灌输一堆丰富的资料,无法提升阅读水平,也无法收获自主阅读的经验。按照课标要求,"阅读整本书应以学生利用课内外时间自主阅读、撰写笔记、交流讨论为主"。在自主阅读时,教师应当给予一定的指导以免学生因没有方向性而无所适从,或者只是停留在简单的文本理解、情节概括中。

在《红楼梦》整本书阅读的教学中,本组教师集思广益,进行了不少有益的探索和实践,即从多个角度切入,设置不同的任务驱动学生进行自主阅读。

例如,方婧老师在教"红楼梦——解读宝玉"课例时,先布置课下任务:借助回目,参照表格或文字梳理与宝玉相关的人和故事;按照性别和年龄将宝玉身边的人分为年长男性、年轻男性、年长女性、年轻女性四个象限,比较宝玉对他们的不同态度,并分析原因。

又如,葛璐老师在教"整本书复习——宝黛钗情线与形象、主旨探究"课例时,按照情节、人物形象分析、悲剧探因、主旨理解的探究过程展开,并布置任务,让学生聚焦宝黛钗爱情的情节线索,根据情节深入分析宝黛的人物形象。学生关注宝黛两人的十次拌嘴,从而分析其感情线索,以此深入对宝黛爱情悲剧探因,最后探究小说的主旨。

在《红楼梦》的实际授课中,本组教师角度各有不同,形成了自己的特色和亮点,有的从情节梳理角度切入,如《〈红楼梦〉前80回中的时间和空间》(郭秋媛);有的从阅读方法角度切入,如《〈红楼梦〉阅读方法之人物对照法》(葛璐)、《林黛玉进贾府导读》(俞诸亮);有的从文意主旨探究,如《〈红楼梦〉大观园之意蕴探究》(方婧)、《〈红楼梦〉中的"谶"》(昂俞暄)、《红楼专题—读香菱》(俞超)等。以上角度互不相同,又各有支撑,共同架构起《红楼梦》整本书阅读丰富的教学体系。

3. 作业设计优化

在"双新"背景下,对作业的设计提出了更高要求,传统作业的改革势在必行。语文教研组在日常教学中,注重在作业中渗透"三高"要求,从传统的、单一的、个人的、纸质的书面作业转向实践与表达作业、长作业、团队合作作业、开放性作业、跨学科作业等。

例如,高一语文教研组在疫情网课期间,组织了《红楼梦》展示活动,要求每个小组围绕《红楼梦》开展活动。同学们学习积极性高涨,成果丰硕。有为《红楼梦》人物片段配音,有创作《红楼梦外传》,有展示《红楼梦》中的娱乐活动(如红楼人物穿越上中)等。学生对整本书阅读的理解和语文的核心素养都得到了增强。

又如,昂俞暄老师在教授"家乡文化生活"单元时,精心设置了以家乡人物访谈为主的实践性预习作业。同学们通过团队合作,自行联系访谈对象,寻访家乡风物,记录访谈要点。学生在实践中切实感受了家乡文化生活特色,体验了访谈这一形式。这为后续课堂的授课提供了非常好的素材。

同时,本校教师注重"走出去",通过跨校合作等方式更新自己的作业设计理念,打开眼界,磨炼技术。例如,郭秋媛老师和昂俞暄老师所在团队在上海市中小学作业案例评比中荣获特等奖。其案例为语文必修上册第三单元"生命的诗意"的作业设计。该作业设计以情境化、整合性、跨学科为特色,作业多为活动与实践类作业,以简答题为主,便于为学生的答题搭建支架,并呈现学生思考的过程。其案例还设有口头作业、长周期作业、小组写作作业、实践类作业等。同时,在评价环节,力求避免单一、固化的评价方式,采用自评、互评和教师评价等方式,设计了标准答案、答案示例、评价要点、评价量表等评价标准。

四、语文学科"双新"视野下"三高"教学的资源开发

素养导向是"双新"的显著特征。在"双新"视野下,语文学科

的课程资源开发,要紧扣育人目标,与语言、思维、审美、文化四个方面的核心素养精准对接。语文课标以载体为标准,将课程资源划分为纸质文本、多媒体资源、网络资源;另有研究者以性质为标准,将其分为物质资源和人力资源。上海中学语文学科"双新"视野下"三高"教学的资源开发,需要统摄不同维度,以满足普通高中语文课程多样化和选择性的需要。

1. 建构研修共同体,同质共进、异质互补

温特比尔特认知与技术小组(CTGV)于 1995 年提出"学习共同体"概念,上海中学语文研修共同体正基于此逐步形成任务驱动、资源共享、相互借鉴、协同研究、共同发展的良好机制。

在平时的教研活动中,语文教研组按照最新修订的课标要求,"聚焦课程目标,明确问题,整理、优化课程资源库,通过必要的精简、调整、补充,加强语文学习活动中内容和目标的整合",共同围绕教材进行二次开发与设计。例如,将《桐城好文章》作为《登泰山记》的注脚,提高学生的语言感知能力;将卢梭的《社会契约论》的主流观点和严复在《〈民约〉评议》等文中的反对观点做比较,提高其批判性思维水平;补充《永和九年的那场醉》,激发学生思考《兰亭集序》"美背后的凄凉",提高其审美鉴赏能力;推介《白洋淀之曲》,激发学生分析《荷花淀》更有群众缘的原因的兴趣,提高其对文学的评判能力等。每学期增加 15 篇左右的补充阅读文章和相应情景问题,以"形成与教材相呼应的开放的教学格局,拓宽学生的视野,促进学科核心素养的建构和发展"。

此外,语文教研组教师充分发挥自身潜力,集各家之长,不断完善语文教学资源库的建设。其中,作业分层设计是一座重镇,是尊重学生个体差异的重要体现。在语文课堂教学中如果不强调差异性,就难以做到真正的"面向全体学生"。这种打破题材、体裁分类的选文方式,正好是对不同能力层次和学习需求学生的照拂。

每位教师既可主动定义研修共同体,也会被其影响。想要形成活跃的语文教学场,不能单靠一节节课,还要靠一套套课。研修共同体在提高课程开发与设计的能力时,强化资源意识和专业发展意识,前者能切实改变课程内部互相割裂的状况,后者则可实现教师和课程同步发展的螺旋式上升样态。语文教研组共有 23 位教师,研究方向涉及古代汉语、古代文学、语言学、现代汉语语法、现当代文学、中国文学批评史、课程与教学论等领域。语文教研组教师根据自身的专业背景、资优生的学习需求、课程的素养导向,开设丰富多元、体系完整的发展课程,如此积累了 40 多门不同方向的课程。它们既聚焦课程目标,又帮助资优生扩展语文学科知识、开阔"大语文"视野。研修共同体还将教学实践置于行动研究法的路径之内,不断更新观念、丰富认知、改进实践,以期在努力适应、积极参与语文课程改革的过程中形成更大的影响力。

2. 开发本土特色资源,重学本、强关联

语文教学资源开发立足于核心素养。素养是知识、技能、态度的超越和统整,是人在真实情境中做出某种行为的能力或素质。因此,教师要开发本校、本地特色资源,创设真实情境,注重与学生经验、社会生活的关联,加强课程内容的内在联系,突出课程内容结构化,探索主题、项目、任务等内容组织方式,如此才能实现高立意、高思辨、高互动的创新培养目标。

从开发本土特色资源的内容目标来说,高中语文共有 18 个学习任务群,学习时要将其延伸至现实生活,从而引导学生发现问题、解决问题,增强在各种场合学语文、用语文的意识,多方面地提高学生的语文素养。在过去的教学实践中,已有不少经典案例。如昂俞暄老师以"家乡文化生活"为当代文化参与任务群的范例,以撰写上海风物志、上海人物志为载体,整合学习情境、学习内容、学习方法和学习资源,让学生在了解"志"的文本知识、运用访谈、认知上海等方面形成"多层次目标发展的综合效应"。学生在该实践过程中形成的生成资源,是其素养提升的显性特征。

从利用本土特色资源的组织方式来说,在研究性学习、项目化学习、跨学科主题学习等实施上,上海中学语文教研组力求有自己的先进性和独创性。语文教研组以发展课为平台,从大学先修课的高度引导学生开展课题研究:胡居魁老师紧跟 2020 上海市教委义务教育项目化学习三年行动计划,在高中学段先行研究和实践项目化学习;吴静怡老师和王楠老师联合开设有关《百年孤独》现代性研究的跨学科课程,周佳老师和王楠老师联合开设"逻辑与写作"跨学科课程;柳怡汀老师围绕"基于 Solo 分类理论的高中思辨类写作自评量表的制定与实践"项目,帮助学生提高自主探究水平等。语文教研组围绕内容目标主动开发丰富的本土资源,有助于学生超越狭隘的教育范畴,让师生的生活和经验进入教学过程,让教学更新换代;语文教研组依据组织方式积极调动丰富的本土资源,有助于学生从被动的知识接受者转变为知识的共同建构者,让教学推陈出新。

3. 寻访校外优质资源,共促师生生涯发展

校外资源的引进和利用,多元主体的参与,可以丰富学生的学习经验,增强自我效能感和结果期待。对语文教研组而言,需要向外部寻求数字技术、学科共建等方面的资源。

重视对网络资源的开发和利用是现代教学改革的趋势之一。在信息化背景中,语文教研组"积极探索基于网络的教学改革,利用具有交互功能的网络学习空间,创设线上线下一体化的'混合式'学习生态"。对语文教师而言,能够准确把握技术与语文恰当关系的逻辑前提是对两者都有相当高的熟悉度。显然,我们在前者未占有优势。尽管在两次网课期间,语文教研组利用共享文档、AI 配音等数字技术,形成了有意义的互动学习环境,但要想引导学生"经历多样化的学习过程,促进学生在更广阔的语言环境中主动学习,实现知识的迁移与运用",还需要通过市及区培训平台,提高数字化生存能力,主动适应"互联网+"等社会信息化发展趋势。

　　针对外部资源,课标指出,"各地区、各学校应增强语文课程资源共建的意识,树立动态的资源观念……可创造条件建立中小学、高校和研究机构联合的学习共同体,形成共建共享的资源建设机制"。上海中学的"复旦—上中导师制计划",有"office hour""高一学科讲座""高二学科微课程""高一高二暑期课程""在线指导与慕课学习"五位一体的实施路径,互相渗透,层层递进,是语文教研组与外部合作的典型。例如,复旦大学中文系主任朱刚教授在曲子词等文学体裁、北宋文人集团等文学现象的介绍中,注重演示交叉学科的研究方法,鼓励学生结合不同的学科知识来分析某个作品,以此促成学生对中国文学有深入且独到的认知,更重要的是培养学生的创新思维。又如,邵毅平教授以《采莲曲》为例,用强大的逻辑和翔实的材料否定了通行的劳动主题说,揭开了爱情主题说的真正面纱,这就是培养学生的批判性思维。其中关于东南西北中的方位问题的探究,也在学生心中深植家国情怀、文化自信。这些补充讲座合理延伸了高中生日常学习的知识领域,让高中生学会了做研究性课题的科研方法,成为语文教学资源库建设过程中不可缺少的一环。

　　当然,学习运用祖国语言文字的资源和实践机会无处不在。"双新"视野下"三高"教学的资源开发具有广泛性。对语文教研组而言,课程内外的资源开发多多益善,且对其运用需要以"减负增效"为目的,让有效教学真正发生。

五、语文学科"双新"视野下"三高"教学的评价系统

　　在"双新"视野下,语文课程评价的根本目的在于全面提高学生的语文学科核心素养。课标指出,"评价的过程即学生学习的过程,应围绕阅读与鉴赏、表达与交流、梳理与探究等学习活动,在具体的语文学习情境和活动任务中,全面考查学生核心素养的发展

情况"。针对上海中学语文教学服务于"三高"教学评价系统的要求,需要整合宏观、中观、微观不同层级的评价方式,保障评价系统可持续运转。

1. 宏观层面的跟踪评价

每种评价方式都有自身的优势和局限,教师应该根据特定的评价目的来选用。前期如何选择、组合,后期如何反馈、修订,则需要跟踪评价,对整个评价系统进行评估。跟踪评价是指规划实施后能及时组织力量,调查、分析、评估相关内容,提出并采取改进措施。那么跟踪评价便能为解决教育理论与实践脱节、考试与教学脱轨等问题提供更上位视野思考的可能。

跟踪评价的第一轮循环是对语文教学评价系统的计划、行动、考查和反思,第二轮循环是对语文教学评价系统修正后的计划、行动、考查和反思,以此类推,直至使语文教学评价系统具备检查、诊断、反馈、激励、甄别、选拔等功能,覆盖有序进阶学业质量标准,促进考试评价与课标、课堂教学的有机衔接。以最直观的评价材料为例,语文教研组使用最多的仍然是测试试卷,但教学过程中生成的读书笔记、文学创作、调查报告等均可成为评价材料。在同年级的教研组会上进行交流即为横向比较,在跨年级的教研组会上交流即为纵向比较,两相结合可以收集足够多对评价系统的观察反馈,以期达到跟踪评价的最佳效果。

2. 中观层面的学业评价

学业评价是指以国家的教育教学目标为依据,运用恰当的、有效的工具和途径,系统地收集学生在各门学科教学和自学的影响下认知行为上的变化信息和证据,并对学生的知识和能力水平进行价值判断的过程。学业评价是指挥棒。语文教研组用好这个指挥棒,将会倒逼教学过程、课程内容发生深刻变化,即从考知识向考素养转变。

学业评价需要有清晰的目标、需要在课堂层面持续实施、需要多元化的评价主体。第一,语文教研组可参考课标中的学业质量标准。学业质量标准以语文核心素养及其表现水平为主要维度,结合具体阶段的课程内容,对学生学业成就表现进行总体刻画。学业评价则可对不同水平学生的学业质量进行直接反馈。第二,语文教研组要关注特定的课堂、特定的学生、特定的学习环境等。教师只有从课堂层面实施评价,才能使教师的"教"和学生的"学"产生直接关联,也可以让学生利用学业评价进行自我反馈和调整。第三,语文教研组应"鼓励学生、家长、教师、教学管理人员等参与课程评价""利用不同主体的多角度反馈,帮助学生更好地认识语文学习与个人发展的关系,学会自我监控和管理……学会持续反思、终身学习"。

　　学业评价在保证基本目标达成的基础上,要考虑学生的个体差异,发现学生学习的个性特点和具体问题,尤其关注资优生的不同表现,及时引导,提出针对性建议,满足其不同发展需求,激发学生的学习动力,使其学会学习,自觉提升语文学科核心素养。

3. 微观层面的命题研制

　　命题研制需要根据评价方式和评价内容进行调整。在运用数字技术丰富学生的表现性评价时,则要设计成长记录表。例如,运用任务群了解学生的过程性成长,要建立完整的学习档案;又如,为"现当代作家作品研习读书报告会"做一份文案设计,做一份"现当代作家作品研读情况"调查问卷等。命题研制要落到实处,仍然是对语文学科任务群特点的把握,是对语文必修课程和选择性必修课程内容的考查。

　　语文教研组研制命题要"把握学习任务群的特点,综合统筹评价过程"。语文学科 18 个任务群的学习目标与内容彼此关联,在命题研制的过程中不能将其完全割裂或过度融合。例如,"无论是卡夫卡的《变形记》,还是蒲松龄的《促织》,都描写了人变成虫的荒诞故事,读来却让人觉得可信,因为两位作者在荒诞之中刻画了真实的细节、反映了冷酷的现实。请结合文本作分析"一题通过对细节真实的选择和呈现,串联起"外国作家作品研习"和"中华传统文化经典研习"两个任务群。再如"阿 Q 醉酒后曾与赵太爷攀亲,被赵太爷否认并打骂,但后期赵太爷又前来讨好他。请以'差序格局'的相关知识来解释这一现象"一题以"整本书阅读与研讨"任务群为基础,引导学生思考"中国现当代作家作品研习"任务群中的内容。无论是并列式的关联,还是递进式的关联,命题研制过程中有意识地积极调动 18 个任务群的学习目标和内容,有助于语文实践活动特点的充分展现,有助于提高学生综合运用知识解决实际问题的能力,让评价真正以育人为目的,真正成为促进学生学习的过程。

　　语文教研组研制命题还要"明确必修和选修课程评价的重点和联系"。上海中学有着"背靠背"命题的优良传统,这在很大程度上保障了测验的公平性。"背靠背"命题涉及的考量重点,便是在不同学段,教师需要根据必修课程、选择性必修课程、选修课程的评价重点展开命题研制工作,并且关注三者之间的递进与衔接。例如,高二年级教师曾围绕杨义所写的《时间表述形态和文化密码》中的文本"假如他具有深厚的文化体验,他是会把这一时间点当作纵横交错的诸多文化曲线的交叉点来进行联想的"为高一学生命制下列习题:"'等疫情过去'是我们这个时代人们内心最期许的时间点。请结合文末画线句的内涵,以下面这首诗(改编自阮宪铣的《在乡村》)为例,为这一时间点做文化解读。"这道题既考查了必修课程评价的共同基础要求(如基于社会情境的阅读、表达能力,对当代文化现象的关注和评析),还关注了学生语文学习内容"面"的广度,如语言感知能力和迁移运用能力。语文教研组试题命制工作考虑不同的广度、深度和难度,呈现体系和梯度,使学生在完成不同难度的学习任务时,其语文学科核心素养发展的不同表现被有效捕捉和检验,为未来发展打下坚实基础。

（刘晓惠　徐婷育）

普通高中"双新"视野下数学学科"三高"教学纲要导引

2020 年 7 月,《教育部办公厅关于做好普通高中新课程新教材实施国家级示范区和示范校建设工作的通知》公布了普通高中新课程新教材实施国家级示范区和示范校名单。上海中学入选国家级新课程新教材实施示范校。普通高中新课程新教材(以下简称"双新")的实施,需要不同类型的学校结合本校实际情况,突出优势和特长,在课程建设、教学改革、考试评价等关键领域进行积极探索,在推进普通高中育人模式变革、促进学校多样化有特色发展方面发挥以点带面的促进作用。

一、数学学科"双新"视野下"三高"教学的内涵诠释

1. 数学学科"三高"教学对象

上海中学是上海市率先开展高中生创新素养培育项目的学校,是国家教育体制改革项目"探索拔尖创新人才培养基地"试点学校。学校集聚的资优生群体,在数学竞赛中,累计获得国际数学奥林匹克金牌 14 枚,每年进入全国冬令营与国家集训队的人数保持全国领先;在数学高考中,成绩突出,每年均名列上海市前列。这两个方面反映了学校数学教学是将全体学生数学素养提升与数

学强潜能、英才学生的早期识别与培育进行了统筹思考,反映了学校"储人才备国家之用"的使命与担当。

依据《教育部关于做好普通高中新课程新教材实施工作的指导意见》《教育部关于在部分高校开展基础学科招生改革试点工作的意见》等文件精神,上海中学数学学科在"双新"视野下对二十余年来学校创新素养培育实践研究基础上提出的高立意、高思辨、高互动(以下简称"三高")教学模式进行梳理、分析,从学生群体角度重新审视数学学科"三高"教学对象的内涵,是有理想信念和社会责任感,素质高、潜能强的一批新时代学生,其思维活跃、眼界开阔,有志于服务国家重大战略需求,具有一定的科学文化素养、终身学习能力、自主发展能力和沟通合作能力。

2. 数学学科"三高"教学背景

2014 年 4 月,教育部《关于全面深化课程改革落实立德树人根本任务的意见》发布,提出"全面深化课程改革,建立健全综合协调、充满活力的育人体制机制,落实立德树人根本任务"。2019 年 6 月,国务院办公厅《关于新时代推进普通高中育人方式改革的指导意见》发布,提出"进一步健全立德树人落实机制,要把立德树人融入思想道德教育、文化知识教育、社会实践教育各环节",这充分说明立德树人已成为教育的国家战略。数学学科可以从思维、史料、审美、活动、实践等途径落实立德树人目标。①

上海中学数学学科在学校一校两部的有利条件下,以集聚的资优生群体为立德树人发展目标,借助中西比较,探索数学教育的社会应用价值,通过数学建模等实践活动,让学生接触社会,培养服务精神;通过拔尖创新人才早期识别与培育,让学生参与各类活动,铸牢为国争光、为社会作贡献的思想意识;通过数学高立意教学,揭示数学学科内涵和观点,让学生树立辩证思维,发展兴趣;通

① 黄河清.高中数学"学科育人"的认识与实践[J].中国教师,2022(02):50-54.

过数学高思辨教学,让学生经历从错误走向正确的思维历程,引发共鸣,培养攻坚克难精神;通过数学高互动教学,培育高阶思维与团队意识,聚焦素养,关注"人"的发展。

3. 数学学科"三高"教学内涵

数学"三高"教学的模式内涵。"三高"的关系是:高立意是既要找到适合学生发展的教学内容,也要找到推动学生发展的教学方式,并从理性层面探索将教学内容与教学方式联系起来的结合点;高思辨体现为启发学生思维,激活学生内在学习需求;高互动是让学生积极参与教学过程,体现师生高效率的认知、情感等方面的交流。高立意是导向,高思辨是纽带,高互动是手段。[1]

数学"三高"教学的价值。一是,通过高立意教学,引领知识间的联系。将知识进行联系类比、提出猜想、引导创新,挖掘创造价值;二是,通过高思辨教学,超越表层的符号教学,由符号教学走向逻辑教学和意义教学的统一[2],丰富数学知识内在成分的教学价值;三是,通过高互动教学,经历数学实践活动和认识活动,提升实践能力,内化数学核心素养,体现育人价值。

数学"三高"教学的时代特征。在"双新"视野下,"三高"关注人的发展,体现生本理念;"三高"关注教学层次与方式,重视过程;"三高"关注课堂生成,追求数学核心素养和科学精神的达成。推进高立意、高思辨、高互动教学的发展,在教学中进一步凸显"三高"教学与"双新"要求高度融合。[3]《普通高中数学课程标准(2017年版2020年修订)》(以下简称课标)提出的六大数学核心素养,是数学课程目标的集中体现,是具有数学基本特征的思维品质、关键能力以及情感态度与价值观的综合体现,是在数学学习和应用过

---

① 唐盛昌,李英."三学三高"教学模式的探索[J].上海师范大学学报(哲学社会科学·基础教育版),2004,33(9):19-24.

② 郭元祥.知识的性质、结构与深度教学[J].课程·教材·教法,2009,29(11):17-23.

③ 王永庆.普通高中数学"高立意、高思辨、高互动"教学探索[J].现代基础教育研究,2021(42):211-218.

程中逐步形成和发展的。①我们认为,数学"三高"教学与数学核心素养培育关系密切。

数学"三高"教学要比一般意义上理解的数学教学高一层次。高立意教学反映数学本质特征,具有思想性、统率性和深刻性的特点,引导学生用数学眼光观察、认识世界;高思辨教学注重思维过程的逻辑性,目标明确、过程清晰,具有批判性、准确性和思维活跃性的特点,引导学生用数学思维思考、探索世界;高互动教学体现以教师为主导、学生为主体的教学理念,教师与学生、学生与学生之间思维在较高层级发生碰撞和交流,具有平等性、自由性和信任性的特点,引导学生用数学语言表达、改造世界。高立意、高思辨、高互动教学作用于新课程,正如具有驱动力的后轮驱动着前轮不断前进,凸显其重要价值。数学"三高"教学兼顾知识与人的发展,并充分挖掘数学课程的内涵,从知识理解到能力夯实,最后跃迁到思维提升。这是数学"三高"教学驱动新课程的一种"双轮"模式,其关系如图 1 所示。

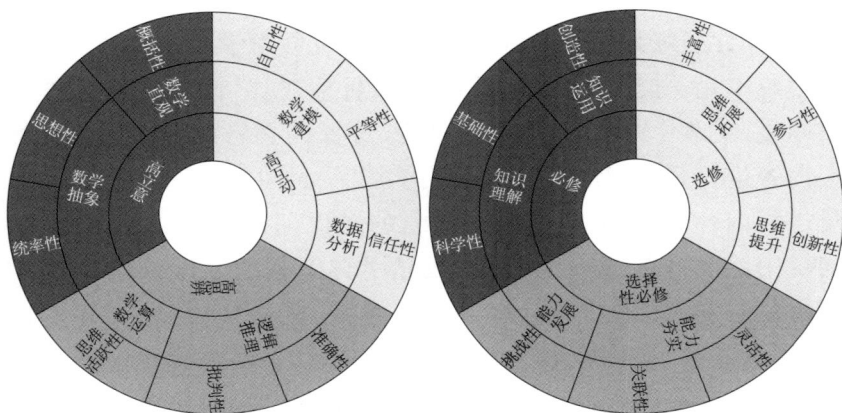

图 1 数学"三高"教学驱动新课程的"双轮"模式

---

① 中华人民共和国教育部.普通高中数学课程标准(2017 年版 2020 年修订)[S],北京:人民教育出版社,2020.

习近平总书记在 2020 年 9 月 11 日科学家座谈会上强调:"科技创新特别是原始创新要有创造性思辨的能力、严格求证的方法,不迷信学术权威,不盲从既有学说,敢于大胆质疑,认真实证,不断试验。"

数学"三高"教学,使学生的视野得到充分拓宽、思维得到长足提升、合作能力得到提高,在引导"强潜能"学生全面发展的基础上聚焦志趣,在建构基础课程、专门课程、探究课程"三位一体"的学习系统平台上,促进了学生的"志、趣、能"①,为培育具有大胆猜想、敢于质疑、认真求证的创造性人才提供了实践型的典型案例。

二、数学学科"双新"视野下"三高"教学的内容统整

1. 凸显因材施教的强度,深化学科课程内容的基础性与选择性

数学学科"三高"教学纲要依据课标的课程理念和课程结构,根据上海中学资优生的特点,以"三高"教学作为学校教学的自觉行动,体现课程的基础性、选择性和发展性。具体如下:(1)统整必修、选择性必修和选修课程教学要求,形成数学学科"三高"教学纲要中各单元学校教学目标,并与课标目标对比,凸显因材施教的清晰度(见表1);(2)适当加速必修、选择性必修课程实施及对相关内容进行延伸,如在学习必修内容"平面向量"过程中,延伸向量外积内容,作为向量数量积概念的对比和补充,并在后续空间向量中给出行列式表示形式,凸显因材施教的强度;(3)形成学校特色的发展课程体系,给学生选择,按科目性质分为"知识拓展、视野开阔、应用实践"三种类型(如"中学数学的若干基本观点"、各类竞赛课程等,数学组已开设约 25 门),凸显"因材施教"的广度。

---

① 冯志刚.以大学、中学合作机制激活和引领"强潜能"学生志趣[J].人民教育,2021,24:19-21.

表1　单元教学目标示例

教学内容	课程标准目标	学校教学目标
集合及表示方法（1课时）	1. 通过实例，了解集合的含义，理解元素与集合的属于关系。 2. 针对具体问题，能在自然语言和图形语言的基础上，用符号语言刻画集合。 3. 在具体情境中，了解全集与空集的含义	1. 应用元素与集合的关系对相关问题进行证明。见例1
集合之间的关系（1课时）	4. 理解集合之间包含与相等的含义，能识别给定集合的子集	2. 应用集合之间的关系对较为复杂的相关问题进行判断，集合之间的关系不要求涉及集合元素仍然是集合，并且元素个数为无限个的集合之间关系。见例2
集合的运算（2课时）	5. 理解两个集合的并集与交集的含义，能求两个集合的并集与交集。 6. 理解在给定集合中一个子集的补集的含义，能求给定子集的补集。 7. 能使用 Venn 图表达集合的基本关系与基本运算，体会图形对理解抽象概念的作用	3. 应用集合的运算对较为复杂的相关问题进行判断，集合运算仅限于数集、点集的运算。见例3。 4. 通过 Venn 图理解集合的分配律与德·摩根律。 5. 理解容斥原理并会简单的计算。见例7
命题（1课时）	8. 通过实例，了解命题的含义。 9. 能在具体情境中判断命题的真假。 10. 在简单的数学命题情境中，能辨认推出关系，了解推出关系的传递性	6. 了解命题的另一种形式：存在 α，使 β 成立
充分条件与必要条件（2课时）	11. 通过对典型数学命题的梳理，借助推出关系，理解充分条件、必要条件、充要条件的意义。 12. 能在简单的情境中证明充分条件、必要条件、充要条件	7. 在关联情境中，证明充分条件、必要条件、充要条件。见例4、例5。 8. 会举正例与反例
反证法（1课时）	13. 了解反证法，借助简单的数学问题情境，掌握用反证法证明简单数学命题	9. 了解反证法的证明思想。见例6

　　依据数学"三高"教学对新课程的驱动作用，我们对新课程中必修、选择性必修及选修课程进行统整，形成具有学校特色的高中

数学课程环状结构(见图 2)。结构体现大单元观念,渗透数学文化,在知识迁移、应用处关联并形成螺旋上升的形态。

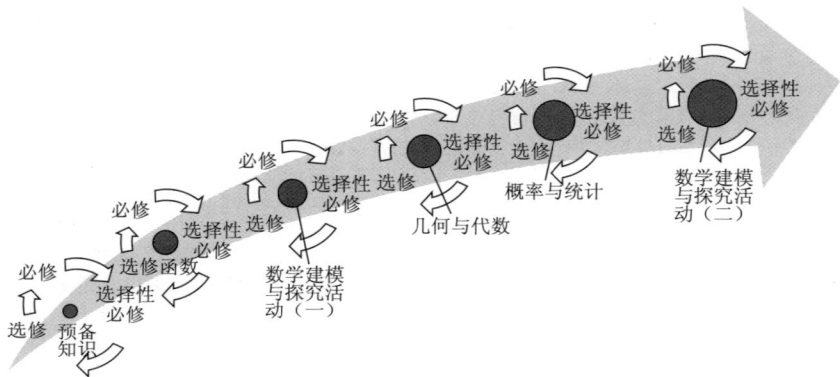

图 2　数学课程"环状"结构图

2. 凸显探究精神的深度,加强学科课程内容的关联性与融通性

数学学科"三高"教学在学校开设发展类课程的基础上,使用校园信息系统平台,在高一、高二分别设置基于学生发展课所选择课题的学科小论文(见图 3),即通过学生发展课的听讲、自主查阅相关资料等环节完成小论文撰写,教师给予相应的评价,以提升学科课程内容的关联性,培养学生独立查阅文献、撰写科研论文的能力。

图 3　学校平台课题示例

在新课程新教材中,数学课程内容突出函数、几何与代数、概率与统计、数学建模活动与数学探究活动四条主线,并贯穿在必修、选择性必修和选修课程中。上海中学数学学科依据课标理念,借助市区教研力量,对课程实施中的难点进行了重点突破。表现在以下几个方面:(1)通过邀请专家解读、教师研讨展示等方式,充分理解新课程内容,并进行辐射示范,如进行建模活动的展示研讨、以概率为主线的公开课教学等,凸显了对新课程新教材的深入探究与把握;(2)对数学建模活动与数学探究活动这条新的主线进行整体考虑,分别设计数学文化、数学建模活动、数学探究活动(高一、高二的寒暑假),让学生经历了解、体验、参与、探究等过程,增进学习兴趣、提升数学素养;(3)借助上海市教委教研室"双新"课题项目,从评价的维度对课堂、建模、单元设计等教学环节进行研究,评价既关注学生学习的结果,更关注学生学习的过程,并反思教师教学过程,改进教学,提高质量。

3. 凸显育人情怀的高度,彰显学科课程内容的思想性与时代性

高中数学课程重视以学生发展为本,实现人人都能获得良好的数学教育,不同的人在数学上得到不同的发展,这是新课程育人情怀的体现。在课堂教学中,一味地讲至少会给教学带来以下弊端:不能收集有效信息和进行有针对性的评价,不能建立起良好的教学动态平衡,不能实现因材施教,不能体现新课程教学的与时俱进。我们认为,高互动教学应赋予倾听更高的地位,教师应倾听学生的真实需求、困惑,这能让学生感到被关心和尊重。例如,在数学文化渗透时,可以多倾听学生的情感表达,如在教学一元二次方程时,让学生阅读作为中学生的阿贝尔(N. H. Abel,1802—1829)对五次代数方程求解的探索故事后的感想。在探究教学时,教师既要放手倾听,又要把握时机恰当适时地引领;同时,在探究中要鼓励学生学会合作和分享成果,共同解决困难,培养学生的团队协作意识;还有,通过对问题中数据规律的研究,让学生学会用数学的方式研究一类变化规律,以及用数学的语言表达规律,在丰富的生活实例中,培养学生终身学习所必需的学习素养和创新能力,感受数学的文化价值、科学价值与应用价值,这样才能使学生牢固树立正确的价值观,才能凸显数学的育人价值。[①]

三、数学学科"双新"视野下"三高"教学的特色创建

数学"三高"教学能落实学生核心素养培育要求,对新教材进行大单元、结构化、主题式应用,对教学过程和方式进行深化设计,对学生"强潜能"开发进行有效培育。作为国家级"双新"示范校和全国高层次学校的代表,上海中学在数学学科"双新"实施上进行了一定的思考和实践,即根据数学学科特点与符合上海中学学生发展需求努力创建如下"三高"教学特色。

1."三高"教学体现学科育人

课标明确指出:"数学在形成人的理性思维、科学精神和促进个人智力发展的过程中发挥着不可替代的作用。数学素养是现代社会每一个人应该具备的基本素养。"数学"三高"教学,追求数学文化的课堂融入,追求揭示数学本质的求真求实精神,追求数学思辨战胜困难的信心和勇气,追求数学实践活动过程的团队合作和社会服务,与国家课程理念高度匹配,与新时代立德树人要求高度统一。

2."三高"教学孕育深度教学

深度教学,并不追求教学内容的深度和难度,不是指教学内容越深越好,而是相对于知识的内在构成要素而言,知识教学不停留在符号层面,有丰富的教学层次,能实现知识教学的价值。教师首

---

① 斯理炯.发挥数学的内在力量实现教"数"育人[J].数学通报,2019,58(9):26-42.

先要全面领悟"三高"教学中"高"的含义,不断思考高立意、高思辨、高互动赋予课堂的深刻内涵,并在"双新"视野下从知识、能力、思维和人的发展等要素探索实践。

3. "三高"教学致力提质创新

从 2015 年到 2022 年的两会政府工作报告中,教育领域的关键词一直是"公平"和"质量"。如何提高教育的质量?顾明远先生指出,"教育的一项重要任务就是培养学生的思维,培育思维的最好场所是课堂"。数学"三高"教学追求高阶思维的生成,追求实践能力与创新意识的形成,追求数学核心素养和科学精神的达成。这样的目标决定了"三高"需要落实于每一个单元、每一节课中,并充分关注教学目标,关注课堂生成;也决定了"三高"要追求教育质量的提升。同时,"三高"教学视学生实际情况采用加速、拓展、整合等灵活方式实现对教材的创新,体现"源于教材,高于教材"的特点。如将新教材立体几何中欧拉定理进一步联系到"亏格"概念,体现教学高立意;通过计算揭示图形软件背后的思想说明数学是科学的基础;通过对平面几何中常见研究对象的数量积表示实现"向量"单元的结构化等。

四、数学学科"双新"视野下"三高"教学的资源开发

"三高"教学的首要因素是教师的有意义和有价值教学活动的参与,其主体是教师。教师教学意识、教学行为与教学方式的改变直接决定了"三高"课堂的质量,决定了资优生思维与认知水平是否能得到切实提高。上海中学数学教师整体思维活跃,具有相对年轻的特点,因此,面向数学教师特别是年轻数学教师的"三高"教研显得尤为重要。我们思考和开发的"三高"教学资源如下所示。

1. 利用教研组内既有资源,形成学习共同体。如以数学问题作为教研核心,从问题产生背景、问题如何形成命题、问题如何解

决、问题的进一步发展等视角展开研讨,提升教师数学素养和教学水平。

2. 搭建"主讲"制活动平台,激发教师内驱力。邀请组内教师轮流开讲座,将个别教师的兴趣或研究专长转化为组内所有教师的眼界和观点,为"三高"教学赋能。

3. 挖掘备课组潜能,提升"齐步走"力度。备课组可以讨论"双新"视野下教学情境如何设置与组织,可以讨论课堂教学中核心素养如何融入,可以对资优生的某些创新做法进行研讨,也可以对单元教学与评价中的难点进行剖析并依据集体智慧给出对策,还可以讨论线上教学的优势与不足并研讨线上线下混合式教学的方案。

4. 将教师课题与项目研究成果转化为教学行动,形成"三高"示范高地。

另外,邀请校外专家、教授来校做报告及参与研讨,助力教师的专业发展和教学特色形成,也是一块重要的教学资源。

开发"三高"教学资源,就是为教师尝试新的教学方式提供机会,以不断拓宽教师视野。但是教学方式的革新不是一味追求创新而脱离科学与实际,教研工作开展的基础,是将教研主题着眼于课程实践和课程改革的实施中教师所遇到的实际问题上。[①]

五、数学学科"双新"视野下"三高"教学的评价系统

1. "三高"教学评价背景

课标明确指出:要重视过程评价,聚焦素养,提高质量,开发合理的评价工具,将知识与技能的掌握与数学学科核心素养的达成有机结合,建立目标多元、方式多样、重视过程的评价体系。许多

---

① 胡广文.如何有效开展数学教研工作[J].高考,2020(12):54-55.

研究表明,评价有重要作用,其目的是让学生更好地学习。

"双新"实施已有一段时间了,各地区学校在实施过程中暴露出诸多问题。例如,在传统教学惯性下,教师的教学设计、教学实施与课标的目标之间存在着较大的差距;对数学建模核心素养缺乏正确的认识,仍与传统解应用题等价理解,更别提能有效判断学生的建模素养水平了;对单元测试等练习的作用不够明确,缺乏量化学生数学学科核心素养水平的依据,在反映学生思维过程、思维深度和广度的开放性等问题的设计方面缺少一定的思考。以上种种问题,与课程评价的缺失有较大关系。

2. "三高"教学评价要素

根据数学"三高"教学内涵与学生特点的实际,结合"双新"实践,我们认为,数学"三高"教学评价涉及的基本要素是目标、教学与学习,这三者之间通过评价相互作用(见图4)。目标与教学的相互作用意味着目标控制、调节与完善教学;同时,教师从教学的反馈信息中获得检验目标的重要信息。目标与学习的相互作用的含义是当目标内化为学生的学习动机的时候,教学目标可以直接把握学生的学习动向;同时,学生的得与失可以反映出目标的达成度。教学与学习的相互作用意味着教师通过课堂评价获得学生学习数学的行为、态度和所取得进展的信息,并采取适当的教学策略引导学生克服困难、不断进步、树立自信、获得成就感。

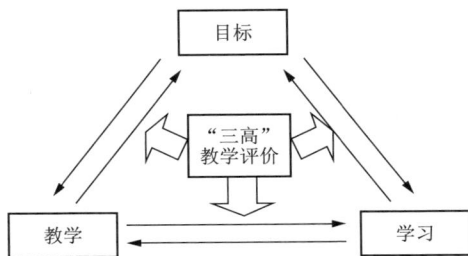

图 4　数学"三高"教学评价

我们分析并总结了各地区学校在"双新"实施中所暴露出的主要问题,将"三高"教学评价聚焦到以下三个方面:一是课堂教学评价;二是建模活动评价;三是单元评价。

3. "三高"课堂教学评价

课堂教学评价就是教师在日常教学情境中对学生学习的评价。其关注点不是选拔与认证,因而不必对学生的学习进行判断或下结论,而是收集学生学习信息,进而为教师的教学决策和学生的学习决策提供依据。换句话说,课堂教学评价重点在于收集学生学习信息并运用信息促进学习。近年来,许多国内外学者倡导在日常教学过程中实施形成性评价,即教师获取学生总体和个别学生学习进展的信息,在评价反思的同时调整教学活动,提高教学质量。在实践中,我们主要讨论和实施"课堂观察与问答"这一最常见、最便捷的形成性评价。

4. "三高"建模活动评价

对于建模活动评价,我们在实施中将其分成两部分:一是形成性评价。形成性评价应有助于推动学生数学建模进程并促进学生数学建模素养的提升,在数学建模过程的各个环节,设计一系列问题让学生知道该阶段建模的核心任务,哪些方面做得好和哪些方面还有不足,从而认识到建模过程中的优点和不足。也可通过让学生回答建模活动各个阶段的问题,教师给出口头评价。此外,在与他人分享成果时,可让学生阐述自己团队的建模工作。二是终结性评价。最终的结果可以各种方式来报告,常见的有书面报告、小论文或口头演示。报告完成后,可将数学建模活动评价分成组内自评、组间他评及教师评价,不同评价主体的侧重点略有不同,即采取量化、非量化相结合,客观性与主观性评价相互补充的方式。

5. "三高"单元评价

对于单元评价,课标要求教学评价以数学学科核心素养的达成作为评价的基本要素,这就需要对数学学科核心素养的评价以量化的形式呈现。课标指出,要重视评价的整体性与阶段性,数学学科核心素养的达成是循序渐进的,基于内容主线对数学的理解与把握也是日积月累的。因此,应当把教学评价的总目标合理分解到日常教学评价的各个阶段,即关注评价的阶段性。高中各阶段数学学习的内容各不相同,决定了学生的数学学科核心素养在不同的发展阶段有不同的要求和表现。及时了解学生各阶段数学学科核心素养的发展情况,强化过程评价,都要求对数学学科核心素养进行阶段性评价。单元测试评价就是最好的一种方式。课标还指出,在设计学习评价工具时,要关注知识与技能的范围和难度,要有利于考查学生的思维过程、思维深度和思维广度,要关注六个数学学科核心素养的分布和水平;应聚焦数学的核心概念和通性通法,聚焦它们所承载的数学学科核心素养。2019 年,教育部发布的《中国高考评价体系》依据高校人才选拔要求和课标,明确了"一核、四层、四翼"三部分内容,回答了"为什么考""考什么"与"怎么考"的问题,指出在考查要求中要体现基础性、综合性、应用性、创新性。其中创新性要求可以概括为三个方面:敢于质疑和批判的思维能力、自主决策并发表见解的能力和独立自主设计方案的能力。高考要体现课标意志,反映学生核心素养,实现从考知识、考能力到考素养的转变,就必须要对题型进行创新,设计新的设问方式和要求。

　　课堂是教师教学的主阵地,在"双新"视野下实践"三高"教学,还有许多问题值得我们进一步思考:(1)如何发挥"三高"中的"育人"作用,将"育人"真正融入教学之中? 如何挖掘新课程中的"育人"素材,形成"三高"教学经验和体系? 如何践行社会主义核心价值观,落实好立德树人根本任务? (2)如何发挥学校数学教学优势,将学科核心素养培植于教学的各个环节? 如何有效设计数学周练,凸显其"诊断、反馈、提升"的重要作用? (3)以真实性评价为代表的新型评价模式的探索,是发展核心素养特别是建模素养的过程中不可避免的评价方式。要在开展实践活动评价的过程中,研究和探索将数学学科核心素养纳入考试与评价体系。课程是国家意志的集中体现,承载着教育思想、教育目标和教育内容,决定着人才培养的质量,预示着民族和国家的未来。[①]在实践基础上发展而来的上海中学"三高"教学与新课程相得益彰,逐渐显现生命力,推动着课程前行。

（王永庆）

① 崔允漷,雷浩.中国基础教育课程改革的 70 年历程[J].人民教育,2019，22：50-52.

普通高中"双新"视野下英语学科"三高"教学纲要导引

《普通高中英语课程标准(2017 年版 2020 年修订)》(以下简称课标)展现了高中英语学科课程全新的顶层设计。课标指出,"英语学科核心素养主要包括语言能力、文化意识、思维品质和学习能力"。其中,文化意识与思维品质的落实过程体现英语学科的育人价值,促使英语学科从单纯的语言教学向全人教育转变。

上海中学在 20 余年的创新素养培育实践研究基础上,根据学情,提出高立意、高思辨、高互动(以下简称"三高")的教学模式,指向课堂教学,对课堂过程中的教学立意、思辨方式、互动形式提出较高要求。2020 学年,上海市高中英语新教材正式在高一学段落地。英语教研组力求以构建学科课程体系为抓手,更新理念,创新实践,探索"双新"校本落地路径,创造性地进行课堂教学实践,为教师教学与研究提供思路和参考。

一、英语学科"双新"视野下"三高"教学的内涵诠释

1. 英语学科"三高"教学对象

上海中学是上海市示范性高中,是上海市率先开展高中生创

新素养培育项目的学校,是国家教育体制改革项目"探索拔尖创新人才培养基地"试点学校,于 2020 年入选国家级新课程新教材(简称"双新")实施示范校。上海中学集聚了一批学习成绩优异、思维活跃、富于创新精神的资优生,他们综合素养高,学习能力强,拥有出色的语言表达能力和国际视野。每年,他们在上海市高中学生科普英语竞赛、上海市高中生英语竞赛等市级比赛中都能创造佳绩,并积极参与模拟联合国、词汇竞赛、英语才艺秀等多项彰显英语能力的活动,充分运用外语延展思维的宽度,展现自己的批判性思维意识和自主创新意识。

　　作为上海中学的英语教师,应该深入了解资优生的学习需求,结合"三高",因材施教,为学生外语学习提供与时俱进的学习内容,根据学情夯实学生学科核心素养发展的共同基础,尊重学生个性并鼓励他们聚焦志趣、开发潜能,充分满足学生个性发展需求。①

2. 英语学科"三高"教学背景

　　立德树人是教育的本质,是德与才有机融合的最好诠释和最高要求。②2014 年,教育部《关于全面深化课程改革落实立德树人根本任务的意见》发布。2019 年,国务院办公厅《关于新时代推进普通高中育人方式改革的指导意见》发布,提出"进一步健全立德树人落实机制,要把立德树人融入思想道德教育、文化知识教育、社会实践教育各环节"。这充分说明立德树人已成为国家教育战略,也反映出随着新课程改革的不断推进与发展,落实立德树人的根本任务的重要性。③英语作为一门极具人文特征的学科,如果在其中渗透立德树人的德育,就能在很大程度上发挥育人的作用与

---

　　①　唐盛昌,李英."三学三高"教学模式的探索[J].上海师范大学学报(哲学社会科学·基础教育版),2004,33(9):19-24.
　　②③　中华人民共和国教育部.普通高中英语课程标准(2017 年版 2020 年修订)[S],北京:人民教育出版社,2020.

价值。

上海中学英语学科在"双新"教学探索中,以资优生群体为立德树人的培养对象,借助中西融合,探索英语学科教育的育人价值,通过大中学合作、创新素养培育项目等对人才进行早期识别和培养,尊重学生的个性差异,开发学生的潜能,让学生参与各类外语活动,构建理论与实践相联系的桥梁,让学生投入外语实践,培养服务精神,增强跨文化交际意识和语言交流能力,树立为社会作贡献意识。①通过英语学科高立意教学,揭示英语学科核心素养的价值取向,增强学生对中外文化的理解和对优秀文化的认同,培育跨文化认知、态度和行为取向,树立人类命运共同体意识;②通过英语学科高思辨教学,激发学生思维,提升学生分析和解决问题的能力,使之从跨文化视角观察和认识世界,提升思维在逻辑性、批判性、创新性等方面所表现的能力和水平;通过英语学科高互动教学,引导学生整合和运用所学知识与技能,主动调适英语学习策略,提升英语学习能力,在教学过程中师生、生生互相设疑、质疑、解疑,在时间与空间上拓展更深层次的交流,促进学生核心素养的发展。③

3. 英语学科"三高"教学内涵

英语学科"三高"教学的内涵是:高立意是在主题语境的引领下,依托不同类型的语篇,引导学生探究主题意义,体现课程育人价值;高思辨是要鼓励学生在文化内涵的理解、比较、分析、评价和批判的过程中,锻炼思维的逻辑性、批判性和创造性,实现深

---

① 冯志刚.以大学、中学合作机制激活和引领"强潜能"学生志趣[J].人民教育,2021,24:19-21.

② 中华人民共和国教育部.普通高中英语课程标准(2017年版2020年修订)[S].北京:人民教育出版社,2020.

③ 唐盛昌,李英."三学三高"教学模式的探索[J].上海师范大学学报(哲学社会科学·基础教育版),2004,33(9):19-24.

度学习;高互动是创设各类情境,促使学生用英语做事,开展自主学习和合作学习,体现学生与学习内容、学生与教师、学生与学生之间的高效互动。高立意是价值导向,高思辨是联结纽带,高互动是实现手段。①

在"双新"背景下,"三高"立足于立德树人的根本任务,通过组织基于学情的各类主题意义探究活动,促进学生核心素养的发展,发挥学科的育人价值。"三高"启发引导学生积极主动地参与教学过程,关注课堂教学的互动性,追求英语学科工具性和人文性的契合。"三高"教学依托新课程,从语言能力和学习能力的一路驱动,到文化意识的增强和思维品质的提升,这是英语"三高"教学驱动新课程可持续发展的作用。以人的全面发展为核心,通过高立意、高思辨、高互动教学促进学生核心素养的培养,符合我校"志趣能"合一的培养目标。②

二、英语学科"双新"视野下"三高"教学的内容统整

1. 凸显因材施教的强度,深化学科课程内容的基础性和选择性

在"双新"视野下,英语教学更加凸显因材施教,强调课程教学的基础性和选择性,在夯实学生语言能力的基础上,激发英语学习兴趣,鼓励个性化发展。随着首轮"双新"实践的展开,英语组立足于普通高中课程方案,构建了上海中学英语学科课程结构(见图1):以上外版教材为主,高一、高二完成必修及选择性必

---

① 唐盛昌,李英."三学三高"教学模式的探索[J].上海师范大学学报(哲学社会科学·基础教育版),2004,33(9):19-24.

② 冯志刚.以大学、中学合作机制激活和引领"强潜能"学生志趣[J].人民教育,2021,24:19-21.

修课程的教材内容,在整个高中学段开设满足学生个性发展需求的选修课程。

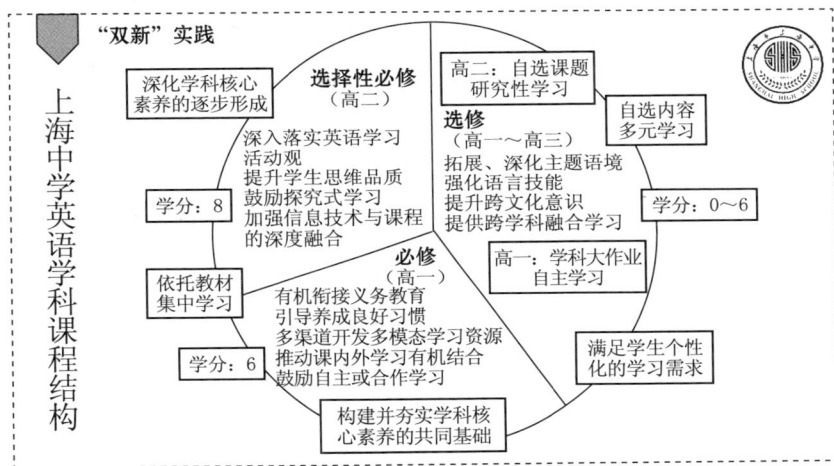

图 1　上海中学英语学科课程结构

　　上海中学高一、高二必修与选择性必修的英语教学所用教材以上外版教材为主,辅以其他版本教材的优质语言学习资源。通过梳理上外版教材内容,结合上海中学学生学习特点,以"三高"为引领,教研组教师共同编写了《上海中学英语学科教学指南》(以下简称教学指南),制定了教学指南各单元教学目标,并对标课标中的内容要求,凸显因材施教的强度(见表1)。同时,教学指南中在每个单元末增加了主题补充资源,内容包括:补充阅读语篇、教材原文选读、文化背景介绍及包括音视频在内的多模态学习资源,旨在单元教学视角下,帮助学生补充相关子话题的语言文化资源,帮助学生构建和完善知识结构,深化对单元主题的认识和理解。

表 1　单元教学目标示例

序号	学习内容	学习要求	
		基础类:学业质量水平一	提高类:学业质量水平三
1.1	Reading A:寓言故事体裁特征及语言特征	1-9 能通过读与看,抓住日常生活语篇的大意,获取其中的主要信息、观点和文化背景 1-10 能基于所读和所看内容,进行推断、比较、分析和概括 1-11 能识别语篇的类型和结构,辨识和分析语篇的文体特征及衔接手段,识别语篇为传递意义而选用的主要词汇和语法结构 1-12 能识别语篇直接陈述的情感态度与价值观和社会文化现象	3-9 能阐释和评价语篇所反映的情感态度与价值观;能根据语篇中的事实进行逻辑推理;能辨别并推论语篇中蕴含的观点;能分辨语篇中的冗余信息
1.2	词汇:主题"Nature"相关词汇;反义词的意义、功能和用途	1-11 能识别语篇的类型和结构,辨识和分析语篇的文体特征及衔接手段,识别语篇为传递意义而选用的主要词汇和语法结构	3-11 能识别语篇中使用的隐喻等修辞手法并理解其意义
1.3	语法:关系代词引导的定语从句	1-11 能识别语篇的类型和结构,辨识和分析语篇的文体特征及衔接手段,识别语篇为传递意义而选用的主要词汇和语法结构	3-11 能识别语法结构在组织语篇中的作用
1.4	视听:歌曲语篇的情景语境与听力关键词捕捉技巧;根据图像预测视听内容	1-2 能根据重音、语调、节奏的变化,理解说话人所表达的意义、意图和情感态度 1-9 能通过读与看,抓住日常生活语篇的大意,获取其中的主要信息、观点和文化背景;能借助多模态语篇中的非文字资源,理解语篇的意义	3-3 理解电影、电视、广告等视觉媒体传递的信息、意义和情感态度

续　表

序号	学习内容	学习要求	
		基础类:学业质量水平一	提高类:学业质量水平三
1.5	Reading B:细节描写烘托主题意义	1-11 能识别语篇的类型和结构,辨识和分析语篇的文体特征及衔接手段,识别语篇为传递意义而选用的主要词汇和语法结构 1-12 能识别语篇直接陈述的情感态度、价值观和社会文化现象	3-12 分析评价语篇所包含的审美元素
1.6	口语与写作:在情境中恰当运用身姿语;运用空间指示词描述风景画;运用空间顺序书面描述自然风光	1-6 在口头表达中,能根据交际场合和交际对象的身份,选择恰当的语言形式(如正式或非正式、直接或委婉的表达方式),表达意义、意图和情感态度;能借助手势、表情、图表、图示等非语言手段提高表达效果 1-7 能通过重音、语调、节奏的变化,表达特殊的意义、意图和情感态度 1-13 书面表达中所用词汇和语法结构能够表达主要意思 1-14 能运用语篇的衔接手段构建书面语篇、表达意义,体现意义的逻辑关联性	3-14 能使用衔接手段有效提高书面语篇的连贯性;能使用特殊词汇、语法创造性地表达意义
1.7	思辨:运用表格进行信息归类	1-12 能识别语篇直接陈述的情感态度与价值观和社会文化现象	3-9 能阐释和评价语篇所反映的情感态度与价值观;能根据语篇中的事实进行逻辑推理;能辨别并推论语篇中隐含的观点;能分辨语篇中的冗余信息
1.8	探究:以独立和合作的方式获取、梳理、总结、呈现相关信息	1-14 能运用语篇的衔接手段构建书面语篇、表达意义,体现意义的逻辑关联性;能借助多模态语篇资源提高表达效果	3-13 能通过书面方式再现想象的经历和事物,对事实、观点、经历进行评论;能根据需要创建不同形式的语篇

续　表

序号	学习内容	学习要求	
		基础类:学业质量水平一	提高类:学业质量水平三
1.9	文化链接:中国人与自然保持和谐的自然观;比较不同文化中的自然观	1-12 能识别语篇直接陈述的情感态度与价值观和社会文化现象	3-9 能阐释和评价语篇所反映的情感态度与价值观

说明:鉴于学生的实际水平,增加选修的提高要求内容,对应学业质量水平三

为了在英语课堂教学中更好地落实上海中学的高立意、高互动、高思辨的教学理念以及课标中的指向核心素养的英语学习活动观,教师通过思维导图、信息结构图等工具和手段,帮助学生开展情境交融、逐层深入的英语学习活动。同时,针对上外版教材提供的各类主题情境与活动,结合学校自身英语教学特点,设计相应的学习活动,帮助学生拓展英语学习思维,鼓励学生使用演讲、表演、互动展示、海报、宣传手册等多模态形式自主产出语言。此外,我们还将课程内容与创意写作、个人展示、小组合作等活动结合,提升学生参与英语学习活动的兴趣,从而深化学生对单元主题的理解与认知,激发高阶思维的形成。

在选修课程方面,英语教研组开设了实用类、拓展类和第二外语类等近60门选修课程。选修课程的开设能够满足学生发展的需要,供不同水平、不同兴趣和不同需求的学生选修。选修课教师会利用广泛的英语原版语料,帮助学生深化主题语境,拓展学科视野,强化语言技能,提升跨文化交际能力,促进跨学科融合学习的可能性。

2. 凸显探究精神的深度,深化学科课程内容的关联性与融通性

在实施基础课程过程中,英语教研组依托教材单元主题,组织

及设计各类学习探究类活动,在过程中引导学生探究单元主题意义,促使学生在语言学习的同时,延展思维的深度,增强批判性思维和创新意识。如在选择性必修二教材第一单元"Scientists"中深入了解科学家事迹和精神及组织同伴互相评价小组单元展示;又如在必修一教材第四单元"Customs and Culture"中,让学生在学习课文内容,了解不同国家的成年仪式后,深入探究成年仪式的文化内涵,并以小组合作形式设计适合本校学生的成年仪式并进行小组展示。

在实施选修课程过程中,英语教研组以开设的发展类课程为基础,在高一、高二阶段分别设置基于学生发展课所选择课题的学科小论文,学生通过听讲发展课、查阅文献、请教老师等环节撰写小论文,教师在学校信息系统中给予相应的评价,提升学科课程内容的延展性和关联性,培养学生独立检索、查阅文献和撰写学术论文的潜能。除此之外,我们还依托学校大中学共建的复旦导师计划,让学有余力的学生通过"学术英语写作入门"等研究课程,拓展英语学习维度。

3. 凸显育人情怀的高度,彰显学科课程内容的思想性与时代性

在新课程引领下,基于"三高"的英语学科教学,以主题意义为引领,以语篇为依托,创设具有综合性、关联性和实践性的英语学习活动,引导学生参与相关探究活动,感受语言的魅力和文化的丰富多彩,树立正确的文化观和价值观,凸显英语学科的育人价值。[①]

例如,在教授屠呦呦、齐白石、钟扬等科学家和艺术家传记时,我们注重引导学生关注这些人物的个人品质,了解这些科学家、艺

---

① 中华人民共和国教育部.普通高中英语课程标准(2017年版2020年修订)[S],北京:人民教育出版社,2020.

术家身上值得弘扬的时代精神;在介绍大运河、丝绸之路、5G 技术等古代和现代经济、科技发展成就时,我们让学生通过古今时代对比,使他们了解我国古代文明之伟大、现代科技发展之迅猛,帮助学生培养家国情怀,培育文化自信。在学习各国成人礼文化时,我们通过引导学生对中西方文化中成人礼文化的异同对比,帮助他们更好地了解成人礼对于学生成长的意义,使他们认识到成人礼不仅是一场简单的仪式,更有着深刻的文化内涵。这类学习活动,体现学生的主体地位,培养学生的积极性和自主性,也在潜移默化中实现英语学科的育人目标。

三、英语学科"双新"视野下"三高"教学的特色创建

1. 实践英语学习活动观

新课标和新教材都要求教学要实践英语学习活动观,着力提高学生学用能力。英语学习活动观是指学生在主题意义的引领下,通过学习理解、应用实践、迁移创新等一系列体现综合性、关联性和实践性等特点的英语学习活动,使学生基于已有的知识,依托不同类型的语篇,在分析问题和解决问题的过程中,促进自身语言知识学习、语言技能发展、文化内涵理解、多元思维发展、价值取向判断和学习策略运用。这一过程既是语言知识与语言技能整合发展的过程,也是文化意识不断增强、思维品质不断提升、学习能力不断提高的过程。①活动观将语言、文化、思维三者紧密结合,成为落实英语学科核心素养的重要实施路径。②

例如,上外版选择性必修二教材第一单元"Reading A:Saving

---

　　① 中华人民共和国教育部.普通高中英语课程标准(2017 年版 2020 年修订)[S].北京:人民教育出版社,2020.

　　② 王蔷,钱小芳,吴昊.指向英语学科核心素养的英语学习活动观——内涵、架构、优势、学理基础及实践初效[J].中小学外语教学,2021(7):1-6.

Xizang One Seed at a Time"需要实现的单元目标是理解科学家的精神品质。图 2 展示了在英语学习活动观指导下订立的本课教学目标,即遵循高立意的教学原则,展示我国科学家身上反映的优秀精神品质,激发学生的爱国情怀,尊重科学,热爱科学,培养新时代青年的使命感和责任感。

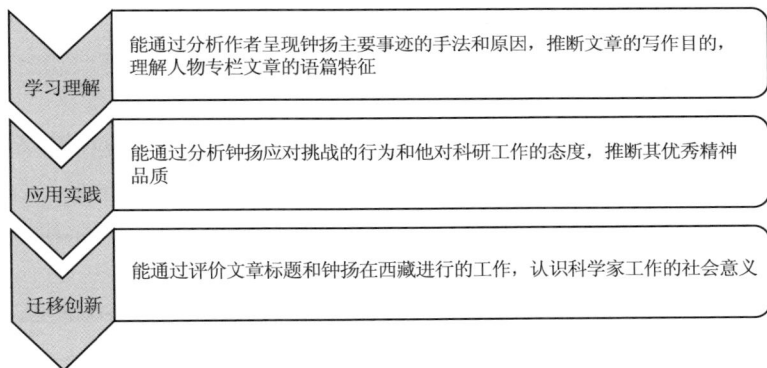

学习理解	能通过分析作者呈现钟扬主要事迹的手法和原因,推断文章的写作目的,理解人物专栏文章的语篇特征
应用实践	能通过分析钟扬应对挑战的行为和他对科研工作的态度,推断其优秀精神品质
迁移创新	能通过评价文章标题和钟扬在西藏进行的工作,认识科学家工作的社会意义

图 2 "Saving Xizang One Seed at a Time"教学目标

根据上述教学目标,学生在主题意义的引领下完成对文本内容的梳理,并通过描述和阐释钟扬所遇到的挑战和其对科研工作的态度,内化了课堂所学语言和知识,进而对钟扬身上所反映的优秀精神品质作出推断和评价,最后归纳出科学家工作的社会意义,实现深度学习。在实践英语学习活动观的过程中,英语教师设计层层推进、由浅入深的"问题链"(表 2),引导学生的思维由低阶向高阶稳步发展,实现高思辨;同时,教师启发学生积极参与针对语篇内容和形式的讨论与反思,鼓励学生围绕有争议的话题有理有据地表达个人的情感和观点,落实高互动,并通过学习理解、应用实践、迁移创新等层层递进的语言、思维、文化相融合的活动,引导学生加深对主题意义的理解。

表2　"Saving Xizang One Seed at a Time"阅读教学中的问题链

英语学习活动观		问题链
学习理解	感知与注意	问题1：What do you know about the different types of scientists? 问题2：What kind of scientist might the man be? Why?
	获取与梳理 概括与整合	问题3：What challenges did Zhong Yang face in his work? 问题4：How did Zhong Yang view his scientific work?
应用实践	描述与阐释	问题5：Which detail of the challenges impresses you most? Why?
	分析与判断 内化与运用	问题6：How does the writer make the details impressive?
迁移创新	推理与论证	问题7：How does the author feel about Zhong Yang and his work? 问题8：What can we learn from the title? 问题9：What are the characteristics of a feature article and the author's purpose in writing it?
	批评与评价	问题10：What qualities can we find in Zhong Yang as a scientist and educator?

2. 依托多模态语篇,开展单元整体教学设计

单元是承载主题意义的基本单位,单元教学目标是总体目标的有机组成部分,单元整体教学设计要求英语教师基于课标,以发展英语学科核心素养为宗旨,围绕主题语境整体设计学习活动,对学习内容进行整体性的分析、整合、重组和开发,结合学生实际水平和学习需求,确定教学重点,统筹安排教学,在教学活动中拓展主题意义。

在单元整体教学中,把培养学生的英语学科核心素养这一育人目标落实到单元整体教学目标和课时教学目标之中,充分挖掘

单元的育人价值,并将立德树人的育人目标落实到主题意义探究和英语学习活动之中,实现高立意。在此过程中培养学生的高阶思维,让其充分汲取文化精华,实现高思辨。教师要整合多模态语篇所传递的信息和内涵意义,引导学生通过合作的方式,查阅资料,交流讨论,完成学习任务,深入探究单元主题意义,实现高互动。

如必修二教材第一单元"Nature"指向主题语境"人与自然",主题群为"自然生态"和"环境保护",共有4个多模态语篇。教师在进行单元文本内容分析和学情分析后,确定本单元整体教学目标为:

(1)能通过阅读"Reading A""Reading B"板块,理解记叙文语篇的文体、语言特征,描述大自然之美并能谈论人与自然的关系。

(2)能通过"Reading A""Reading B""Listening and Viewing"以及"Culture Link"的学习,理解和比较不同时代、不同文化的自然观。

(3)能基于"Critical Thinking"提供的表格整合单元语篇并呈现信息,结合自身经历分享歌曲或诗歌作者在描写自然景物过程中所传递的情感;能将单元所学应用于"Further Exploration"的活动,培养保护生态环境的意识。

(4)能通过"Listening and Viewing""Moving Forward"和"Further Exploration"的活动,学习并运用三个策略:根据图像预测内容,口头展示时保持良好的体态和眼神交流,按照空间顺序开展段落写作。

在分课时的教学设计中,教师整合多模态语篇,开展单元整体教学设计,落实单元整体目标。以本单元"Reading A: The Natural Garden"为例,在读前环节,利用树状图帮助学生快速进入阅读主题;在读中环节,以趣味性为原则,利用图像、色彩、动画、页面布局和空间布局等各种元素改善学生阅读效果;在读后环节,以关联性为原则,利用思维导图帮助学生建构结构化知识。在探索本课寓言故事的寓意之后,引出"Culture Link"中的人与自然和谐相处的观念,让学生归纳出中国山水画所表现出的人与自然的和谐关系,并利用"Moving Forward"的中国山水画的图片,以图示的形式,指出人是自然的一部分,是参与者而不是主导者,以引发学生深度思考,从而引导学生得出人类应该敬畏自然的主题意义。在"Moving Forward""Listening and Viewing"和"Further Exploration"板块进一步探索和深入该主题意义,体现单元整体教学设计的成长性、综合性和整体性,由浅入深地实现思维发展的进阶,从而锻炼学生的高阶思维,培养学生保护生态环境的意识,加强德育浸润,充分落实学科核心素养的培养。

3. 立足本土文化的项目式学习

项目式学习源于杜威的"体验式学习",体现了"在做中学"和"学用合一"的思想。学生在做项目的过程中动手、动脑、交流与合作,以发展批判性思维能力、合作沟通能力、知识运用能力和创新能力。①课标指出,鼓励学生开展自主学习、合作学习和探究式学习,教师应更多地调动学生的学习潜能,组织更加开放的、具有挑战性的探究式的深度学习,激发学生主动参与,鼓励学生分享感受、经历、看法和个人创作,为学生展示自我、挑战自我、突破自我、相互学习创造最佳的学习环境。②

开展项目式学习,教师可以结合育人目标,联系生活实际,从真实情景出发,立足本土文化,整合学科知识,培养学生高阶思维能力。实施项目式学习的步骤可以分为:(1)选择项目主题,挖掘基于真实情境适合学生探究的主题。(2)制订项目方案或计划,明确项目实施步骤。(3)明确项目内容,以问题为驱动,鼓励学生自

---

① 蒋玉中. 英语项目式学习的要素与实践[J]. 教学与管理,2018(2):58-61.

② 中华人民共和国教育部. 普通高中英语课程标准(2017 年版 2020 年修订)[S],北京:人民教育出版社,2020.

主学习,合作探究。(4)学生展示项目成果,并讲解。(5)项目评价,可以让学生互评,以促进其共同进步。

上外版教材"Further Exploration"板块为教师提供很好的项目探究主题和内容,并融入中国优秀文化的相关内容,有助于全面提升学生英语核心素养。以选择性必修二教材第一单元"Further Exploration"的展示课为例,主题是"Creating a full-color booklet of a group of Chinese scientists",要求通过项目任务讲述中国科学家的事迹,学习科学家精神。本探究展示课,旨在鼓励学生展示探究型单元大作业,并倾听和评价同伴的单元大作业。首先,在讲评上节课课后作业之后,教师带领学生回顾单元大作业和作业展示的要求,并引导学生明确展示评价表上的具体内容和评价标准。随后学生分组上台限时展示,着重介绍手册的立意、内容、设计,以及小组如何分工合作等。每组展示后由学生和教师根据评价表表达看法,给出建议。最后教师鼓励学生反思本单元的学习过程和单元大作业的完成过程,讨论学习成果,为写反思笔记作铺垫。

在本项目式学习过程中,学生在教师的指导下,自主合作,探究中国科学家的事迹,体验、交流、感悟科学精神,将高立意、高思辨、高互动的英语特色教学真正融入整个项目式学习之中,体现时代性、综合性和实践性的特点。高立意的时代性主要体现在学生在实践活动中探究中国科学家在科研事业中遇到的困难、为克服困难付出的努力以及科学家具备的重要品质,并逐渐培养学生不畏艰难、勇往直前的精神,落实立德树人根本任务,培育中国情怀,树立文化自信,彰显时代精神。高思辨的综合性体现在对科学家精神的分析解释,不仅要列举中国科学家的精神和成就,也要总结本单元各国科学家的共同特点,展示科学家对科学研究事业的热爱。高互动的实践性主要体现在学生积极参与探究实践,通过网络等渠道查询相关信息,参与合作探究,完成项目任务,提高学习能力。本项目式学习所展现的评价学生的方式是多样的,有海报制作、海报分享、作业展示等。项目式学习能使学生的语言能力、文化意识、思维品质和学习能力的培养得以融合。

4. 积极探索混合式教学模式

英语组在英语课程的实施过程中,重视营造信息化教学环境,充分发挥现代教育技术对教与学的支持与服务功能,积极探索混合式教学模式,尤其是对促进线上教学有效实施的探索,即实现了"三高"的课堂。在混合式教学中,英语教师能整合数字资源,创设丰富多样的语境,激发学生参与学习和体验语言的兴趣,根据学生的个性化需求选择数字资源,推动学生建构和完善新的知识体系,丰富课程资源,落实高立意;同时,学生在数字化的环境中进行了深入的、个性化的探索,使深度学习成为可能,即在充分、多样的学习理解类、应用实践类和迁移创新类英语学习活动中,实现高效的语言内化和深入的文化理解,在思维锻炼的过程中培养学生的逻辑思维和批判性思维,实现高思辨;教师在混合式教学模式下,鼓励学生在线上提升自主学习和合作学习的能力,并利用多种数字化工具,促进数字技术与课程教学的深度融合,课堂采用多元的反馈评价,为学生创造自我反思和自我调控的机会,以深化英语学科核心素养,实现混合式教学的高互动。

上外版必修一教材第四单元的写作板块,英语教师在课前利用数字资源(如在课前截取上海市空中课堂相关课时的视频作为课前学习材料),给学生布置预习任务:观看学习视频,收集写作素材。整个课堂教学可分为三部分,首先通过师生互动,检测预习成果,通过头脑风暴,交流写作方法;然后通过小组合作,撰写说明段落(在这一环节中,利用数字化工具腾讯文档软件,能实现学生的协同写作,即腾讯文档允许多人同时在线编辑同一文档,能够让每一个学生都参与写作任务中);最后通过同伴互评,反思写作问题。

学生依旧以小组为单位,在共享文件夹内选一至两组的作品进行批注,提出建议。教师选取若干小组的作品及其同伴评价,与全班分享并传达教师的想法和建议。

在本节混合式教学写作课中,教学流程中增加信息化环节延展了教学的时空,拓宽了教学的资源,教学不必局限于 40 分钟的课堂,而是通过运用现有的各类课程资源和数字化工具,学生在课前课后都能参与教学中,以促进课时目标的完成。此外,数字资源的融入能提升学生的自主和合作学习能力,使个性化学习成为可能。比如,在预习环节,每个学生可以根据自身的情况,以不同的节奏来学习空中课堂的视频,可以就难点和兴趣点自行深入探索。此外,腾讯文档的多人同时在线编辑功能,为每一位学生提供了多元的视角,激励他们积极思考,投入小组讨论和写作产出,通过合作以各自的优势去促成小组任务的完成,而不会让英语水平较弱的学生成为任务中的配角。数字资源的运用能够提高课堂效率,从而深化学生核心素养的发展。通过课前的预习环节和素材准备,以及课堂上腾讯文档的使用,学生在一节课的时间内高效地经历了要点回顾、即时创作和多元的评价反馈,使课后的修改更有的放矢。在本节课中,写作和评价占据了绝大多数时间。学生有充分的时间磨炼与提升写作技巧,深入理解不同民族成人礼的文化内涵,在选材、讨论、协同写作、多元评价的过程中发展思维的逻辑性与批判性、实践适切的英语学习策略。"三高"教学能促进学生的有效学习和英语学科核心素养的形成与发展。

5. 融合跨学科思维

在课标的要求下,英语教学不应局限于单元整体教学,而要超越单元,超越学科,在英语教学中融合跨学科思维。刘润清指出 21 世纪英语教学最大的变化是"英语学习不是单纯的英语学习",而是"越来越多地与某一方面的专业知识或某一学科结合起来"。①课标在三大主题语境"人与自然""人与社会"和"人与自我"下分设 32 项子主题,涉及多个学科知识。在"三高"引领下的英语教学必然要融合跨学科思维,在高立意方面,对接文化意识中不同领域的文化知识,涉及哲学、科学、教育、历史、文学和艺术等学科;多学科的思维碰撞能促进学生思维品质的发展,从不同学科角度看问题,落实高思辨;通过对跨学科知识的讨论和思考,促进学生在新的语境中,基于新的知识结构,综合运用语言技能,创造性地解决问题,真正实现高互动。

如上外版必修二教材第三单元"Reading A:Dining in France:Culture Shock"一课,实现了在教学中跨学科思维的有机渗透,体现"三高"特色。首先,在阅读前,利用法国特色美食的图片激活学生已有的对法国美食的背景知识,这里需要学生具备一些常识,如法国常见特色美食等。在阅读中,针对问题"What's king cake tradition?",当学生从文本中得出答案之后,利用有关国王饼历史的介绍视频,让学生深入理解国王饼背后的历史文化故事;了解国王饼的历史后,就进入本节课的重点内容学习:"什么是文化冲击?文化冲击形成的原因是什么?如何应对文化冲击?"文化冲击曲线生动形象地解释了文化冲击的不同阶段及其心理特征,经过图示的铺垫,学生能开展合作学习,跨学科思考以及自主查阅资料,深入了解文化冲击的定义、原因和应对措施,从而提升自己的跨文化交际能力。在这个过程中,学生掌握新知识,对原有知识体系进行修正,并形成新的跨学科知识体系。在阅读后,让学生介绍不同国家的餐桌礼仪文化,他们依然会从历史的角度探究餐桌礼仪形成的原因。这次学生不再是被动接受,而是主动思考文化背后的历史力量。

在英语课堂中渗透跨学科思维,和英语学科核心素养的目标

---

① 刘润清.西方语言学流派[M].北京:外语教学与研究出版社,1999.

是一致的。本课融合了地理、历史等社会科学的相关知识和方法，旨在更好发展学生的英语学科核心素养。

四、英语学科"双新"视野下"三高"教学的资源开发

在"双新"背景下落实"三高"教学对英语教师的综合素养水平、教学设计能力和教学方式革新均提出较高要求。为进一步完善课程教学，提升教学质量，培养资优生的核心素养，英语教研组尤为重视教学资源的多渠道开发、利用与共享。

1. 利用师资优势互补，形成以"三高"为特色的研修共同体

上海中学英语教研组注重老、中、青三代教师的优势互补，打造研修共同体。组内青年教师占比过半，他们既依托"师徒带教"传统吸收借鉴前辈教学经验，又发挥自身在文学、翻译学、语言学、外国文化等方向的专业特长和辩论、演讲、戏剧等方面的兴趣特长，为英语教学注入活力。教研组定期组织论文研读、展示课研讨、命题分析等教研活动，资源共享，共同学习，在高互动中形成思维碰撞，促进全组教师提升综合素养。此外，教研组积极搭建平台引领教师参与多项市级、校级课题，以具体问题、具体课型、具体单元为抓手，培养教师的教学设计能力，并将教学研究课题与项目孵化成果转化为教学行动，提倡教研结合。各备课组采取集体备课模式，探讨在高立意与核心素养共同指导下的单元与课时教学目标设定，厘清教学重难点，明确相应教学方法和评价方式，创设活动情境、完善单元项目设计，打磨作业和测验试题，从而激发教师层面的高思辨。

2. 引入校外资源，强化师生培养体系

上海中学英语教研组同样重视校外资源开拓，以落实对教师和学生的培养。在教师培养上，为了与时俱进，不断提升教师的专业素养，教研组邀请组内资深教师分享教研经验，并邀请校外

专家来校参与评课分析和课题指导,邀请相关教授开设"双新"教学和命题研究讲座,助力新时代"三高"教学,这对全组教师的教研实践具有重要意义。在学生培养上,教研组从多角度开发校外资源。通过"复旦大学导师制计划"和"步青计划",我校学生有机会接触大学英语专业相关课程,内容涉及中西文明比较、英语小说等,这有助于其提升文化意识、加强思维品质。学生也有机会在学校带队教师和受邀专家指导下参与模拟联合国、双语辩论赛、哈佛峰会等英语活动,在课堂之外践行高思辨与高互动。

3. 挖掘数字技术,助力现代化课堂教学

上海中学英语教研组不断用数字技术升级授课模式,提升课堂质量与效率。在写作教学中引入上海空中课堂和腾讯在线文档软件是一次全新尝试。通过学生课前预习空中课堂相关基础知识来培养学生自主学习能力。通过课上利用腾讯文档共同编辑功能开展小组合作写作和班内互评互动,来培养学生的合作学习能力和思辨能力。在口语课堂中利用科大讯飞语音识别软件是另一种创新手段。通过即时的模态转化和模态协同引导学生发现问题、解决问题,可提高学生的综合语言能力。在线学习期间,教研组分享适用于云课堂各个环节的应用软件,广泛使用问卷调查工具了解学情,借助各类线上平台组织展示活动等,让教师深度使用混合式教学模式。

4. 完善作业设计,构建分层式课后活动

上海中学英语教研组有效利用分层设计的作业帮助学生巩固知识,检验学习效果,提高学习质量。分层主要包括两个维度。第一个维度是不同阶段的作业分层。课前预习、课堂练习和课后作业需要契合各阶段的学习内容和要求,符合从"学习理解"到"应用实践",再到"迁移创新"的能力梯度提升。比如,课前预习作业以熟悉文本和词汇、梳理文章结构为主,课堂练习以思辨性活动为主,课后作业除强化操练外还聚焦于开放式、探究式、合作式活动,使得高互动和高思辨渗透学习的主要环节。第二个维度是不同层次学生的作业分层。教师基于实际学情,对英语能力相差较大的学生提出差异化要求。比如,同为写作练习,在词汇和句式丰富度以及内容深度等方面设置分层要求。另外,在统一要求的作业基础之上布置和学生能力相匹配的个性化作业。比如,提供更多习题帮助落后学生夯实基础,挑选补充语料满足部分学生的更高需求。

五、英语学科"双新"视野下"三高"教学的评价系统

教学活动涵盖教、学、评三个方面。课标指出,科学的评价体系是实现课程目标的重要保障。上海中学英语教研组积极推动教、学、评一体化实施,在教学评价过程中推进形成性评价和终结性评价相结合、多样化评价和差异化评价相结合,力求将课堂评价活动贯穿教学全过程,从而培养学生英语学科核心素养。

课标中提到的教、学、评一体化中的"教"是教师把握英语学科核心素养的培养方向,通过有效组织和实施课内外教学活动,达成学科育人的目标,和高立意紧密相连;"学"是学生在教师的指导下,通过主动参与各种语言实践活动,将学科知识和技能转化为自身的学科素养;"评"是教师依据教学目标确定评价内容和评价标准,通过组织和引导学生完成以评价目标为导向的多种评价活动,以此监控学生的学习过程,检测教与学的效果,实现以评促学,以评促教,与高互动的要求高度契合;同时,英语教师根据评价活动的目的和学生特点,选择及时反馈或延后反馈,关注有意义的互动,促进学生高层次思维和文化意识的发展,从而在评价活动中培

养学生的批判性思维,落实高思辨。①

1. 形成性评价和终结性评价相结合

形成性评价是促进学习的评价,侧重于即时性、参与式和灵活度高的非正式反馈,其目的是提高学生对学科知识的理解,培养学生成为自我学习的指导者,而终结性评价是考查学习结果的评价,以记录学生成绩为向导,侧重于固定、非参与式和结构化的正式考试,能够对阶段性教学效果进行记录。②

在形成性评价层面,备课组在集体备课阶段探讨并明确各单元、课时应设置的形成性评价活动,使之满足新课标提出的"评价主体多元化、评价形式多样化和评价目标多维化"。以"Scientists"这一单元为例,教师在每一项书写作业后附上相应"Checklist(见图3)",供学生参照自评,有利于其达成预期目标,以培养其自主学习能力。针对单元项目式学习,教师带领学生提前了解"Rubric(见图4)",这就既明确了手册的评价标准,又指导了学生的准备过程,为学生创造自我反思和自我调控的机会。此外,教师制作了展示活动评价表,以引导学生在他评环节关注重点内容与目标达成度,在反馈评价时有参照依据,形成有效的生生互动与同伴互助。提倡学生开展自评和互评能把教学评价变成学生主体参与的过程和手段,突显高思辨和高互动。教师还注重在课堂上与学生频繁互动,倾听学生想法,鼓励学生表达,不断思考如何引导学生达到预期目标③,通过反馈调节促进学生高阶思维和文化意识的发展。

---

① 　中华人民共和国教育部.普通高中英语课程标准(2017年版2020年修订)[S].北京:人民教育出版社,2020.

② 　王烁,宗序连.形成性评价的理论内涵与实践反思[J].教学与管理,2020(5):1-4.

③ 　邵朝友,韩文杰."教—学—评"一致性何以可能:形成性评价课堂技术及其应用[J].教育测量与评价,2020(3):15-19;40.

Assignment:

A letter from Rosalind Franklin

　　Suppose, by some miracle, Franklin were informed that her contributions were finally recognized. She decided to write a letter to provide encouragement and suggestions for women who've been courageous enough to follow her steps. You are expected to write a letter (about 80 words) in the tone of Franklin, and your letter should include:

1. her feelings of being recognized

2. her suggestions for female scientists

CHECKLIST

☐　Do I bear my readers (female scientists) in mind when writing this letter?

☐　Does the letter convey Franklin's feelings which are consistent with her personality?

☐　Can the suggestions provided in my letter reflect Franklin's qualities?

☐　Is my letter clear, coherent and grammatically correct?

图 3　Scientists 课后作业

Rubric for the Booklet

		Excellent (3)	Good (2)	Not Good Enough (1)	Score
Content	1.	The booklet is given a title that can grab the readers' attention.	1. The booklet is given a title.	1. The booklet is not given a title.	
	2.	The booklet introduces three to four scientists with common features stated with enough justification.	2. The booklet includes three to four scientists with common features stated but not adequately justified.	2. The booklet includes fewer than three scientists.	
	3.	All the key information for each scientist as required is included and presented in the right form.	3. All the key information for each scientist as required is included but not always presented in the right form.	3. There is more than one missing piece of key information.	
	4.	The topics or opinions are stated clearly and adequately supported by concrete details.	4. The topics or opinions are stated clearly and supported by less concrete details.	4. The topics or opinions are stated less clearly and supported by few details.	
Language	1.	The writing contains a variety of simple, expanded, and complex sentences.	1. The writing contains simple, expanded, and complex sentences.	1. The writing contains mostly simple sentences.	
	2.	The writing contains carefully selected words or structures appropriate for the context to convey meaning.	2. The writing contains words or structures appropriate for the context to convey meaning.	2. The writing contains words or structures less appropriate for the context to convey meaning.	
	3.	The writing contains minimal or no errors that obscure meaning.	3. The writing contains a few errors that occasionally obscure meaning.	3. The writing contains many errors and unclear words that often obscure meaning.	
Design	1.	The overall layout of the booklet is neat.	1. The overall layout of the booklet is mostly neat with a few messy places.	1. The overall layout of the booklet is messy in general.	
	2.	Words vary in typeface and colour where appropriate to direct readers' attention and add appeal to the booklet.	2. The booklet is full-colour but lacks variety in words or interesting decorations	2. The booklet is in black and white.	
	3.	Interesting decorations are present to make the booklet more visually attractive.			

图 4　作业评价量表

在终结性评价层面,备课组基于整个学习过程的反馈情况,对标学科核心素养和学业质量标准进行自主命题,以实现课标建议的"评价内容的全面性",了解学生的阶段性学习效果,指导后继决策。

2. 多样化评价和差异化评价相结合

在英语学习活动观的指导下,"双新"课堂中的活动设计已趋于多样化,形成了自评、互评和教师评价等评价主体相结合,定量评价与定性评价相结合,形成性评价与终结性评价相结合的总体评价体系。然而,在年级间、班级间和学生个体间存在的差异对评价体系的完善提出了进一步要求。

在课堂学习之外,针对语言能力,教研组在日常学习过程中设置单项能力评价活动,如默写、朗读、背诵、写作、翻译等必考项目,以及综合能力评价活动,如看图说话、配音大赛、课前演讲等各年级常规活动。备课组基于学情,组织各类项目式学习、才艺展示、小说和诗歌创作、辩论赛等对思维品质、文化意识和学习能力有更高要求的自主选择性活动,鼓励学生多参与、多学习、多思考、多提升。此外,学生根据自身兴趣选择的英语类发展课,其课程考核与评价方式各不相同,如写小论文、写简报、表演等。多样化评价有助于增强学生的英语学习兴趣和自信心,充分挖掘其发展空间。

差异化评价可保证评价本身的个体针对性,对学生的学习形成正向反馈作用。差异化评价主要参照作业分层的两个方面。一是对同一任务建立不同层次的考核要求,二是布置符合学生实际能力水平的额外任务,再完成相应评价。

新课程的实施,对我们的教育理念和教学方式提出了新的要求。我们应该以落实新课程的根本要求(即落实学科核心素养)为基本目标,挖掘高立意、高思辨、高互动的学科内涵,促进"三高"教学模式与新课程理念的融合创新,探索"双新"引领下体现"三高"特色的教学之路。

（树　骅）

普通高中"双新"视野下物理学科"三高"教学纲要导引

一、物理"双新"视野下"三高"教学的内涵诠释

高立意、高思辨、高互动(以下简称"三高")是教学模式。在"双新"视野下的教学策略应该如何确定呢?一是要尊重学生个性差异,开发学生潜能;二是要注重教学内容、教学方式、教学手段的紧密结合。

鱼与渔不割裂不对立,是内容、方法、手段的统一。及时更新、补充教学内容,引入活水,才能既有让学生发展的内容载体,又有促进教学方式和手段的变革,促进教学互动。

"三高"是紧密联系的统一体,高立意是既要找到适合学生发展的教学内容,也要找到推动学生发展的教学方式,并从理性的层面探索将教学内容与教学方式联系起来的结合点;高思辨在于启发学生思维、激活学生内在学习需求;高互动是让学生积极参与教学过程,体现师生在认知、情感等方面高效率的交流。在教学过程中,师生通过互相设疑、质疑、解惑,对教与学都提出挑战,对交流的时间空间都有更深层次的拓展。

当下教育改革不断推进,上海中学在"双新"视野下物理学科"三高"教学的探索,要求全组教师不断追求教学"三高",持续发展

教师专业技能。

上海中学物理教学的基础情况是：资优生群体（超90％的物理科目选修率）；物理教研组有着深厚的积淀，由高水平教师团队组成；学校丰富的基础课程体系由平行班基础课、特色班高阶课、丰富的拓展课（先修、选修等）组成。

上海中学物理教学的目标是：尊重学生群体特色和个性差异，适合学生发展的教学内容体系与能激活学生内在学习需求的教学方式相结合，培育学生物理学科核心素养，为学生的潜能开发和终身发展打下坚实基础。

二、物理学科"双新"视野下"三高"教学特色创建和资源开发

面对"双新"物理教学的变化和课时的减少，如何高质量完成物理教学任务，继承和发扬物理教研组的优秀传统并将其精华体系化并传承下去？本文给出的解决路径是：通过"双新"教学指南完成教学内容和要求思想上的统一，通过作业编排和评价研究确保指南要求在日常教学实践中的落实，借助学校丰富的课程体系，通过高质量的教研组活动确保教学内容和形式的不断更新，引入"活水"以适应资优生学生群体特色和个性差异，为学生的潜能开发提供支撑。

具体分四步开展工作，即：在"双新"视野下"三高"教学的内容统整及教学进度设计；根据进度安排编撰"双新"教学指南以实现教学内容和要求的统一；将作业编排作为主要抓手，促进指南要求在教学实践中的落实；以针对"双新"物理教学的评价测试题编制为突破口，确保指南要求在教学实践中的落实。

1. 物理"双新"视野下"三高"教学的内容统整及教学进度设计

上海中学集聚的整个资优生群体目前物理科目选修率超90％，物理科目受到众多大学专业的青睐。从专业学习角度看，物

理在大学专业中得到广泛应用。不仅是传统的理工科专业,一些偏文科专业的学生也要学习物理。有理由预计这样高的物理科目选修率是上海中学未来较长时期的常态,包含必修和选择性必修内容的完整高中物理教学是绝大多数学生的需求。物理教研组基于上海中学学情、物理学科特点,将必修和选择性必修的内容整体统合,拟订三年教学计划。下面以高一第一学期教学内容为例具体说明。

高一第一学期授课内容对于整个高中物理的学习有着非常重要的基础性作用,我们结合必修一和选择性必修一的动量的内容整体统合,作为本学期内容,共五个单元:①运动的描述,②匀变速直线运动规律,③物体的平衡,④牛顿运动定律,⑤动量。

前两个单元是运动学内容,必修一第一单元(运动的描述)目标是经历建立质点模型的过程,能在特定情境下将物体抽象为质点,体会建构物理模型的必要性及方法;在建立速度、加速度等概念的过程中,体会研究物理问题的极限方法和抽象思维方法。通过测量位移、速度,初步学会使用数字化实验(DIS)器材获取数据,用表格、图像等方式呈现数据,分析得到初步的结论,知道测量存在误差。必修一第二单元(匀变速直线运动规律)是基于第一单元学习的基础上对运动的加深和理解。单元目标是通过回顾伽利略的研究过程,了解如何开展科学探究,领会提出问题、形成猜想和假设、设计实验与制订方案、获取证据得出结论并做出解释的一系列科学探究要素,感受理论演绎与实验研究相结合的科学探究方法。学习和感受描述物体运动规律的基本方法,尝试利用匀变速直线运动的规律解决简单的实际问题,初步形成运动的观念。

以重难点加速度概念教学为例,教学中不是简单的概念讲述,而是要与活动和实验相结合。活动Ⅰ:实例分析,对比两位同学用不同的方法测量的磁浮列车加速度的值。引导学生学会从速度-

时间关系中求解加速度,以及理解平均加速度和瞬时加速度。活动Ⅱ:设计实验,测量小车运动过程中的加速度。利用学生已有的测量瞬时速度的知识,从双光电门传感器测量初末速度开始,引导学生扩展知识面,认识到分体式位移传感器也能测量小车加速度。活动Ⅲ:学生实验,利用分体式位移传感器测量小车加速度。从装置的安装,到实验操作过程、软件使用步骤,分步引导学生学会测量小车加速度。活动Ⅳ:图像辨析,分析从实验中得到的 $v\text{-}t$ 图像,比较加速度的大小和判断加速度的方向。引导学生理解速度的大小和加速度的大小没有必然联系。

　　运动学之后,必修一第三单元(物体的平衡)是高中物理中静力学的主要部分,其重点是共点力的平衡。在讲平衡前,作为介绍整个力学部分的基础,应该详细回顾和介绍生活中常见的力,包括它们的特点及成因。理解力的矢量性是本单元中的关键内容之一,应该结合实验和实际生活阐述。必修一第四单元(牛顿运动定律)是在前面章节基础上进一步研究运动和力的关系,是高中物理中质点动力学的主要部分和核心内容。这三条定律是互相联系的统一整体,三者结合起来构成了整个动力学的基础,牛顿第二定律是核心,牛顿第一定律是牛顿第二定律的基础,牛顿第三定律保证了牛顿第二定律在经典力学范围内的广泛应用和实际有效。在后续的教学中,要研究牛顿运动定律对曲线运动、天体运动、机械振动的应用,根据牛顿运动定律还可以导出动量定理和动量守恒定律。

　　动量守恒定律是学生在高中阶段第一次接触守恒这一重要物理概念,是自然界普遍适用的基本规律之一,它不仅在力学范围,而且在电磁学和原子物理学中都有广泛应用。而电学内容在必修三中,因此把选择性必修一的动量放到必修三的电学内容学习之前是非常必要的。动量和动量守恒定律都属于反映物体相互作用的规律,用其可以解决冲击、碰撞、爆炸等复杂的相互作用过程问题。动量定理即冲量与动量的关系,是牛顿第二定律的另一表达形式。冲量在形式上是"力对时间累积",与功和能中"功是力的空间累积"形成对照,有助于学生将其前后联系,深入理解。动量概念的建立可以加深对机械运动的理解,同时考虑上海中学实际,我们在必修一授课完成的基础上将选择性必修一的动量也加入高一第一学期的教学中。

与高一第一学期的教学进度设计理念一致,高一第二学期的学习内容是必修二并且将其与选择性必修一的机械振动与机械波内容融合,这与徐汇区在高一第二学期的学习内容是一致的。高二第一学期的必修三内容是电学和磁学部分,结合本校实际,也将选择性必修二中与磁场和电磁感应高度相关的第五、第六单元融合于教学中。高二第二学期的内容就是选择性必修一至三中的光学、热学和原子物理部分,考虑这三个部分内容具有较高独立性,可以单独在这个学期进行授课。

2. 通过"双新"教学指南的编撰实现教学内容和要求的统一

为更好地推进新课程和新教材的实施,统一教学内容和要求,上海中学物理教研组针对"双新"物理教学特点撰写了"双新"物理教学指南。指南明确了教学重点、难点和教学中常见疑点,并配合实例予以说明。既从整体要求上保证全组教师实施"双新"教学内容和要求的统一,又为新入职教师迅速成长提供支撑。指南具体呈现如下:以单元教学设计为指导的内容概述,以素养能力养成为目的的内容与要求,以认知发展特点为导向的课时安排,以及针对具体重点、难点和疑点突破为目的的典型题目与点评。

教学重点是教材中最基本、最主要的知识,具有统摄性、概括性,能举一反三、广泛迁移,比如质点、位移等。重点是一个相对的概念,就教材结构来说,重点指的是教材内容重点;就知识类型而言,重点指的是知识的中心点;就核心素养能力的养成而言,重点是素养能力培育的基石。教学难点指的是对学生难以理解和掌握的内容,教学难点的形成,有的是知识内容本身的性质造成的,如加速度的方向性理解;有的是学生思维和心理障碍造成的,如力的合成与分解的理解。造成教学重难点不容易突破的主要原因包括学生相关的认知准备不充足,准备知识不充分,感性认识缺乏,学生思维定式的影响,错误的前概念影响新知识的获取等,例如,对速度的概念的理解,初中是路程与对应时间的比值,而高中强调的是位移与时间的比值,学生的认知结构往往不能及时更新或者重建。又如,对摩擦力的理解,学生往往根据思维定式,认为摩擦力总是阻碍物体的运动并和物体的运动方向相反,不能适应抽象思维或者复杂思维,学生缺乏必要的实验思想和研究方法。那么如何突破重难点呢?

首先,把握好教学的重点和难点是重难点突破的前提,教师需要深钻课标和教材,从知识结构上,抓住每个章节和每节课的重点和难点。其次,根据学生实际的认知水平,并考虑不同学生的认知结构的差异,把握好重点和难点。再次,采用合适的教学方式是重难点突破的关键,可以采用实验、实际情境问题解决来突破教学中的重难点。最后,开展有针对性的练习。练习是学习的巩固和运用,做练习最关键的是讲究选题的针对性,不然,不但影响学习效果,甚至会事与愿违,所以教师一定要知道平时要练什么,怎么练,达到什么效果,不能盲目。我们通过研读新课标和新教材,明确了教学的重点;结合物理教研组的积累的历届学生的错题汇总,明确了学生的易错点即难点;最后结合我们对于核心素养能力的把握和理解,在例题的点评中指出这些重难点所涉及的核心素养能力,期待能够通过这些点评,引起教师重视、思考这些素养能力并在教学中着重落实培养。

下面分物理概念、典型物理模型和综合应用三类,结合例题具体说明我们对教学重点的把握情况、学生的认知情况,以及练习选题的情况。

（1）重要的物理概念是我们选择题目的重点方向之一。在点评中会分析概念的重要性以及学生出错的深层次的原因，比如错误的前置观念，以及教师教学中需要达到的深度，以便于帮助学生能够充分掌握正确的知识，才能在此基础之上发展形成物理观念。具体参见例1、例2。

例1　（上海练习册）在直线运动中，将物体在某段时间内的位移 x 与发生这段位移所用时间 t 的比值称为平均速度。平均速度是矢量，其方向与_____方向相同，其大小表示这段时间内运动的_____。

答案：位移；平均快慢。

12. 在直线运动中，将物体在某段时间内的位移 Δx 与发生这段位移所用时间 Δt 的比值称为平均速度。平均速度是矢量，其方向与 位移√ 方向相同，其大小表示这段时间内运动的 快慢√。

12. 在直线运动中，将物体在某段时间内的位移 Δx 与发生这段位移所用时间 Δt 的比值称为平均速度。平均速度是矢量，其方向与 位移√ 方向相同，其大小表示这段时间内运动的 平均速率✗。

12. 在直线运动中，将物体在某段时间内的位移 Δx 与发生这段位移所用时间 Δt 的比值称为平均速度。平均速度是矢量，其方向与 位移√ 方向相同，其大小表示这段时间内运动的 Δx 与 Δt 的比值✗。

错误人数：(1) 2，4，7，3，0；(2) 22，21，33，11，30(2021级高一部分班人数：36，36，39，44，44)。

本题主要涉及的素养与水平：科学推理（Ⅰ）。

本题考查运动描述的基本概念——平均速度，学生做错的原因是对物理量的定义不清楚，与其他概念不能很好区分。平均速度 x/t 是矢量，方向与位移 x 相同，大小等于位移大小与发生这段时间的比值。初中学习了匀速直线运动的速度＝路程/时间，高中学习了平均速率＝路程/时间,反映了运动的平均快慢,瞬时速率＝极短时间内的路程/时间,反映了每时每刻运动的快慢。如果能够很好地建立以上描述物体运动的快慢和方向的概念,并且注重与初中概念的异同进行辨析,就能避免以上的错误。如果能将以上物理量用于解决一个具体的实际问题,让学生明确不同物理量的定义,在使用过程明确各个物理量之间的差别,就能够用对并学会了。

例 2 （上海练习册）速度和加速度都与快慢有关,速度是描述物体_____的物理量。加速度是描述物体_____的物理量。

答案:运动快慢和方向;速度变化快慢。

二、填空题

2. 速度和加速度都与"快慢"有关,速度是描述物体<u>位置变化快慢</u>√的物理量。加速度是描述物体<u>速度变化快慢</u>√的物理量。

二、填空题

2. 速度和加速度都与"快慢"有关,速度是描述物体<u>运动快慢</u>╳的物理量。加速度是描述物体<u>速度变化快慢</u>√的物理量。

错误人数:(1) 31,38,37,33;(2) 2,2,0,9(2021级高一部分班人数:36,39,43,39)。

本题主要涉及的素养与水平:科学推理(Ⅰ)。

物理中有很多物理量是通过比值定义的。此处无论是速度还是加速度,都是通过比值定义法来描述物理量的变化快慢。速度＝位置变化快慢,加速度＝速度变化快慢。此处错误是因为学生没能够很好把握如何描述物体的运动状态以及速度概念导致。要回答这个问题,学生需要知道运动状态包括运动的快慢和方向,而运动状态信息与速度的大小和方向之间如何关联。尤其是学生需要明确运动的方向与速度方向之间的关系,运动方向沿着轨迹的切线方向,速度的方向和极短时间内的位移方向相同,而在极短时间内位移方向沿着轨迹的切线方向,最终得出我们可以用速度方向来描述物体运动的方向。

还有一个原因是学生在初中学习了速度＝路程/时间,学生对学习内容概念不全,条件不清。初中速度的定义是路程/时间,而前提是匀速直线运动,在这个前提下,单向直线运动中位移大小等于路程,平均速度大小＝平均速率＝瞬时速率,即速度反映了运动的快慢,而速度是瞬时速度的简称,是矢量,有大小和方向,所以速度描述运动的快慢是不准确的。所以这里要求教师在教学过程中,深入浅出地说明上述物理量的异同,以及适用场景,可以借助适当的例子。

(2)针对典型的物理模型,除了题目之外,我们还采用展示学生错解的形式。这样可以很清晰地呈现学生在该模型下的某类问题中容易出现的问题。点评不仅需要说明该物理模型的条件和要求,还需要呈现学生典型的错误,以及针对该类典型错误需要在哪些教学中提醒教师关注学生的迷惑,并且就如何展开这部分的教学给出建议。具体参见例3、例4。

例3 (上海练习册)一只蚂蚁在地面上沿直线爬行,每隔10 s记录蚂蚁头部的位置,如图(a)所示。某学生认为蚂蚁的运动可以用图(b)中的位移-时间图像来描述。你是否认同该学生的观点? 说明理由。

(a)

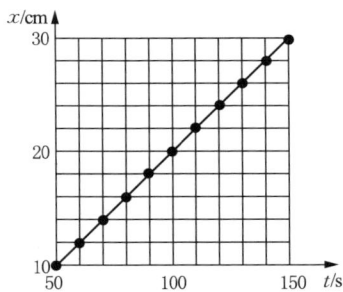

(b)

答案:认同;由图(a),可知蚂蚁在100秒内匀速爬行了20厘米。图(b)同样描述了蚂蚁的运动情况,并且反映了其运动方向。

13. 一只蚂蚁在地面上沿直线爬行,每隔10 s记录蚂蚁头部的位置,如图(a)所示。某同学认为蚂蚁的运动可以用图(b)中的位移-时间图像来描述。你是否认同该学生的观点？说明理由。

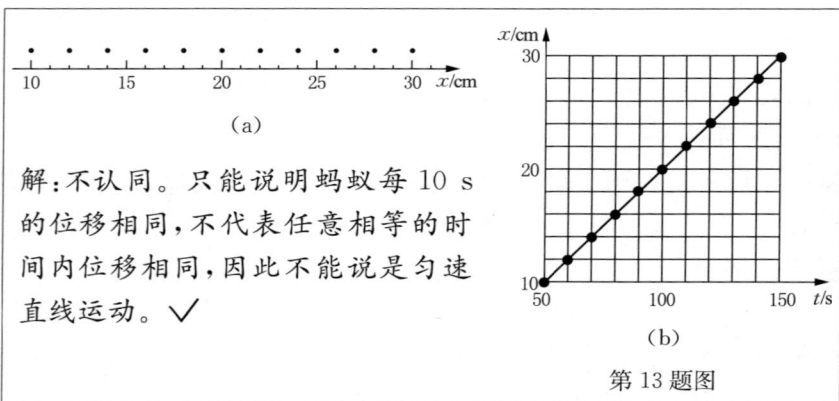

(a)

解：不认同。只能说明蚂蚁每 10 s 的位移相同，不代表任意相等的时间内位移相同，因此不能说是匀速直线运动。✓

(b)

第 13 题图

13. 一只蚂蚁在地面上沿直线爬行，每隔 10 s 记录蚂蚁头部的位置，如图(a)所示。某学生认为蚂蚁的运动可以用图(b)中的位移-时间图像来描述。你是否认同该学生的观点？说明理由。

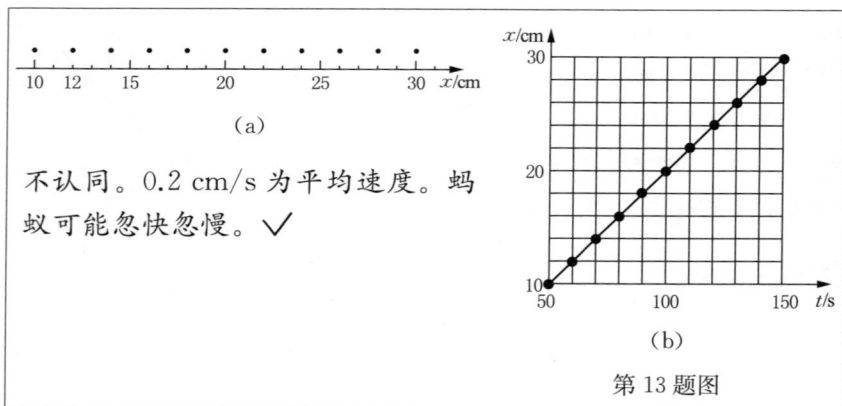

(a)

不认同。0.2 cm/s 为平均速度。蚂蚁可能忽快忽慢。✓

(b)

第 13 题图

13. 一只蚂蚁在地面上沿直线爬行，每隔 10 s 记录蚂蚁头部的位置，如图(a)所示。某学生认为蚂蚁的运动可以用图(b)中的位移-时间图像来描述。你是否认同该学生的观点？说明理由。

(a)

不认同。因为并非给出 11 个点的
先后顺序。蚂蚁可能以右往左爬，
甚至来回爬。✓

(b)

第 13 题图

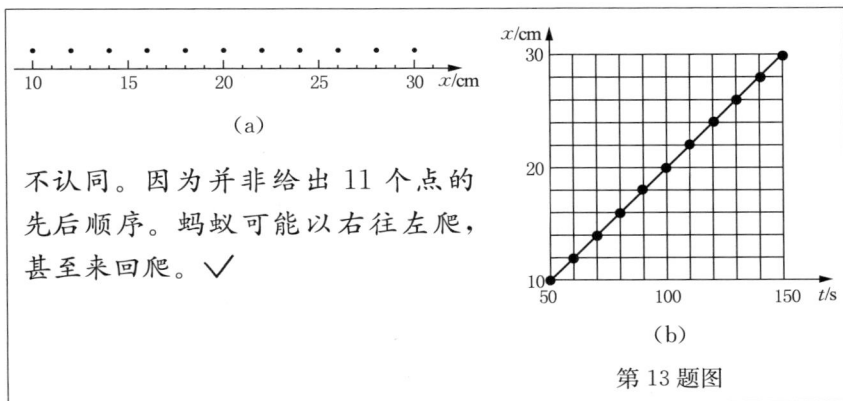

　　错误人数：11，12，13，13，3（2021 级高一部分班人数：36，39，43，39，45）。

　　本题主要涉及的素养与水平：模型建构（Ⅰ）；科学推理（Ⅱ）；科学论证（Ⅱ）。

　　根据匀速直线运动的定义，任意相同时间内的位移相同，所以有些学生认为 10 s 内蚂蚁运动情况不知道，所以不是匀速直线运动。尽管和标准答案不同，但是合理，教师也给了正确的评价。而有些学生答得不好，他们认为图中时间轴没有从零开始所以图中不能描述蚂蚁的运动。而实际上，运动开始的时刻可以与计时开始时刻不同。这个问题可以通过请学生研究一个具体的问题并且画图像时发现从零开始与不从零开始的图像位置不同，形状不同，而且可读性和实用性也不同，学生就很容易理解为何图像可以而且有时需要不从零开始。

　　例 4　（上海练习册）用图(a)所示的方法来测量人的反应时间。测量员将刻度尺最下端置于被测人员的拇指和食指之间（未接触）。被测人员看到刻度尺被释放后尽快用拇指和食指抓住刻度尺。

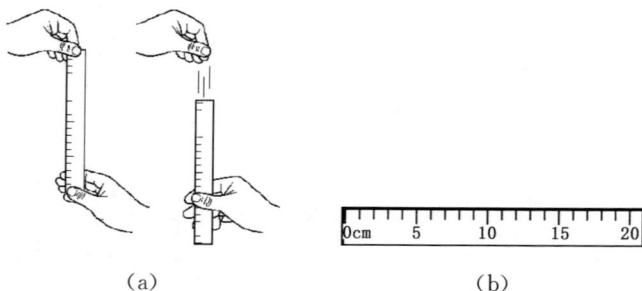

　　（a）　　　　　　　　　　　　　　　　（b）

　　（1）简述该方法的测量原理。

　　（2）测量时选用测量长度为 20 cm 的刻度尺如图（b）是否合适？

　　（3）如果在刻度尺的 1 cm、2 cm、3 cm……处标记相应的反应时间 t_1、t_2、t_3……，则 $t_2 - t_1$、$t_3 - t_2$、$t_4 - t_3$……的大小如何变化？说明理由。

　　参考解答：（1）被测人员看到测量员释放直尺到抓住直尺之间的时间间隔即为其反应时间。在这段时间中直尺做自由落体运动，根据被测人员抓住处的刻度就可以知道直尺的下落距离，从而推断出尺下落的时间，即此人的反应时间。

　　（2）因一般人的反应时间在 0.2 s 以上，20 cm 对应的反应时间约为 0.2 s，小于大多数人的反应时间，所以选用长度为 20 cm 的刻度尺不合适。

　　（3）因直尺的运动可视为自由落体运动，下落时间越长，速度越大，$t_2 - t_1$、$t_3 - t_2$、$t_4 - t_3$……逐渐减小。

（1）$t = \sqrt{\dfrac{2x}{g}}$ ✗

（2）$\tan x = \sqrt{\dfrac{2 \times 0.2 \text{ m}}{10 \text{ m} \cdot \text{s}^{-2}}} = 0.2$ s

　　　蛮合适的。✗

（3）$t_1 = \sqrt{\dfrac{2\times 1\ \text{cm}}{g}} = \sqrt{1} \cdot k$

$t_2 = \sqrt{\dfrac{2\times 2\ \text{cm}}{g}} = \sqrt{2} \cdot k$

$t_n = \sqrt{n} \cdot k \left(k = \sqrt{\dfrac{2\times 1\ \text{cm}}{g}} \right)$

∴ $t_n - t_{n-1} = (\sqrt{n} - \sqrt{n-1})k$

$= \dfrac{k}{\sqrt{n} + \sqrt{n-1}}$

$< \dfrac{k}{\sqrt{n-1} + \sqrt{n-2}}$

$= (\sqrt{n-1} - \sqrt{n-2})k$

∴ $t_2 - t_1 > t_3 - t_2 > \cdots > t_n - t_{n-1}$ ✓

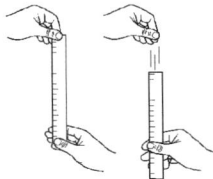

(a)

(b)

第 7 题图

（1）$s = \dfrac{1}{2}gt^2$

测量出 s，代入求反应时间 t。

（2）将 $s = 20\ \text{cm} = 0.2\ \text{m}$ 代入得

$t = 0.2\ \text{s} > 0.1\ \text{s}$

∴ 合适 ✗

（3）$t = \sqrt{\dfrac{2s}{g}} = \sqrt{\dfrac{2}{g}} \cdot \sqrt{s}$

∴ $t_2 - t_1 = \sqrt{\dfrac{2}{g}}(\sqrt{0.02} - \sqrt{0.01})$，

$t_3 - t_2 = \sqrt{\dfrac{2}{g}}(\sqrt{0.03} - \sqrt{0.02})$ ✗

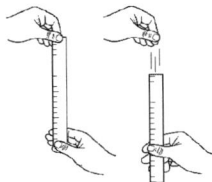

(a)

(b)

第 7 题图

（1）通过测量反应时间 Δt。与抓住长度

Δt，得 $g = \dfrac{2\Delta l}{\Delta t^2}$ ✗

（2）不合适，空气阻力过大，且尺会左右摇晃，不准确。✗

（3）∵ g 恒定　$t_1 = \sqrt{\dfrac{2\Delta l}{g}}$

$t_2 = \sqrt{\dfrac{4\Delta l}{g}} = \dfrac{2\sqrt{\Delta l}}{\sqrt{g}}$

$t_3 = \sqrt{\dfrac{6\Delta l}{g}}$

∴ $t_2 - t_1 = t_3 - t_2 = t_4 - t_3 = \cdots$

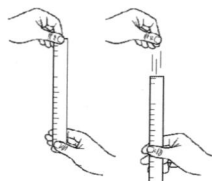

（a）

（b）

第 7 题图

本题主要涉及的素养与水平：模型建构（Ⅰ）；科学推理（Ⅱ）；证据（Ⅱ）。

在这种问题中没有办法只以简单的对错来评价学生，以第一问为例，学生不能直接就列自由落体公式求结果。简述原理时应该要构建自由落体模型：被测人员看到测量员从释放直尺到抓住直尺之间的时间间隔即为其反应时间。在这段时间中直尺做自由落体运动，根据被测人员抓住处的刻度就可以知道直尺的下落距离，从而推断出尺下落的时间，即此人的反应时间。接下来在第（2）问中才能依据这个模型做进一步的科学推理和论证。这个题目中的场景是完全可以在教学中落实，在解决这个真实问题过程中，切实提升每个学生对于自由落实运动的模型理解。

（3）随着教学对学生能力培养的要求越来越高，我们会在选择题目时呈现一些经典的应用题，要求学生灵活使用所学知识用于解决实际问题。我们选择的题目并非让学生简单地套公式、代数字、得结果，而是需要学生基于真实情景，学会提炼关键点，即模

型运用的条件,然后将所学习的各种物理模型运用到具体的情景中解决真实问题。我们的点评会将学生集中容易出现的问题进行展示和汇总,并点出导致出现错误的原因。具体参见例5。

例5 (人教版教材)公路上有一辆行驶的汽车。司机从发现前方异常情况到紧急刹车,汽车仍将前进一段距离才能停下来。要保持安全,这段距离内不能有车辆和行人,因此把它称为安全距离。通常情况下,人的反应时间和汽车系统的反应时间之和为1 s(这段时间汽车仍保持原速)。晴天汽车在干燥的路面上以108 km/h的速度行驶时,得到的安全距离为120 m。设雨天汽车刹车时的加速度为晴天时的3/5,若要求安全距离仍为120 m,求汽车在雨天安全行驶的最大速度。

错误人数:17,15,19,8,6(2021级高一部分班人数:36,39,39,43,44)。

参考答案:24 m/s。

8. 公路上有一辆行驶的汽车。司机从发现前方异常情况到紧急刹车,汽车仍将前进一段距离才能停下来。要保持安全,这段距离内不能有车辆和行人,因此把它称为安全距离。通常情况下,人的反应时间和汽车系统的反应时间之和为1 s(这段时间汽车仍保持原速)。晴天汽车在干燥的路面上以108 km/h的速度行驶时,得到的安全距离为120 m。设雨天汽车刹车时的加速度为晴天时的3/5,若要求安全距离仍为120 m,求汽车在雨天安全行驶的最大速度。

$108 \text{ km/h} = 30 \text{ m/s}$	$v_t^2 - v_0^2 = 2as$
$120 - 30 \times 1 = 90 \text{(m)}$	$0 - v_0^2 = 2 \times (-3) \times 90$
$v_t^2 - v_0^2 = 2as$	$v_0 = 6\sqrt{15} \text{ m/s} \approx 83.66 \text{ km/h}$
$0 - 30^2 = 2 \times a \times 90$	∴汽车在雨天安全行驶最大
$a = -5 \text{ m/s}$	速度为83.66 km/h。 ✗
$a_{雨} = \dfrac{3}{5} \times (-5) = -3 \text{(m/s)}$	

8. 公路上有一辆行驶的汽车。司机从发现前方异常情况到紧急刹车,汽车仍将前进一段距离才能停下来。要保持安全,这段距离内不能有车辆和行人,因此把它称为安全距离。通常情况下,人的反应时间和汽车系统的反应时间之和为 1 s(这段时间汽车仍保持原速)。晴天汽车在干燥的路面上以 108 km/h 的速度行驶时,得到的安全距离为 120 m。设雨天汽车刹车时的加速度为晴天时的 3/5,若要求安全距离仍为 120 m,求汽车在雨天安全行驶的最大速度。

$$v_t^2 - v_0^2 = 2as$$
$$0 - 30^2 = 2a \times (120 - 30 \times 1)$$
$$-900 = 2a \times 90$$
$$a = -5 \text{ m/s}^2$$
$$v_t^2 - v_{0大}^2 = 2as$$
$$0 - v_{0大}^2 = 2 \times \left(-5 \times \frac{3}{5}\right) \times (120 - 30 \times 1)$$
$$v_{0大} = 23.2 \text{ m/s} \quad \times$$

8. 公路上有一辆行驶的汽车。司机从发现前方异常情况到紧急刹车,汽车仍将前进一段距离才能停下来。要保持安全,这段距离内不能有车辆和行人,因此把它称为安全距离。通常情况下,人的反应时间和汽车系统的反应时间之和为 1 s(这段时间汽车仍保持原速)。晴天汽车在干燥的路面上以 108 km/h 的速度行驶时,得到的安全距离为 120 m。设雨天汽车刹车时的加速度为晴天时的 3/5,若要求安全距离仍为 120 m,求汽车在雨天安全行驶的最大速度。

解:设最大速度为 v_m
$$a_晴 = \frac{v_t^2}{2s}$$

$$= \frac{(30 \text{ m/s})^2}{2 \times 120 \text{ m}}$$

$$= \frac{15}{2} \text{m/s}^2$$

$$a_{雨} = \frac{5}{3} \times \frac{15}{2} \text{m/s}^2 = \frac{25}{2} \text{m/s}^2$$

$$v_{雨} = \sqrt{2 \times \frac{25}{2} \text{m/s}^2 \times 120 \text{ m}}$$

$$= 10\sqrt{30} \text{ m/s} \quad \times$$

本题主要涉及的素养与水平:运动与相互作用(Ⅱ);科学推理(Ⅱ)。

本题旨在让学生体会匀变速直线运动与实际问题的联系,从现象总结规律,用规律解释现象。学生的困难在于无法灵活运用公式来解决实际问题。这类困难的克服,要求能在简单问题中培养学生的信心以及分析问题的能力,然后在复杂过程中能将题目中的信息与相应的匀变速直线运动的规律进行关联,识别得到相应的信息,在此基础上进一步分析解决问题。解决问题时,需要一步步往下走,而在教学演示时可以帮助学生从最终问题开始分析,看看需要什么,然后在题目中已有的信息中找寻相关信息,提升学生解决复杂问题的能力。

本指南以新课标和新教材为标准,以核心素养能力的培养为目标,明确了教学重难点,在点评中指出了教学重难点以及核心素养能力的体现,并针对相应的重难点和能力培养给出建议,期待能够帮助新教师们在日常教学中能够迅速把握重难点,明确学生容易出现的问题,并知晓相应内容的应对之策,期待能够帮助培养物理人才。

3. 将作业编排作为主要抓手,促进教学要求在教学实践中的落实

为确保教学要求在教学实践中得到落实,以教学中间环节作业为主要抓手。针对教学重难点、聚焦物理学科核心素养精心编制高质量作业。

2021年9月上海的高中物理课程全面实施。作业是教学的重要环节,是学生掌握知识、提高能力和素养的重要途径。我们需要设计启发性问题引导学生形成物理观念,用基于真实情景的问题引导学生形成科学思维。教学评价是课程实施的重要环节,起着导向与质量监控的重要作用。教材单元评价是发展性的多元评价,要落实课标的目标和理念,促进教师与学生的发展。为此我们开展了高中物理教材单元作业与单元评价设计研究。我们的研究主要分成几个阶段,2020年11月至2021年5月对必修二教材中机械能守恒定律单元作业及评价进行探究,考虑到2023届的高一学生还是使用老教材,机械能守恒定律在整个高中物理学习中处于核心地位,在实际教学过程中需要教授动能定理,故选择了这个单元。2021年7月至10月对必修一教材中运动的描述单元、匀变速直线运动单元作业及评价进行探究,考虑到2024届的高一学生所有学科全面使用新教材,但是该内容属于老教材运动学单元,新教材在教学顺序及学生活动方面有新的拓展,运动学单元是整个高中物理的基础,对整个高中物理的高质量作业编制的研究具有典型意义。

我们在设计单元作业时,题目的主要来源为:①上海版教材课后习题、练习册的习题;②人教版、鲁教版教材课后习题;③自编的习题。

想要特别说明的是,我们现在设计的作业批改方式也有了完全有别于以前简单对错的处理,对教师批改作业的要求增加不少。我们齐心协力,高质量地完成了作业的批改任务。在此基础上,各年级物理教师把学生的作业扫描留档,做了各道题目的错误率统计,把学生一些常见的错误整理出来。在统计数据基础上做好高中物理作业的迭代和更新工作,保证了统一的高中物理教学框架,落实了教材中的教学要求,基本建立了完整的高质量的作业体系。

接下来,我们针对教学重点结合物理学科核心素养要求,给出实例和分析。

一、必修一第一单元:运动的描述

该单元目标是经历建立质点模型的过程,能在特定情境下将物体抽象为质点,体会建构物理模型的必要性及方法;在建立速度、加速度等概念的过程中,体会研究物理问题的极限方法和抽象思维方法。通过测量位移、速度,初步学会使用数字化实验(DIS)器材获取数据,用表格、图像等方式呈现数据,分析得到初步的结论,知道测量存在误差。根据单元目标,我们确定了作业中既要有位移、速度、加速度的基本概念问题,也要有能体现模型建构、科学推理和科学论证的真实情境类问题。

作业 1 (上中作业题)一质点沿 Ox 轴做变速直线运动,它离开 O 点的距离 x 随时间变化关系为 $x=(5+2t^3)\,\mathrm{m}$,求(1)该质点在 $t=0$ 至 $t=2\,\mathrm{s}$ 的时间内的平均速度 v_1;(2)在 $t=2\,\mathrm{s}$ 至 $t=3\,\mathrm{s}$ 时间内的平均速度 v_2。

答案:(1) $8\,\mathrm{m/s}$;(2) $38\,\mathrm{m/s}$。

学生答题情况:

14. 一质点沿 Ox 轴做变速直线运动,它离开 O 点的距离 x 随时间变化关系为 $x=(5+2t^3)\,\mathrm{m}$,求(1)该质点在 $t=0$ 至 $t=2\,\mathrm{s}$ 的时间内的平均速度 v_1;(2)在 $t=2\,\mathrm{s}$ 至 $t=3\,\mathrm{s}$ 时间内的平均速度 v_2。

解:(1) $t=2$, $x_2=5+16=21(\mathrm{m})$

$$\bar{v}_1=\frac{x_2}{t}=\frac{21\,\mathrm{m}}{2\,\mathrm{s}}=10.5\,\mathrm{m/s}\ \times$$

(2) $x_3=5+2\times27=59(\mathrm{m})$

$$\bar{v}_2=\frac{x_3-x_2}{\Delta t}=\frac{59\,\mathrm{m}-21\,\mathrm{m}}{1\,\mathrm{s}}=38\,\mathrm{m/s}\ \checkmark$$

错误人数:(1) 25,25,28,18,10;(2) 1,3,6,1,6。

(2021级高一部分班人数:36,36,39,43,44)

本题主要涉及的素养与水平:科学推理(Ⅱ)。

速度是位移/时间,而位移=位置变化量=末位置－初位置。题中给出 $x(t)$ 关系,需要明确指定时间的始末位置分别是多少来计算平均速度,而学生很容易错误地认为初位置为零。

二、必修二第五单元中机械能、功和功率两部分

初中已经学习了功的知识,但初中对功的计算局限于力与位移同方向的情况,到高中需要拓展到力与位移成一定角度的情况。理解功,需要知道正功和负功的含义,认识功是力在移动物体时所形成的,体会功是力在移动物体时所具有的。

要理解功率,需要知道关于功率的不同计算式及其含义,会用相关的计算式分析诸如汽车发动机功率一定时牵引力与速度的关系之类的实际问题,并了解在生产、生活中常见机械的大致功率。

功的第一次作业,有这样一道题目:

运动员用 100 N 的力将球踢出,球滚出的距离是 10 m。某学生根据 $W=Fs$ 得出运动员踢球做的功是 1 000 J。这种算法是 _____的(选填"正确"或"错误")。你的理由是 _____

_____。

本校班级人数	37	37	44	38
第1问错误人数	0	0	0	0
第2问错误人数	14	10	3	32

4. 运动员用 100 N 的力将球踢出,球滚出的距离是 10 m。某同学根据 $W=Fs$ 得出运动员踢球做的功是 1 000 J。这种算法是 错误√ 的(选填"正确"或"错误")。你的理由是 应是摩擦力做功✕。

4. 运动员用 100 N 的力将球踢出,球滚出的距离是 10 m。某

学生根据 $W=Fs$ 得出运动员踢球做的功是 1 000 J。这种算法是错误 √ 的(选填"正确"或"错误")。你的理由是 10 m 不是运动员踢球的力的作用距离,是惯性运动的距离 ✕ 。

4. 运动员用 100 N 的力将球踢出,球滚出的距离是 10 m。某学生根据 $W=Fs$ 得出运动员踢球做的功是 1 000 J。这种算法是错误 √ 的(选填"正确"或"错误")。你的理由是运动员用的 100 N 的力并非是恒力,不能用 $W=Fs$ 来计算 ✕ 。

该题的命题意图主要是考查学生会不会辨析做功情况。该题涉及的主要素养与水平:模型建构(Ⅰ);科学论证(Ⅰ)。从学生答题情况看还是有很大差异的,有些学生不能准确理解功的概念,不知道功是个过程量,不明确恒力做功公式的适用范围。

"功"第一次作业(新教材问题与思考):

周末,小明在家打扫卫生,他先把沙发推开,清洁地面后再把沙发推回原位。有学生认为整个过程中沙发的位移为零,所以滑动摩擦力对沙发做的功也是零。这种观点是＿＿＿＿＿的(选填"正确"或"错误")。你的理由是＿＿＿。

本校班级人数	37	37	44	38
第 1 问错误人数	0	0	0	1
第 2 问错误人数	16	18	12	33

这种观点是错误 √ 的(选填"正确"或"错误")。你的理由是物体在摩擦力的方向上产生的位移并非为 0 ✕ 。

这种观点是错误 √ 的(选填"正确"或"错误")。你的理由是摩擦力是恒力,则沙发在它的方向上通过了一段位移,所以它做了功 ✕ 。

　　该题的命题意图主要考查学生能否结合具体事例辨析做功情况。该题涉及的主要素养与水平:模型建构(Ⅰ);科学论证(Ⅰ)。

　　"功"第二次作业(新教材问题与思考):

　　"周一早上,小明提起书桌上的书包背到肩上,出门去学校。他坐电梯下楼后,走到一个十字路口正好遇到红灯,便站立等待。绿灯亮起后,小明加速通过横道线,走到校门口。进入校门后,他放慢脚步走向教学楼,然后走楼梯到达三楼的教室。他走到自己的课桌前,从肩上取下书包并放到椅子下面,然后坐好等待上课。"在上述情景中,小明有时对书包做正功,有时对书包做负功,有时则不做功。从上述情景中选出有关实例并简述理由。

本校班级人数	37	37	44	38
错误人数	25	31	29	33

小明对包做正功:① 提起书包时,拉力 F 与包的运动方向相同
　　　　　　　　② 加速过马路时,对包的力与运动方向夹角
　　　　　　　　　小于 $90°$
对包做负功:① 下楼梯,对包的支持力与运动方向相反
对包不做功:① 等红灯,没有位移,功为 0 ✓

正功:小明提起书包;走楼梯到达三楼
　　　(∵ 力向上,位移也向上)
负功:从肩上取下书包;坐电梯下楼(∵ 力向上,位移向下)
不做功:小明背着书包在地面上走(∵ 力与位移方向垂直)✓

　　该题的命题意图是要求学生从文字表述中提取信息,结合实际情况辨析做功情况。有些时候对书包做功,有些时候不做功,有

时做正功,有时做负功,这些需要学生建立起清晰的功的概念才能正确回答。该题涉及的主要素养与水平:模型建构(II);科学论证(I)。

"功"第三次作业(新教材问题与思考):

如图所示,质量 $m=30\,\text{kg}$ 的儿童从滑梯顶端 A 点滑下,经长 $L=12\,\text{m}$ 的旋转滑道到达底端 B 点,A、B 两点间的水平距离 $x=4\,\text{m}$,高度差 $h=3\,\text{m}$。若下滑过程中阻力 $F_{阻}$ 的大小恒为 $60\,\text{N}$,本题重力加速度 $g=10\,\text{m/s}^2$。则下滑过程中儿童重力所做功 $W_G=$ _____ J;儿童克服阻力所做的功 $W_{阻}=$ _____ J。

本校班级人数	37	37	44	38
第1问错误人数	1	1	1	1
第2问错误人数	14	5	8	15

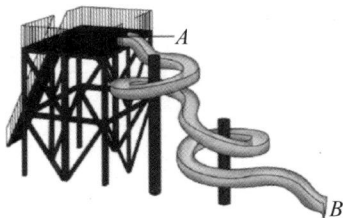

3. 如图所示,质量 $m=30\,\text{kg}$ 的儿童从滑梯顶端 A 点滑下,经长 $L=12\,\text{m}$ 的旋转滑道到达底端 B 点,A、B 两点间的水平距离 $x=4\,\text{m}$,高度差 $h=3\,\text{m}$。若下滑过程中阻力 $F_{阻}$ 的大小恒为 $60\,\text{N}$,本题重力加速度 $g=10\,\text{m/s}^2$。则下滑过程中儿童重力所做功 $W_G=\underline{900}$ ✓ J;儿童克服阻力所做的功 $W_{阻}=\underline{240}$ ✗ J。

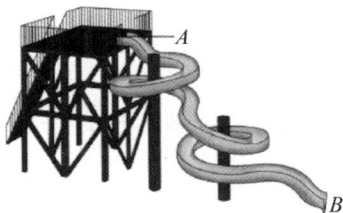

3. 如图所示,质量 $m=30\,\text{kg}$ 的儿童从滑梯顶端 A 点滑下,经长 $L=12\,\text{m}$ 的旋转滑道到达底端 B 点,A、B 两点间的水平距离 $x=4\,\text{m}$,高度差 $h=3\,\text{m}$。若下滑过程中阻力 $F_{阻}$ 的大小恒为

60 N,本题重力加速度 $g = 10$ m/s^2。则下滑过程中儿童重力所做功 $W_G = \underline{900}$ ✓ J;儿童克服阻力所做的功 $W_阻 = \underline{-240}$ ✗ J。

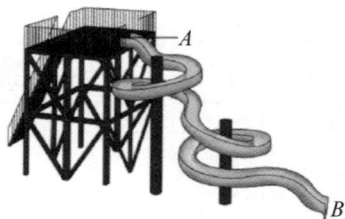

　　该题的命题意图是考查学生如何将真实情境转化为模型化情境。学生大多能很好地掌握重力做功知识,知道重力是一种保守力,做功与路径无关,只与物体的始末位置高度差有关。本题中阻力是变力做功的类型,属于力的大小不变的情形,该阻力做功应该理解为阻力大小与路径的乘积。该题涉及的主要素养与水平:模型建构(Ⅱ);科学推理(Ⅰ)。

　　"功率"第一次作业(新教材问题与思考):

　　2018 年上海中心国际垂直马拉松赛于 11 月 25 日上午盛大举行,近千名选手参加比赛。我国一位女选手用时 20 min 55 s 抵达终点。上海中心大厦楼高 632 m,共计 127 层,比赛赛道终点设在 119 层,选手们经历了 3 398 级台阶的考验,在终点 552 m 的高空俯瞰最美的上海全城风光,顿时忘却了疲劳,纷纷在上海之巅记录自己的成功时刻。试估算该女选手比赛过程中克服重力做功的平均功率。

本校班级人数	37	37	44	38
错误人数	6	3	0	4

$$\bar{P} = \frac{W_总}{t_总} = \frac{F_合 \cdot s}{t_总} = \frac{mgh}{t_总} = \frac{50 \text{ kg} \times 10 \text{ N/kg} \times 632 \text{ m} \times \frac{119}{127}}{20 \times 60 \text{ s} + 55 \text{ s}}$$

$$\approx 236 \text{ W}$$

答:是 236 W。✓

$$W = \frac{mgh}{t} = \frac{100 \text{ N} \times 552 \text{ m}}{55 \text{ s}} = 1\,003.64 \text{ J.} \times$$

该题的命题意图是将真实情境转化为模型化情境,从题目信息中分析提取有效信息。该题涉及的主要素养与水平:模型建构(Ⅰ);能量(Ⅰ)。

"功率"第二次作业(新教材 66 页拓展视野和 86 页复习巩固 11 题):

右图是某城市广场喷泉喷出水柱的场景。从远处看,喷泉喷出的水柱超过了 40 层楼的高度;靠近看,喷管的直径约为 10 cm。请你据此估计用于给喷管喷水的电动机输出功率至少有多大?

| 本校班级人数 | 37 | 37 | 44 | 38 |
| 错误人数 | 23 | 16 | 7 | 38 |

$h \approx 120 \text{ m}$

$v = \sqrt{2gh} = 20\sqrt{6} \text{ m/s}$

$t = 2\sqrt{6} \text{ s}$

$V_{水} = 2\sqrt{6} \times 20\sqrt{6} \text{ m} \times \pi \times \frac{1}{4} \cdot 0.01 \text{ m}^2 = \frac{3}{5}\pi \text{ m}^3$

$m_{水} = 600 \text{ kg}$

$G = 6\,000 \text{ N}$

$E = mgh = 720\,000 \text{ J}$

$P = \frac{W}{t} = 1.47 \times 10^5 \text{ W} \times$

$$v=\sqrt{2gh}=\sqrt{2\times10\times40\times3}\ \text{m/s}=20\sqrt{6}\ \text{m/s}$$

$$P=\frac{W}{t}=\frac{\frac{1}{2}mv^2}{t}$$

$$=\frac{\frac{1}{2}\rho s\cdot vt\cdot v^2}{t}$$

$$=\frac{1}{2}\times10^3\times(0.05)^2\times3.14\times(20\sqrt{6})^3\ \text{W}$$

$$=4.6\times10^5\ \text{W}\ \checkmark$$

该题对于学生还是有点难度的,主要难在学生能否正确地建立流体问题的模型,并将电动机输出的能量转化为水的动能,所以得出电动机输出功率大小与喷管截面积和水速都有关系的结论。该题的命题意图是从能量角度分析流体问题。主要素养与水平:模型构建(Ⅱ);科学推理(Ⅲ)。

除了传统的选择题、填空题和计算题外,我们也设计了一些和物理知识有关的阅读材料环节,以丰富学生的知识面,提高学生对于物理学习的兴趣,如下例所示。

阅读材料:背书包等车,人对书包不做功

相信大家都有过背书包等车的经验,只要时间久了,就会感到疲惫,难道"累"不代表我们对书包做功吗?

根据功的定义,只要书包没有位移,人对书包做功即为零,这与站了多久是无关的。

产生疲惫的原因,从生物的细微结构来看,是因为人背书包时,必须使肌肉

收缩产生支持力,而肌肉收缩是要消耗体内化学能的。正是因为体内的化学能消耗,才让人产生累的感觉。由于这些能量的转换只发生在体内,并没有转移到书包上,因此人的疲惫与人对书包做功为零,这两者是不冲突的。

我们也设计了动手做一做环节,让学生的作业活动更加丰富多彩,也让学生养成良好的实验记录习惯。

7. 实验室中的牛顿摆包含五颗钢球,分别由尼龙绳系在架上。请同学们分别拉起左边第一颗球、前两颗球、前三颗球,并让它(们)和右侧剩下的球发生碰撞,观察及记录五颗球的运动情况。

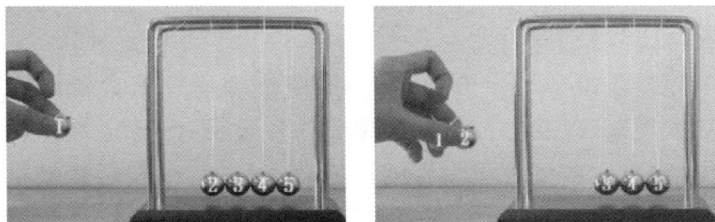

第 7 题图

通过观察,你觉得碰撞前后五颗钢球总的机械能守恒吗? 请完成以下表格。

实验	实验现象
拉起球 1	
拉起球 1、2	
拉起球 1、2、3	
实验结论:	

物理学科知识不等于物理学科核心素养,培育学生的物理学科核心素养需要物理知识这一载体并结合科学有效的物理作业。

在物理作业设计中,要依据学生个体发展的差异性,设计多层次、有区别的个性化作业,使学生在从简到繁、从易到难的探究中,发展科学思维和提升认知能力。

单元评价是新课程实施的重要环节,起着导向与质量监控的重要作用。新课程的评价是发展性评价,并倡导进行多元评价。物理课程教学评价要落实课标的目标和理念,促进教师与学生的发展。我们在设计单元测试卷时,考虑到了单元作业的学生完成情况,也考虑到了单元目标旨在:加深学生的物理观念,形成物质、运动与相互作用、能量等的基本知识;将物质观念、运动观念、相互作用观念、能量观念用于解决实际问题,发展学生提出问题、分析问题和解决问题的能力。

单元作业设计与评价旨在:①形成高中物理新教材单元作业设计基本规范,以及必修教材各单元作业案例;②形成高中物理新教材典型题型、典型教学内容的评价要求描述,以及必修教材各单元评价案例(三个单元:必修一的第一、第二单元,必修二的第五单元)。学生核心素养的形成并非一蹴而就,基于单元作业与评价的方法为促进学生素养提供了可能的途径。通过设计作业、批改作业、扫描作业、统计作业、反馈作业等环节,将物理观念、科学思维融入教育教学过程中,为学生发展物理核心素养的观念、维度提供了有效的途径。同时,物理也是一门实验学科,我们也非常重视培养学生的实验能力和动手能力,下一阶段我们将结合学生手头的卡西欧计算器,把数据分析能力的培养贯穿在日常的实验教学中,比如验证牛顿第二定律、单摆测重力加速度、电源电动势和内阻测量等实验对数据处理、图像拟合能力提出了很高的要求。希望通过这些实验中相关数据、图像问题的分析进一步提高学生相关能力。

4. 以针对"双新"物理教学的评价测试题编制为关键抓手

在现阶段,教学的最终实施情况还需要由评价来检测和反馈,这决定了评价测试题编制作为落实"双新"视野下的物理教学的关键抓手。抓好评价测试题编制就更清晰地引领日常的教学工作，确保核心素养的培育。

上海中学有严格的试卷命题规范：一份测试卷会经历出题、初审、二审、三审的过程。每学期期中、期末考试各年级背靠背出题，单元测试由年级备课组自行安排；高一、高二考试时间是 75 分钟，高三是 60 分钟；高一、高二平均分为 80～85 分，高三为 75～80 分。单元测试范围比较明确，期中、期末考试考试范围和重点由应试年级备课组给出双向细目表，出题教师根据细目表要求编制试卷。

长期以来，物理教研组在资深教师的引领下形成了新题编制的出题文化，常常有教师命制的题目赢得大家的喝彩。在"双新"实施阶段，物理教研组教师传承了这一优良传统，并针对核心素养的培养做了进一步的努力。下面就核心素养的科学思维培养结合实例简要说明。

科学思维是从物理视角对客观事物的本质属性、内在规律及相互关系的认识方式，是基于经验事实构建理想模型的抽象概括过程；是分析综合、推理论证等科学思维方法的内化；是基于事实证据和科学推理对不同观点和结论提出质疑、批判，进而提出创造性见解的能力与品质。科学思维主要包括模型建构、科学推理、科学论证、质疑创新等。

在高一第一学期期末测试中，教师以学生熟悉的"抓娃娃机"为情景，给出机械结构简图，命制题目 1。

题目 1 右图是一个抓娃娃机抓手结构示意图。其中套筒是固定的，部件 MN 穿过套筒，且可以上下移动。当 MN 向下运动时，其就会带动杆 DE，从而进一步带动活动构件 ABC 使其进行抓握动作。商家可以通过事先设定的程序，控制施

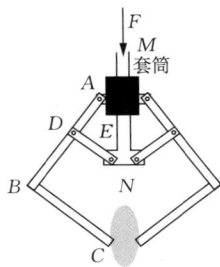

加在 MN 上的压力 F 的大小,从而控制抓手抓握的强度以实现其预设的抓娃娃成功率。已知抓手的结构左右对称,MN 沿竖直方向且其自身的重力可以忽略不计,DE 杆与水平方向的夹角为 θ。当 MN 受到向下压力的大小为 F 时,杆 DE 中会受到 _____(选填"拉力"或"压力");该力大小为 _____。

本题主要考查模型建构能力,即由生活经验和题目信息,构建轻质硬杆的静力学模型,并应用规律解决简单问题。题目难度中等。

在高三第二学期期中测试中,教师以科幻小说《三体》片段为材料命制题目2,要求学生分析材料中物体的运动和受力情况并完成计算。

题目2 某科幻小说片段如下:"碎片从爆炸点到阵列一角直线飞行了约 $50\,s$,当它到达阵列一角时,速度已经达到 $31.7\,km/s$。这时它处于阵列外围,距处于矩形这一角的第一艘战舰'无限边疆'号 $160\,km$。碎片没有从那里掠过阵列,而是拐了一个 $60°$ 的锐角(如图所示),速度丝毫未减,直冲'无限边疆'号而来。在它用 $2\,s$ 左右的时间完成转向后,计算机居然把对碎片的二级警报又降到了三级。"

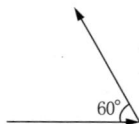

根据材料完成以下问题,重力加速度 g 取 $10\,m/s^2$。

(1)假设碎片由爆炸点静止开始运动,请估算其直线加速段的平均加速度大小 a_1;

(2)估算碎片完成锐角转向过程的平均加速度大小 a_2;

(3)飞行器的最大推力和飞行器的重力(在地球表面)之比,称为飞行器的**推重比**。

将碎片视作飞行器,假设其在最大推力作用下做匀速圆周运动完成该锐角转向过程,估算碎片飞行器的**推重比**。

本题主要考查模型建构能力,即由材料文字提取有效信息,构建匀加速直线运动和匀速圆周运动模型,并应用规律解决简单问题。题目难度属中等。

聚焦电路核心内容"闭合电路欧姆定律",教师命制高二第一学期期末题目3,要求学生定性分析一个简单的并联电路电流变化。难点并不在于繁杂的计算,而是考核学生运用闭合电路欧姆定律分析非纯电阻的物理模型。

题目3 某汽车的电源与启动电机、车灯连接的简化电路如图。闭合电键S后,电机工作,车灯亮度正常。突然电机被卡住,则车灯亮度_____(选填"变亮""变暗"或"不变"),通过电机的电流(选填"变大""变小"或"不变")。

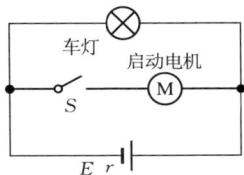

本题主要考查模型建构和科学推理能力,题目难度中等。

在高一第一学期期末测试中,教师以草坪为背景,给出文字描述,命制题目4。要求学生分析受力情况、推理物体运动并经历定量推导过程求解极值。

题目4 宽为 l 的冰面边上连着一块湿滑的草地。由于冰面十分光滑,人完全无法在冰面上起步,只能先在草地上加速后再利用惯性滑过冰面。两名学生尝试比赛谁能先通过冰面。在经过一些尝试后他们发现:虽然脚和湿滑的草地之间始终打滑,但只要姿态恰当,还是能保持自己向前加速且不至于摔倒。比赛中,以下哪一种方案能进一步增加自己获胜的概率_____。

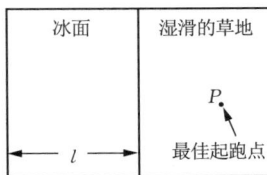

A. 增加配重

B. 减少配重

C. 换一双底面动摩擦因数更大的鞋子

D. 换一双底面动摩擦因数更小的鞋子

与此同时,为了尽可能获胜,也可以选择合适的起跑点。最佳起跑点 P 点到冰面和草地的分界线的距离为_____。

本题主要考查模型建构和科学推理能力,学生需要在文本中提取有效信息,分段构建受力合运动模型,并应用规律、经历逻辑推导过程解决综合问题。题目难度高。

在高三第一学期期中测试中,教师选用物理中惯性部分较为熟悉的敲击象棋棋子情景,命制题目5。给出具体条件,要求学生分析受力运动情况,给出判断并论述理由。

题目5 如图1,五个完全一样的象棋棋子整齐叠放在水平桌面上,各接触面水平且动摩擦因数相等,最大静摩擦因数等于动摩擦因数。最下面的5号子左端与地面 P 点重合。现在给中间的3号子施加一个水平向右的恒力 F。小白认为 F 作用一段时间后,五个棋子的位置情况可能如图2所示。你认为小白的判断_____(选填"不合理"或"不合理"),理由为:_____

_____。

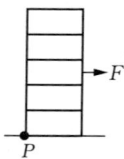 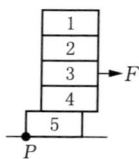

图1   图2

本题主要考查科学推理和科学论证能力,让学生自选角度并结合分析和证据,给出判断并半定量推理论述理由。题目难度高。

通过编制有针对性的新题可以起到多方面的重要作用。首先,可以有效地检测教学效果并避免学生陷入题海困境,确保核心素养培育的落地。其次,对全组教师而言是很好的教研活动,能有效提升教师的教研实力。

三、思考与展望

物理教研组通过统整教学进度、编撰"双新教学纲要导引",以作业编排为主要抓手,抓住评价测试题编制环节,从而实现教研组内教学要求的统一和落实。从 2021 级高一学生的教学实践来看,效果是好的。同时,我们积累了基础资料和统计数据,为以后的迭代、改进打好了坚实基础。

（杨　炯　蔡丞韻）

普通高中"双新"视野下
化学学科"三高"教学纲要导引

2022年,为了进一步推动高中育人方式的改革,全国普通高中全面实施新课程和新教材(以下简称"双新")。《普通高中化学课程标准(2017年版2020年修订)》(以下简称课标)旨在满足学生适应现代生活和未来发展的需求,充分发挥化学课程的整体育人功能,构建全面发展学生化学学科核心素养的高中化学课程目标体系。在此基础上,2021年秋季,上海各高中开始全面推行使用新版普通高中化学教科书(以下简称新教材)。

新教材与"二期课改"教材有很多不同之处。除了教学内容的调整外,知识体系的展开顺序发生了明显变化。内容编排不再仅从学科知识体系的角度出发,而是以学生的已有知识和生活经验为基础呈现化学知识,以化学的发展和人类认识事物的过程为逻辑线,体现从具体到抽象、简单到复杂的循序渐进特点,旨在使教学内容体系更符合学生的认知发展规律,促进学生在不同水平上的进阶式发展。新教材在强化化学学科核心概念的基础上,注重相关情境的引入,这源于课标中提出的"结合人类探索物质及其变化的历史和化学科学发展趋势,引导学生进一步学习化学的基本原理和方法,形成化学学科的核心概念"。

上海中学秉承"聚焦志趣,激发潜能"的办学理念,明确了"为学生的终身发展打下坚实基础"的目标。早在 2003 年,学校就提出了"三学三高"的教学模式,强调教师教学维度的高立意、高思辨和高互动,致力于学科意识、学科方法和学科结构的培育,以实现教学内容、教学方法和教学手段的和谐统一。在这个过程中,我们始终贯彻着高立意、高思辨和高互动的"三高"教学模式:通过挖掘教材背景和理念,反思教材章节的主旨、地位和作用,体现高立意;在分析教材和课标时,确立单元教学目标与方法,呈现高思辨;同时,在单元教学活动中,摆脱片段化、填鸭式的教学方式,开展以学科核心素养为导向的高互动教学。

一、"双新"视野下"三高"教学的内涵诠释

我们的教学对象是一群具有较高智商、优秀学术成绩、活跃思维的资优生。这些学生在化学学习方面表现出强烈的好奇心、求知欲,思维活跃并具有批判性倾向,创新意识和自主意识明显。可以说,他们具备成为未来国家高端化学及相关专业技术人才的潜力。课标指出,基础教育课程承载着党的教育方针和教育思想,明确了教育目标和教育内容,是国家意志在教育领域的直接体现,发挥着立德树人的关键作用。立德树人是根本任务,立德要先行。课标也强调将社会主义核心价值观、中华优秀传统文化、革命文化和社会主义先进文化教育内容有机融入课程内容,以培养学生的社会责任感、创新精神和实践能力。因此,在规划教学计划和选择情境素材时,我们始终坚持落实立德树人根本任务,贯彻"三高"教学模式,旨在培养学生的学科核心素养。

在教学实施过程中,我们关注学生的不同特点和个性差异,发展每个学生的优势潜能。根据因材施教的原则,我们认为最重要的是以课堂为本,让素养落地。

高效课堂不是以高难度和高密度为标准,而是以提高思维能力和实现效益最大化为目标的优化课堂。在教学设计和实施过程

中,以提高学生能力为终极目标,追求教学质量为操作准则,并始终贯彻"三高"模式。

高立意:在教学设计中,高屋建瓴地把握教学内容主旨,深入挖掘知识间的内在联系;

高思辨:在教学过程中,注意启迪学生的思维,使学生乐于研究、善于质疑、敢于批判;

高互动:在教学活动中,激活学生的内在学习需求,引导学生积极参与师生互动和同伴互助,使其真正成为学习的主体。

二、"双新"视野下"三高"教学内容的整合

随着课程改革进入以落实立德树人为根本任务,以课标为指导思想,以核心素养为学科目标的新阶段,如何在"三高"层面适当调整教学内容以更好地适应学生需求成为我们关注的焦点。基础教育课程改革从"双基"到三维目标再到核心素养的演变被认为是一种发展和超越,而上述教学理念的实践需要建立在以教材为载体的知识体系设计与构建的基础上。

新教材共五册,分为必修两册和选择性必修三册。教材的编写要依据学科价值和学生认知水平,并按照一定的逻辑顺序进行。高一第一学期的学生刚刚进入高中,虽然之前已经掌握了一些典型物质的基本性质和转化方式,涉及单质、氧化物、酸、碱、盐等,但学生对它们性质和反应的认识是单一的、孤立的,没有系统的整合。因此,他们无法清晰地认识其中所蕴含的化学原理或规律。而且不同学生的学科知识储备与学科素养水平不完全一致。因此,在考虑教材的编写逻辑基础上,我们以化学学科价值领悟和学科学习方法培养为主线组织课程架构。

进入高中阶段,学生面临的不再是单一的物质,而是在真实情境中呈现出的复杂且陌生的物质体系。物质的多样性与复杂性使得化学学科研究及认识过程必须要在化学学科思想方法的指导下

进行。利用分类方法将庞大的化学物质构成一个有序的逻辑体系,为从整体上认识化学物质及其变化提供内在线索,且有利于学生去认识物质性质、发现其中的规律并能依据信息预测物质性质及可能发生的变化。这正是在第一章设置"物质的分类"一节内容的初衷。

物质在化学变化中遵循定量关系。化学学科的发展经历了从定性到定量的过程。没有拉瓦锡对燃烧前后空气体积和固体质量的精确测定,就不会有燃素学说的崩塌和质量守恒定律的建立。在学习化学时,既要能从定性角度认识物质的转化关系,也要能从定量角度理解反应物与生成物之间的计量关系。定性与定量的辩证统一在生产生活和科学研究中具有重要意义。学生在初中主要从质量这一宏观角度认识和理解物质及其化学变化。"物质的量"这一教学内容有助于学生建立宏观物质和微观粒子之间的定量关系,为从宏观辨识视角过渡到微观探析视角分析和解决实际问题打下基础。

课标在划分必修和选择性必修课程或模块时,虽充分考虑了知识的逻辑关系和不同年级学生的认知差异,但难免会出现模块与知识体系间的"隔阂",在一定程度上影响学生对学科知识结构的整体把握。例如,必修二教材中的"化学变化中的能量变化"一节通过观察一些常见反应的吸热与放热现象,引导学生初步认识吸热反应和放热反应,并从反应物和生成物能量高低以及断键吸热成键放热的多少两个角度对化学反应中的吸热与放热现象进行定性解释,帮助学生初步理解反应与热量之间关系。要进一步学习化学反应的热效应背后的热力学原理,并利用焓变定量描述恒温恒压条件下的反应热,则需要用到选择性必修一教材的第一章内容。

面对这样的情况,我们首先从宏观整体上研究和梳理必修课程和选择性必修课程的分层要求与递进关系,以体现课程架构的高立意。在必修课程中,先引导学生初步认识基本物质性质和化学原理;然后在选择性必修课程中建立相对完整的知识体系。处理好"前导知识对后续知识铺垫"和"后续知识与前导知识融合"的关系,体现教学设计的高思辨。针对学有余力的同学,当他们对必修教材中的某个概念或原理有深入学习与探究的兴趣时,我们会在主干课程体系上选择一些片段设置拓展型、项目化的课程供这部分同学学习。这样可以凸显因材施教的教学特点,实现高互动的课程实践。

在教学设计中,我们注重在探究活动中引导学生自行习得和建构相关化学原理,充分发挥"证据推理与模型认知"这一化学学科核心素养在教学中的作用。化学是一门基于实验的学科,这里的证据自然是实验现象,相关化学原理则是把握推理方向的"指南针",如元素守恒定律、质量守恒定律、氧化还原反应原理等。在教学过程中,我们注重把证据推理置于真实的情境之中,而这里的情境不仅是指一个有趣的背景,更是指要解决一个真实问题的情境。课堂探究活动可以看作是一个微型的科学探究过程,探究的第一步就是提出问题,或者是发现亟待解决的问题,这个问题可以是教师抛给学生,也可以是在一个情境中学生自己发现。第一步是提出问题,紧跟着的第二步并不是搜集证据,而是提出假说。实验不能盲目进行,做什么实验以及如何设计实验都需要依据假说。假说是为了解决问题,根据某些事实或原理对事物现象及其规律作出的、有待验证的猜测性解释和说明。针对待解决的问题提出一定的猜想或假设后,可以有针对性地设计实验方案,通过实验现象证明或者否定假设,以得出最终结论。借助这种探究式学习方法,枯燥而抽象的化学原理对学生来说将变得更加具体和有趣。

三、"双新"视野下"三高"教学特色创建

新课程和新教材的引入为高中化学教学提供了全新的教学理

念,指导一线教师进一步思考如何优化课堂教学,将知识与教学设计有机结合,从学生认知出发,以学生为主体,引导学生更好地认识化学,提高学生的化学学科核心素养,以适应未来社会发展的需求。

1. 单元教学

为了充分体现化学学科的育人价值,教师需要进行单元整体规划,明确各单元之间的联系,从不同角度挖掘单元的价值,利用单元学习活动或任务促进学生深度学习,从而在教法和学法上体现时代特征,在化学教学中培育爱国精神和人文情怀。

在进行单元整合教学设计时,教师首先需要仔细分析教学内容的特点,然后制订合理的教学实施方案。教师在分析教学内容特点时要从多方面考虑,既要分析教材的核心知识点,了解本单元内容教学需要达到的基本目标,也需要了解学生的知识掌握情况。如果学生在初中阶段已经具备了一定的背景知识,他们在学习新课程内容时会更容易理解,可能存在的认知障碍将得到消除。教师可以从多方面剖析教学内容,并充分关注重难点知识,以提高后续教学设计的针对性并实现相应的教学计划。

在完成单元教学内容特点的分析总结后,教师需要构建合理的单元教学思路。在这个过程中要突出学生学科核心素养的培养,从多角度和多层面锻炼学生的化学学科能力(包括理解能力、推理论证能力、实验探究能力和综合分析能力)。教师设计的教学方案要逐步深入,并设置多样化的教学目标。在教学过程中,学生不仅需要掌握理论知识,构建核心概念,还应通过教学过程培养学生的探究能力和思维能力。这样,才能基于教学过程实现对学生学科能力的塑造,让学生的核心素养不断强化,达成课程教学的综合训练目标。

在明确整体教学目标、制订科学合理的教学方案后,教师需要展开循序渐进的教学过程。在通常情况下,一个单元的内容需要分多课时完成。教师可明确每个课时的计划和方向,由浅入深地展开教学。值得注意的是,教师要仔细观察学生的学习状况,根据学生的学习进度灵活调整教学计划。如果发现原有教学方案推进不顺畅,学生理解障碍较大,则可适当放缓教学节奏,巩固学生的理论基础。相反,若学生理解容易且学习效率高,教师可加快教学进程或引入拓展型课程教学内容。这样一来,可以从学生的实际学习情况出发,有针对性地组织和创设课堂活动,更好地实现单元整体教学的内在目标。

2. 混合式教学

混合式教学模式结合了线下教学和线上教学的优势。在设计教学时,教师需要将课程特点、教学内容与数字技术有机融合,发挥教师在教学过程中的启发、引导作用,同时体现学生在教学过程中的主体地位。混合式教学模式保留了传统课堂中教师与学生的面授过程,确保教学效果,为学生提供个性化、灵活的学习时间。此外,线上教学可以引入丰富多样的教学形式,有效提高学生的学习积极性和自主学习能力。作为传统教学模式的升级,混合式教学模式的实施要求教师深入研究分析教学内容,结合学生学习特点,充分利用线上线下学习的优势,合理分配线上线下学习内容。教师需要调整自身角色,改变教学方式和习惯,引导学生培养独立自主的学习认知习惯,从而在教学过程中培养学生的核心素养。

核心素养导向的混合式教学模式可以分为课前、课中、课后三个环节。

课前环节在线上进行,让学生自主学习探究。教师根据课堂内容特点、学生学习兴趣,选择合适的课堂引入素材,整合图片、视频等素材做成课前微课视频。根据课前学习内容,制订学习任务单以确保学生课前学习效果。学习任务单可分为三个部分:学习指南,为学生提供学习目标和学习建议;学习任务,明确要求学生通过微课视频和教材完成课前学习任务;问题部分,学生课前以学习小组的形式讨论并提出问题。课前阶段主要让学生利用微课和教材完成自主学习探究。教师通过学习任务单了解学生课前学习反馈,并可通过 QQ、微信等平台与学生交流。根据学生的自主学习效果,设计线下教学方案。

课中环节为线下课堂,教师根据学生反馈的问题讲解本节课重点内容;学生通过小组合作探究解决课前提出的问题。在探究过程中,教师作为引导者,以学生为主体,让学生通过自主探究建立知识体系,同时给予学生展示和交流探究成果的机会。

课后环节在线上进行,教师根据学生学习效果线上布置课后作业并提供相关知识拓展内容。教学评价综合课前学习任务单、课中学习表现、课后作业三个维度,以客观全面地评价学生学习效果。

3. 项目化学习

核心素养是学生面对真实、陌生和不确定的问题任务时所需要的关键能力、必备品格和正确的态度与价值观。一方面,化学学科核心素养需要在真实问题情境下才能表现出来;另一方面,其只有在分析和解决真实问题任务的过程中才能得到培养和发展。目前,项目化学习被认为是最具有核心素养融合发展效力的学习方式。

在必修教材的每一章最后部分都设置了项目学习活动,该活动既体现了项目化学习的核心要素和特征,又与每章的核心知识紧密关联,"轻便灵巧"且适应我国国情,便于组织实施。项目化学习通常基于真实问题情境设计探究活动。在设计项目化学习时,重点是将证据推理置于真实情境之中。课堂探究活动可视作一个微型的科研探究过程。一方面需要提出问题,或者发现亟待解决的问题(这个问题可以由教师提出,也可以由学生发现于某个情境中)。另一方面,应提出假设。假设是用已有的事实材料和科学原理为依据,对未知事实(包括现象间的规律性联系)的假定的解释。

在针对问题提出一定的猜想或假设后,设计有针对性的实验方案,通过实验现象来证实或否定假设,并得出最终结论。

项目学习活动既具有开放生成性,又具有引导示范性。在选择项目素材时,应精心处理真实复杂性与学生学习阶段性(所学知识的有限性)的关系;特别要精心设置问题,通过控制设问点和提供信息资料及学习支架,力求使问题既符合实际,又与学生已学的知识内容紧密相关。项目学习活动旨在引导学生综合运用本章的知识和方法,分析并解决社会实际和科技发展中的真实问题,培养学科核心素养。

考虑我校学生的特点,我们将部分项目化学习活动安排在课内,如测定气体摩尔体积、测定硫酸铜晶体中结晶水含量等。我们将一些耗时较长、知识要求较高的项目化学习活动放在发展课平台上进行。

4. 加强德育渗透

目前,青少年的德育主要集中在学校教学过程中。不仅人文学科有大量的德育素材可供利用,高中化学教材中也有许多图片、注解、例题可以作为德育的素材。把这些素材作为载体,在平时的化学课堂教学中渗透德育具有显著的优势。化学课程对于科学文化的传承和高素质人才的培养起着不可替代的作用。化学学科核心素养反映了化学学科育人的基本要求,并全面展示了化学课程学习对学生未来发展的重要价值。科学态度与社会责任是化学学科核心素养的一个重要维度,要求学生能对化学相关的社会热点问题作出正确的价值判断,并参与有关化学问题的社会实践活动中。

课堂教学是发生在课堂情境中的知识习得过程。知识不能孤立于其所处环境之外,学习知识最佳方法应是在情境中进行。将德育目标融入情境教学中,因地制宜地开展教学实践活动,让学生在丰富多彩的教学活动中潜移默化地受到德育方面的影响,既能达到事半功倍的效果,也能实现一举两得的目的。

四、"双新"视野下"三高"教学评价体系的构建

课标要求教师积极探索将教、学、评活动有机结合的有效途径、方式和策略。传统的教学设计以教什么和怎么教为出发点,往往忽略了在教学前确定评价体系和评价标准。评价是一个综合性术语,旨在运用多种方法收集预期实验结果的证据。除了传统的测验和测试,收集证据的方法还包括观察和对话、表现性任务和项目以及随着时间推移进行的学生自我评估。

"三高"教学需要将评价融入教与学的多个环节。在课堂教学中,利用观察的方法评价学生是否理解所讲知识;通过提问与对话,评价其是否理解并能够很好地表述自己的理解;通过作业和测验,书面化和定量化地评价其学习成果。在周末和假期,通过设计一些项目实施活动,评价其学科核心素养与综合素养。

1. 课堂评价体系

在课堂教学中,我们针对学生的学习需求、学习过程、学习情感、学习方式和学习结果5个要素构建评价体系。首先,在授新课前,教师利用清晰、直接的语言陈述课堂教学目标,了解并评价学生对学习目标的自我预期以及与该学习目标相关的知识和经验储备情况。其次,对学生在课堂互动、回答问题的准确性和规范性以及参与小组合作讨论等课堂活动的积极性进行评估。再次,评估学生在课堂教学中表现出的兴趣、成就感、厌倦和吃力等情感,并适时调整课程内容或认知难度。然后,观察学生的学习方式,运用课堂评价引导学生互相借鉴、体验,以找到适合自己的学习方式。最后,通过设置课堂思考题或探究题,对学生的学习当堂诊断,并给予明确的反馈评估结果。

2. 作业评价体系

作业的设计与布置是教师教学活动的重要环节,也是学生学

习的主要方式和重要组成部分。然而研究发现,传统作业布置中存在"重认知、轻情感""重教书、轻育人"和"重结论、轻过程"的问题。这意味着只关注学生对学科知识的记忆、理解与应用,而忽视了他们在教学活动中的情绪和情感体验;以完成学科知识传授为任务,却忽视了学生在教学活动中道德生成与人格养成;将作业变成刻板的背诵和机械训练,排斥学生的思考、质疑和创新。

在开发作业评价体系时,我们特别关注其在学科核心素养发展中的价值。化学学科核心素养的发展呈阶梯式上升(如图 1 所示),相应地,学生学业成就的表现也应该是阶梯式发展。因此,在设计作业时,我们特别注重题目之间的递进式、上升式的发展关系。

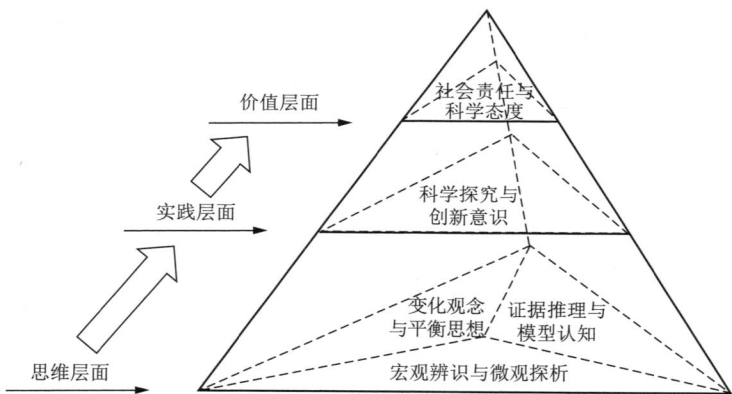

图 1　化学学科核心素养发展阶梯图

真实且具体的情境是学生化学学科核心素养形成和发展的重要载体。培养和提升学生的学科核心素养,本质上就是要培养和提升其在特定情境中解决问题的能力和正确的价值观。真实的情境不仅可以运用在课堂教学中,还可以为作业设计提供丰富的素材。将作业置于情境之中意味着让学生在个人生活、国家发展和全球合作等背景下,在学科兴趣和探究欲望以及对科学价值追求和社会责任等内驱力的作用下,有效地获取和分析数据与文献,设计、实施和评价科学探究过程,运用化学学科知识和观念科学地解释现象、得出结论、解决问题。

例如,"溴和碘的提取"这一节包含四个课时内容,涉及卤素单质的性质、溴的提取、碘的提取和卤离子的检验。这些内容既涉及卤素单质的物理化学性质,又涉及氧化还原反应和离子反应相关原理的应用。以工业生产情境"溴和碘的提取"为主线贯穿整个单元,具有物质丰富、反应复杂、应用性强和综合性强的特点。在这一节对应的作业设计中,我们关注到"溴和碘的提取"本身就是一个与生产和生活密切相关的情境。在充分分析本单元教学内容和教学目标的基础上,按照其中的知识与技能特点将其拓展到两大层面(含六大情境),对应"科学探究与创新意识"和"科学态度与社会责任"两个化学学科核心素养。基于真实情境,我们设计了多种类型的开放性、实践性题目,如实验操作、文献阅读、调查走访和研究性报告撰写,旨在从多角度培养学生多层次的综合能力。

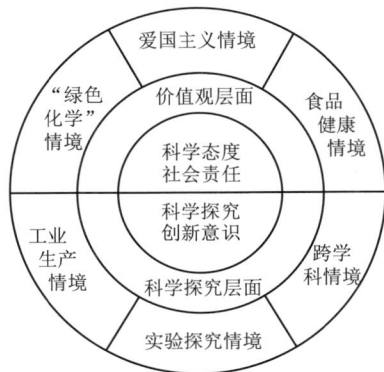

图 2　情境层面分布图

课标提出,教师既要发挥课堂练习对学生化学学科核心素养的诊断功能,又要发挥课后作业对学科核心素养的发展功能,从而实现教、学、评的有机结合和同步实施。在"双新"视野下的评价体系,其指导思想应该是"用发展的眼光看待学生",从过去单纯关注学生学习结果向关心学生整体发展转变,注重帮助学生发现与发展潜能,认识自我,展示自我,促进生命整体的发展。

　　上海中学"双新"示范校的建设始终围绕学科核心素养的落实。教师应立足教材,理解教材,以学生发展为本,精选和重组教学内容,设计教学活动,并提出符合学生实际的评价标准。以课标的理念作为行动目标,通过高立意、高思辨、高互动的"三高"教学,实现国家课程目标与化学学科核心素养评价的可视化和可操作化,有效提高学生的化学学科能力,从而落实立德树人根本任务,培养新时期社会主义建设者与接班人。

（黄　　峰）

普通高中"双新"视野下
生物学学科"三高"教学纲要导引

2013 年,教育部启动了普通高中课程修订工作,相关成果总结了国内高中课程改革的宝贵经验并借鉴了国际课程改革的优秀成果。2020 年,教育部启动了普通高中新课程新教材(以下简称"双新")实施国家级示范区和示范校建设工作。同年 7 月,"双新"实施国家级示范区和示范校公布,上海市杨浦区被列为国家级示范区,上海市上海中学被列为国家级示范校。依据《普通高中生物学课程标准(2017 年版 2020 年修订)》(以下简称课标),"双新"视野下的高中生物学课程将以学科大概念为教学内容核心,致力于培养生物学学科核心素养(如生命观念、科学思维、科学探究和社会责任)。

2004 年 3 月,时任上海中学校长唐盛昌在《上海师范大学学报》发表论文《"三学三高"教学模式的探索》[①],提出了具有高立意、高思辨、高互动特点的"三高"教学范式。十多年来,上海中学各教研组始终坚持"三高"教学模式,并在各级、各类课程(必修课程、选择性必修课程、选修课程)的教育教学实践中积累了宝贵经验,不

---

① 唐盛昌,李英."三学三高"教学模式的探索[J].上海师范大学学报(哲学社会科学.基础教育版),2004,33(1):19-24.

断对"三高"的内涵和本质进行思考、创新、迭代。在"双新"示范校全面启动之际,将"三高"教学模式与课标中凝练的学科核心素养相结合,重构教学内容,研制学业质量标准等,对学校不断提高课程实施水平和推动课程改革不断深化具有重要的意义。

一、"双新"视野下"三高"教学内涵诠释

上海中学于 2008 年获得上海市教委批准,成为首批开展高中生创新素养培育实验项目的学校。2010 年,学校被教育部认定为国家教育体制改革项目"探索建立拔尖创新人才培养基地"试点学校。上海中学是上海市教委直属学校,肩负着上海教育改革创新的先锋和领头角色,始终专注于继承和发展先进的教育教学理念。但这并不意味着对在校学生的学习要求超出了现有教育教学范围。学校采取差异化、个性化、针对性的教育教学策略,真正体现了中华民族优秀传统文化中因材施教的教育理念。为了有效加强对学生学科能力和素养的培育,深入分析并区分上海中学学生在生物学学科领域中的既有能力和待开发能力,能有助于为教师提供本学科日常教育教学过程中各阶段的设计、组织、实施、评价等的依据,以更好地完成教育教学实践与达成教学目标。

唐盛昌指出,上海中学的"三高"教学模式强调学科意识、学科方法与学科结构的有机结合,促进教学内容、教学方法和教学手段的和谐统一。课标的制定是基于党的教育方针和立德树人根本任务,将各学科本质凝练成了学科素养体系,整合知识与技能、过程与方法、情感态度与价值观,更新和精选教学内容,研制匹配的学业质量标准,并增加了对教学和评价的指导性。课标的目标以及上海中学"三高"教学目标,都是指向培养学生的实践能力,如综合分析问题、解决问题的能力,以及培养学生的创新精神。

二、"双新"视野下"三高"教学内容的整合

1. 突出因材施教的强度,深化学科课程内容的基础性和选择性

高中生物学学科的学习不仅要让学生掌握基础生物学知识,还要让他们理解生物学家在研究过程中的观点及解决问题的思维方式和方法。由于学生的社会经验、学科经验和文化经验不同,如果只按照既定目录推进课程内容而不考虑实际情况,将导致忽视学生潜能和差异,即以"一刀切"的方式进行教学。这不仅会限制教学效能的发挥,同时会遏制学生潜能的发挥。

为了达成有效教学的目标,既要改进教学方式,同时要兼顾教学内容和学生身心发展水平等因素。在此前提下,上海中学在加强课程建设的同时,深化学科课程内容的基础性和选择性,采用差异化、个性化的教育教学策略,体现因材施教的理念,推动学生可持续地发展。

为切实落实因材施教的目标,分层次教学是核心策略。教师需要充分了解本校学生群体的真实情况,包括学生的学习过程和学习特点。在综合考虑多种因素后,进行学生需求的层次划分,并根据不同层次学生的学习特点和学习效率,按照课标调整教学内容和规范教学体系,以便进行更深入的教学。

例如,选修课程中的大部分内容可以用来拓展学生的学科思维、培养逻辑能力并激发学生学习兴趣。因此,对选修课程重点内容进行合理调整优化并摘选让学习能力相对普通的学生可以接受的内容,有助于提高其学习兴趣。针对学习能力较强的学生,教师应鼓励他们主动了解和掌握选修板块的知识及其研究思路,并适当地拓展、延伸、重构自己的知识框架。目前已经开设的生物学类选修课程如表 1 所示。

表1　生物学学科教研组选修课程一览表（2021年）

科目类别	科目代码	科目名称	科目类型	开设年级	主要教学用书
知识拓展	BIO10011101	脑科学专门课程	大型	高一、高二	
	BIO10011102	生物医药专门课程（高一）	大型	高一	
	BIO10011103	生物医药专门课程（高二）	大型	高二	
	BIO10011104	生物竞赛课程	大型	高一、高二	
	BIO10212201	动物学基础	中型	高一、高二	《动物学》
	BIO10212202	植物学基础	中型	高一、高二	自编
	BIO12113301	生殖与发育	小型	高二	自编
	BIO10213302	遗传学与人类健康	小型	高一、高二	自编
	BIO10214401	免疫学应用	微型	高一、高二	自编
视野开阔	BIO10123301	诺贝尔奖背后的故事	小型	高一、高二	自编
	BIO10123302	身边的生物化学	小型	高一、高二	自编
	BIO11224401	探秘基因编辑技术	微型	高一	《上帝的手术刀》
	BIO10224402	COVID-19研究进展	微型	高一、高二	自编
	BIO10224403	皮肤科学与化妆品功效评价	微型	高一、高二	自编
应用实践	BIO10241101	昆虫的捕捉及标本制作	大型	高一、高二	《昆虫学实验》等
	BIO11142201	生物培养技术	中型	高一、高二	自编
	BIO10242202	校园鸟类观察	中型	高一、高二	自编
	BIO10242203	校园生物多样性调查	中型	高一、高二	自编
	BIO11243301	动物标本制作	小型	高一	自编
	BIO10143302	认识大闸蟹	小型	高一、高二	自编
	BIO11243303	人类基因组DNA提取及ACE基因多态性检测	小型	高一	自编
	BIO10243304	校园水体微生物观察	小型	高一、高二	自编

科目类别	科目代码	科目名称	科目类型	开设年级	主要教学用书
应用实践	BIO10243305	校园植物分类及解剖	小型	高一、高二	自编
	BIO10244401	校园水体中的水生生物调查	微型	高一、高二	《水生生物学》
	BIO10244402	认识酶标仪	微型	高一、高二	自编
	BIO11244403	聚合酶链式反应 PCR	微型	高一	《分子生物学实验》

2. 凸显探究精神的深度,提升学科课程内容的关联性与融通性

课标强调生物学既是一个结论丰富的知识体系,同时包含了人类认识自然现象和规律的特有思维方式和探究过程。因此,生物学课程要求学生具备探究精神,能够积极参与学习,并在实践中提出问题、获取信息、寻找证据、检验假设和发现规律。科学探究被列为生物学学科核心素养之一,这显示其在教学中的重要地位。教材设立了科学探究板块,其中包括多样化的实践活动如实验、建模等。本校生物学课程在"双新"视野下需要高度重视培养学生的探究精神,并通过教学模式的高立意、高思辨、高互动来实现。具体策略如下:

(1)创设情境,激发学生的探究兴趣。根据 2019 年 7 月国务院发布的《关于深化教育教学改革,全面提高义务教育质量的意见》,我们要重视情境教学。生物学是一门与社会生产和生活实际紧密联系的学科,可用于创设情境的素材非常丰富。然而,在碎片化的情境下,学生实际的学习效果有限。因此,上海中学生物学教研组探讨在教学过程中如何贯彻大情境的创设。如在教授必修二教材《遗传与进化》时,教师将"英国王室血友病"这一真实情境融入教学内容之中,从而将"遗传的分子基础""遗传信息传递"和"可遗传的变异"3章教材内容进行有机串联,实现了课程内容的关联与融通。

(2)问题引导,激活学生的探究思维。在大情境下,教师应由表及里地提出结构化、启发性的问题,引导学生深入思考并积极交流。为实现高立意、高思辨、高互动的教学目标,问题的设计需要具有明确的指向性,同时为学生预留充足的思考空间。因此,教师应将学生的前概念与本章课程内容巧妙地结合起来,协助学生构建逻辑化、连贯化的知识框架或思维体系。以必修二教材第三单元"可遗传的变异"为例,教师精心设计了分层的进阶式问题或任务,从而展现高思辨特点的教学模式,如表2所示。

表2   情境问题设计样例

情境设计:

(1) 在孟德尔遗传定律被发现之后,许多科学家针对不同物种的各种性状进行了验证实验。例如,英国科学家贝特森和庞纳特以香豌豆为实验对象,在研究两对相对性状时,得到了与孟德尔自由组合定律不完全符合的实验结果。他们选取了香豌豆的花色和花粉粒长度两个性状,以红花长花粉粒和白花短花粉粒为亲本进行杂交,子一代表现为红花长花粉粒,说明红花和长花粉粒是显性性状。然而,当子一代红花长花粉粒自交后,子二代出现了4种表型,其中两种与亲本相同,两种为重新组合性状,但比例并非9∶3∶3∶1;亲本组合型明显多于重新组合类型。遗憾的是,这两位科学家是孟德尔遗传定律的坚定支持者,他们认为这种例外仅仅是个例外,并没有进一步探索其原因。

(2) 科学家摩尔根在进行果蝇杂交实验时也发现了类似的现象,但他认为例外应该有其原因。下面我们来看摩尔根的实验:他将纯种灰身长翅雌蝇与纯种黑身残翅雄蝇进行交配,子一代都是灰身长翅,说明灰身和长翅为显性。

(3) 以此种玉米杂合体为母本,与染色体形态正常、籽粒表现为无色蜡质的玉米进行测交。假设摩尔根正确,请大家猜猜子代的表型应该有几种,比例是多少?实验得到的子代中,有色蜡质和无色淀粉质表型最多;同时还出现了少量有色淀粉质及无色蜡质两种类型。通过显微镜观察发现,这两种子代分别存在仅带有染色体结或其他染色体片段的9号染色体。

问题1:摩尔根将子一代雌果蝇与黑身残翅雄果蝇进行测交,根据自由组合定律预测,子二代应出现4种不同性状,数量比例为1∶1∶1∶1。但实际结果发现子二代中与亲本表现型相同的个体远多于预期,而与亲本表现型不同的个体数目则远少于预期。究竟是怎么回事呢?

问题2:科学家们在显微镜下观察到染色体交叉互换的现象。尽管摩尔根通过假设解释了他的实验现象,但如何用实验证明染色体的交叉互换会导致基因重组呢?

问题3:请在图中标出较少两种表型染色体上的对应基因。思考这两种较少表型的出现以及染色体形态说明了什么。

（3）设计活动以培养学生的探究能力。我国著名教育家陶行知先生曾提出"人人皆是创造者"的观点。科学探究的实践便是一条通往创新的途径。上海中学高度重视学生在学习过程中的实践体验，强调学生主动参与，鼓励他们手脑并用，如表3所示。此外，我们通过研究性学习活动加深学生对生物学概念的理解。在课堂之外，上海中学鼓励学生积极申报各类研究型课题，在日常生活中发现生物学问题，并运用科学观点、知识、思路和方法探讨或解决它们。

表 3　活动设计样例

探究·活动 3-1　人类常见遗传病的调查分析和预防宣传

随着科学家对基因突变、染色体变异导致遗传病机制的揭示，遗传病的防治成为可能。而遗传病的防治是建立在遗传病调查、预防宣传等一系列措施上的。让我们以遗传病防治者的身份，进行一次人类常见遗传病的调查，并结合调查结果和所学知识，向身边的人宣传、普及常见遗传病的检测和预防方法。

活动目标
1. 初步掌握调查人类遗传病的基本方法。
2. 了解几种人类常见遗传病的发病现状、临床表现及其诊断和预防措施。
3. 主动宣传人类常见遗传病的检测和预防措施。

活动要求
1. 制订一种人类常见遗传病的调查方案，实施调查并完成调查报告。
2. 制作一面展板或一份宣传册，内容包括 3~4 种人类常见遗传病的发病现状、临床表现及其诊断和预防措施，在校园或社区实施一次科普宣传活动。

活动内容
1. 以小组为单位，查阅资料，选取群体中发病率较高的一种遗传病进行调查，如白化病、红绿色盲、高度近视、唐氏综合征等。
2. 小组成员分工合作，查阅资料，了解所选取遗传病的遗传方式、发病率和临床表现等，制订调查方案（如确定调查范围、调查对象，设计调查问卷等），并实施调查，绘制系谱图，完成活动报告。
3. 根据调查结果，再选 2~3 种人类遗传病，小组交流、讨论，汇总 3~4 种人类常见遗传病的临床表现、诊断、预防及治疗等相关信息，制作展板或宣传册，在校园或社区进行人类遗传病检测和预防的科普宣传。

活动报告

题目：＿＿＿＿＿＿＿＿＿＿＿＿＿＿＿＿＿＿＿＿＿＿
（某社区或学校中某种遗传病的调查。）

署名：＿＿＿＿＿＿＿＿＿＿＿＿＿＿＿＿＿＿＿＿
（填写作者姓名、班级。署名的作用是既表明本报告的版权所有者，也表明作者对本报告相关内容负责，如论文的真实性、科学性，不存在抄袭、造假等学术不端行为。）

1. 前言
（简要说明所调查遗传病的特点，如遗传方式、在不同人群中的发病率、临床表现等；简要说明本次调查的目的、取样范围等。）

2. 调查过程
（简述调查方法、被调查人数或家系数等，如有问卷调查表应作为附件列出。）
（1）调查方法
本调查采用的方法是：
□问卷法　　□访谈法
（简述调查方法，问卷、访谈问题设计可作为附件。）

（2）调查对象
本调查对象选取＿＿＿＿＿＿＿（□社区　□学校），其人员组成有＿＿＿＿＿＿＿＿＿＿＿
＿＿＿＿＿＿＿＿＿＿＿＿＿＿＿＿＿＿＿＿＿＿＿＿＿＿＿＿＿＿＿＿＿＿＿＿
＿＿＿＿＿＿＿＿＿＿＿＿＿＿＿＿＿＿＿＿＿＿＿＿＿＿＿＿＿＿＿＿＿＿＿。

（3）实施方案
（可用表格或流程图等形式呈现。）

3. 调查结果与数据分析
（如发病人数、家系数、典型家系和系谱图，以及遗传学分析等。）

发病率调查结果分析表

遗传病名称	调查人数	发病人数	患者家系数	发病率	发病率均值※

※发病率均值是指查阅资料得到的某一地区（国家或省市）该遗传病的发病率。

典型家系的系谱分析图

注:规范画出系谱图,并用通用的基因符号标明各成员的基因型。

4. 讨论及得出初步结论
(简述该遗传病的遗传方式、在本次调查范围内的发病率、本次调查的意义,以及通过本次活动得到的收获等。)

5. 参考文献
(按照在报告中出现的先后顺序排列,格式统一,如写出前三位作者、文章名、期刊名、发表年份、卷号、期号、页码等。)

宣传展示
根据本小组所调查的遗传病,以及查阅的其他遗传病资料,采用图文结合的形式制作展板或海报,科学规范、简明扼要、通俗易懂地进行人类遗传病检测和预防的科普宣传。

3. 突显育人情怀的高度,展现学科课程内容的思想性与时代性

资优生德育关乎学校培养出的优秀人才将为谁服务这一根本性问题。培养和塑造资优生的爱国主义精神、人生观、价值观、道德观等,是学科课程社会责任的重要体现。在生物学学科实践育人情怀培育时,不仅要关注如何教,还应该关注教什么。教研组在秉持高立意、高思辨、高互动的"三高"教学模式基础上,选择教学内容时着重于思想性与时代性,旨在提高资优生的社会责任感和

思想境界,促使学生树立社会主义核心价值观,落实立德树人这一根本任务。具体的思考与做法包括:

(1)德育渗透保留生物学的学科特点。基于资优生强大的自主学习能力和实践能力,上海中学开展了细胞结构模型大赛等活动,充分激发学生的学习主动性。学生通过认识细胞结构与功能的相关性,感悟生命观念,体会生物的物质性以及生物学研究实践论等生命哲学思想,培养团队合作和创新能力。在课堂教学中,运用情境教学法、对分教学法、合作学习教学法等方法,引导学生对比分析、归纳总结,认识生物的多样性、统一性、独特性和复杂性,体会生物学研究中的唯物辩证法(如对立与统一、质与量的互变)等哲学思想,从而促进学生形成科学的自然观和世界观。

(2)德育融合,坚持"三高"教学特色。资优生通常具有独特且新颖的思维活动。上海中学的生物学教学内容遵循高立意原则,引入生物学研究前沿内容和社会热点问题作为情境(如新冠疫情等),激发学生思考,并实现师生间高层次的思维互动。以此培养学生树立生物学研究的使命感,以造福人类为目标,用这种态度和价值观去思考生物学问题,成为健康中国的推动者和实践者。在课堂上展示我国在生物学领域取得的成就,如著名药学家屠呦呦获得诺贝尔奖,以增强学生的爱国信念,并让他们体会到社会主义制度的优越性。

三、"双新"视野下"三高"教学的资源开发

高中课程资源开发的基础主要由两部分决定:一是基于学校整体软件、硬件支持的共性资源;二是学科教研组的教师根据个人能力、兴趣、特长等产生的个性资源。如何立足学生与教师的发展,融合资源并开发利用,是学校教育教学必须回应的时代议题。

截至 2022 年,学校已经建成了适合数字整合与运用的多媒体教学空间,如录播教室、校园数字电视台。在实验室建设方面,学校全力打造融合物理、化学、生物学等诸多学科的创新实验室和实验中心,如与华山医院、中国科学院神经科学研究所共建的脑科学与人工智能创新实验中心,与上海交通大学共建的细胞学实验室等。近几年,为配合上海高中生物学课程改革,教研组在市教委教研室的指导下,利用数字化设备(如威尼尔传感器系列),率先探索和打磨相应的实验课程。

上海中学生物学教研组的教师都毕业于国内双一流大学,至少具有硕士研究生学历。他们在生物化学、细胞生物学、遗传学、动物生理学、动物学、植物学、生态学等专业学科领域具有相关科研经历,成为宝贵的"隐形财富"。为保持教师的科研热情,教研组通过各种渠道定期或不定期组织组内教师前往京沪知名高校进行生命科学相关学术培训,不断优化个人知识结构,建立纵贯高中课标与教材、大学本科基础知识、研究生科研前沿的全链条探究式知识体系,并以此为基础丰富校内课程的教学形式,提升教育教学能力。

在 2014 年,上海中学与复旦大学共同建立了一项基于学术兴趣和素养培养的导师计划。在这个计划中,学生们会在整个高中阶段通过直接与大学教授面对面的交流,从更高的视角重新审视所学知识,以建立更为科学、前沿的知识体系。学校安排各个教研组的教师参与计划,并鼓励他们积极发挥作用,引导学生在导师制培养过程中关注个人兴趣,找到自己愿意继续探索并付出努力的学术方向。

早在 2008 年,上海中学就与交通大学合作开展了拔尖创新人才早期培育和创新实验班的探索,其中生物学作为最早一批开设的研究方向,累积了丰富的教学经验。在生物学实验班的专门课程中,学生不仅要学习前沿生物学知识和先进实验操作技能,还需要撰写规范的实验报告。这样既能激发学生的兴趣,又能培养他们规范的科研习惯,为未来从事研究工作奠定基础。近年来,在华东师范大学、上海市动物学会和上海市植物学会等的支持下,学校的生物学奥赛培育项目也取得了突破。因此,基于学校与高校合作的培育项目对我校高中生物学学科建设具有重要意义和深远影响。

目前,借助学校丰富的资源,生物学教研组已针对"双新"示范校建设工作开设了多项课题。在推进"双新"和"三高"的过程中,我们将不断总结经验,为高中生物学课程的进一步创新与优化提供资源支持。

四、"双新"视野下的"三高"教学评价系统

在推进"双新"和"三高"的过程中,各个学科明确了学生应达到的核心素养水平,并通过各个水平的关键表现制订了评价学业质量的标准。生物学学科重视利用评价来促进学生的学习与发展,注重评价的诊断、激励和促进作用。我们致力于创建多元化的主体、多样化的方法,既关注学业成就,又重视个体进步和全面发展的生物学课程评价体系。

课标综合了必修课程和选择性必修课程的重要概念、方法等,在学生学习相应课程后对其核心素养水平(即学业质量水平)进行了描述。其中,共有四个不同水平的差异表现涉及情境的复杂度和解决问题的程度。也就是说,相对简单的情境对应相对较低的质量水平,而相对复杂的情境则需要结合更多的生命观念、运用更高阶的科学思维来处理。因此,在教学纲要的修订过程中,评价部分的设计必须以"解决特定情境问题"为基本前提。同时,考虑不同学段和不同层次学生的实际情况,我们设计了具有梯度的进阶式问题或任务,以体现学校在课程评价方面的高站位,如表 4所示。

表4 基于情境的课堂评价样例

情境设计

3390万年前的渐新世,地球气温开始降低,气候变得干燥。后来,喜马拉雅山脉隆起,季风气候形成后,地球更加干燥。伴随着气候的变化,陆地上森林面积减少,草原不断扩张。新出现的草原上,禾本科植物生长得茂密旺盛。

基础题

1.(3分)以下对于禾本科植物细胞的表述正确的是_____(多选)。
A. 禾本科植物细胞具有核膜包被的细胞核结构
B. 禾本科植物的叶肉细胞中含有能进行光合作用的花青素
C. 禾本科植物细胞中一定含有C、H、O元素
D. 禾本科植物细胞中的高尔基体参与细胞壁的形成
2.(2分)利用DNA测序可以比较禾本科植物,如玉米、高粱、小麦、大麦、水稻等彼此的亲缘关系,该项技术属于以下哪方面的进化证据?
A. 化石证据   B. 细胞学证据
C. 生物化学证据   D. 比较解剖学证据

进阶题

以禾本科植物为食的马科动物斑马的染色体数为22对,驴的染色体数为31对,斑马和驴杂交产生的后代兼具斑马和驴的特征,称为斑驴兽或驴斑兽,俗称斑驴。
3.(4分)斑马和驴杂交产生的后代是可育的吗?请你从染色体组的角度作出解释:

_____

_____

_____

　　本教学纲要中的评价示例都是基于教师在"三高"教学模式下的探索和实践过程中积累的宝贵经验。这些示例具有很高的原创性,充分展现了任课教师在实际教育教学过程中对评价思路的反思以及评价策略的完善。教学纲要的评价部分不仅会为初入职的教师提供明确的评价范例,还将成为指导教师教学与命题的重要参考资料。

　　　　　　　　　　　　　　　　　　　　　　　　(张智顺)

普通高中"双新"视野下历史学科"三高"教学纲要导引

    自 2019 年秋季学期开始,教育部统编版历史教材在上海使用。上海中学历史组在考虑资优生群体学情的基础上,坚持本校高立意、高互动、高思辨的"三高"教学传统,并对实施新课程和使用新教材进行了探索。所谓高立意,是指历史学科教育的任务应以立德树人为先,关注人的培养,而不是过度纠结于知识的容量和难度。因此,在设定教学目标时,我们聚焦核心素养的培育以及三观的引领。高互动则意味着重视培养学生正确的价值观、品格和关键能力,不能依靠传统的教师讲授为主的模式,而要努力创建高互动的问题情境,引导学生自主探究,提高解决陌生问题的能力。高思辨是指在课堂中进行大单元和大概念的整合设计,以提高课程贯通感,并以叙事史和论证史相结合的方式,将五大核心素养视为一个相互联系的有机整体,从而有效提高学生的整体思辨能力。

一、"双新"视野下"三高"教学的内涵诠释

1. 对历史学科"三高"教学对象分析:上海中学集聚的整个资优生群体

    上海中学集聚了资优生群体,他们天资聪颖、博闻强记、善于思考。在历史学科的学习中,"资优"往往具体表现为以下三个方

面:第一,学生的知识面广,他们擅长获取信息,在初中接触历史学科后不满足于课本所学,会通过阅读文本或网络渠道了解更多历史事件,还接触过一些不同的史学观点。第二,学生具有较强的记忆力。在学习历史的过程中,上中学生通常能迅速掌握时间、地理、人物和事件始末等基本信息,并能建立事件与事件之间的时空联系。第三,他们具备较高的思辨能力。基于这三点,学生对历史演变的缘由表现出强烈的好奇心。他们善于追求事情发生的原因,探寻不同事件间的异同,并关注人类社会发展规律等宏大议题。这3个优点为"三高"教学奠定了基础。在高中阶段,针对资优生群体开展历史教学,不能仅满足于对历史过程的描述,而应着眼于对历史现象的成因和意义进行阐释,培养学生的史学思维,以形成实事求是的科学态度和正确的世界观、人生观、价值观和历史观。

2. 对历史学科"三高"的教学背景把握:新时代立德树人要求的学科"双新"结构把握

在"双新"视野下,课标规定高中历史课程由必修、选择性必修和选修三类课程构成,并采用通史与专题史相结合的方式。必修课程以通史方式展开,旨在让学生掌握国内外历史发展大势;选择性必修课程和选修课程则采用专题史方式展开,目的是让学生从多角度进一步了解人类历史的演变。这样的结构不仅有利于培养学生的历史学科核心素养,还使高中历史课程与义务教育阶段的历史课程产生区别并形成衔接。

在课标的规定下,为满足本校资优生群体的学习需求,"三高"教学对历史课程设计提出了更高的要求。必修课程是所有学生都必须修习的课程,《历史　必修　中外历史纲要》作为"三高"教学的基础:分析任何历史问题都离不开对历史过程的描述,缺乏历史事件作为基础,任何历史解释都无法立足。然而,我们需要注意,这种描述应具备辅助性质,以服务于进一步观察人类社会发展脉络和形成对历史的整体认识。有了这种理念,必修课程的教学就不会陷入过于繁琐的窠臼。

选择性必修课程是必修课程的深化与拓展。在掌握基本重要历史事件的基础上,通过专题的方式,引导学生从政治、经济和文化等视角去认识社会发展变迁的过程,分析历史发展的深层次动力和长期起作用的力量。

选修课程是必修课程与选择性必修课程的进一步延伸,在我校通过开设发展课的形式实施。这既可以拓宽学生视野,满足资优生的求知欲,同时能让对专业史学感兴趣的学生了解相关的史学理论、知识和技能,从而强化他们的史学专业基础。

3. 对历史学科"三高"教学内涵分析:促进学科核心素养内化与学术志趣引领

"三高"教学旨在实现高立意、高互动和高思辨。在历史学科中,"三高"教学的核心目标不是将每个学生培养成历史学家,而是促进学生核心素养的内化。让每位学生通过历史课程学习,逐步形成正确的价值观、必备品格和关键能力,为有学术发展志向的同学提供一定的专业入门基础。

(1)高立意:以史学育人功能为主旨

历史学科的高立意并不是堆砌浩瀚的正史,也不体现在传授不为人知的秘史,更不是讲述离奇怪异的野史,而应着重展示史学育人功能。史学育人功能可以从德与才两方面来考虑。

一方面,高中历史课程承担的首要教育功能是立德树人。司马光在《资治通鉴》中写道:"才者,德之资也;德者,才之帅也。"这表明,对于资优生群体,其是否拥有聪察强毅的才能不需要担忧,而正直中和的德行反倒更值得关注。自古以来,历史学科便肩负着这一神圣的德育使命。从人类角度来看,历史的功能在于鉴往知来,既坚守记录历史真相的职责,同时对历史人物的善恶对错、历史事件的是非曲直进行评价。从国家角度来看,历史传承家国情怀,历史教育也是认同教育。从个人角度来看,历史学科的求真、客观、理性特质有助于学生形成正确的世界观、人生观、价值观和历史观,为未来学习、工作和生活奠定基础。因此,立德树人应始终置于历史学科高立意的首位,尤其对资优生群体来说,这一功能尤为重要。

另一方面,在高中历史课程的专业培养上,我们不是要把每个学生培养成历史学家,而是希望培养他们成为具备历史视野、尝试理解过去并具备现实关怀的合格公民。在"双新"视野下,中学历史教育界普遍反映课时总量不足、课堂内容繁多等问题,从立意上下功夫或许是解决之道。在过去的教学实践中,中学历史老师们总是不厌其烦地强调年份、地点、人物、经过等细节,即使是原因、影响等分析性问题,也试图列出清晰的要点方便学生背诵。新课程增加了更多内容,传统教学方法与教材课时容量之间的矛盾愈发突出。因此,我们需要回归史学育人功能这一命题:反思传统课堂,我们花费大量时间进行"描述性"的教学工作,告诉学生历史过程(发生了什么),如带领他们探究秦始皇陵内是否有灌水银等问题。看似扎实的基本功、热闹的互动和高深的探秘,这些环节真的起到了我们期望的史学育人功能吗? 未必。

我们不应否认描述性教学工作的必要性,因为任何历史解释都需要首先对历史过程进行描述,但这种描述应是辅助性的,而不应成为历史课程的主角。真正的高立意应关注阐释性,即对历史现象的成因和意义进行解释,并进而习得一种对历史进行理性解释的思维和方法。如此的历史课程才具有育人意义。我们培养的不是古董迷或背书家,而是合格公民。要引导学生尝试理解过去,因为理解过去是洞察现在的重要途径。

(2)高互动:以内化核心素养为目标

高互动是指在教学过程中,注重培养学生正确的价值观、必备品格和关键能力。这不能依赖于传统的以教师讲授为主导的模式,而应该努力创设高互动的问题情境,引导学生自主探究,并内化为核心素养,从而提高其解决新问题的能力。

一方面,高互动课堂的首要任务是创设有意义的问题情境。将高互动理解为课堂热闹、师生问答激烈,容易陷入简单化的误区。例如,在教授"两宋政治和军事"一课时,教师提出"宋初重文轻武的表现有哪些"的问题,学生很快能逐条汇报教材第49、50页的内容。虽然看似一问一答达到了良好的课堂效果,但这个问题并非具有阐释性的意义,只是一个描述性的教学环节。互动后,学生对宋初实行重文轻武国策的原因仍知之甚少。因此,要创设真正有意义的互动,我们需要带领学生回到时空坐标,呈现唐末藩镇割据、五代武人夺权、宋太祖黄袍加身的情境,从而提出问题,引导学生理解宋初重文轻武国策的由来和利弊得失。

另一方面,高互动课堂应着力于内化学生核心素养,通过示范—模仿—迁移的过程,帮助学生逐步形成具有历史学科特征的正确价值观、必备品格与关键能力。核心素养、正确价值观、必备品格和关键能力都不是仅靠教师直接讲授就能教会的,而是要依赖一个个具体互动情境逐渐培养,由具象到抽象的内化过程。反过来说,我们在创建情境时,不仅要具体问题具体分析,还要在设计阶段就有意识地提炼。通过不断地模仿和迁移互动,逐渐让学生体会和感悟这些特质,从而最终习得它们。

(3)高思辨:以史学思想方法为核心

对每一个具体的历史例子进行思辨,是提炼史学思想方法的前提。为了使我们的历史课堂具有高度的思辨性,有两点需要关注。

第一,要关注不同历史现象或历史进程之间的关联,尤其是现象与更宏大的历史趋势之间的关系,而不仅仅是历史事件的来龙去脉。这种联系既可能是因果联系,也可能是相互影响的互动关系。例如,在讨论百家争鸣时,如果只是整理各家学说的代表人物、代表思想和发展演变,其思辨意义就相对有限。但是,如果能将百家争鸣放在春秋战国时期社会大变革的背景下考虑,并将思想的变革与经济变革、政治变革联系起来,就会是一个非常有意义的问题。

第二,要关注历史现象和过程背后的深层次动因,而不是仅仅停留在对史实的重建或对细节的补充。历史细节具有特殊性,虽然可以满足学生一部分的好奇心,但高度思辨的课堂应该引导学生努力揭示深层次的历史动因——那些长时段、会重复起作用的因素。例如,在讨论一战起源问题时,我们当然可以为学生讲述普林西普保卫萨拉热窝的故事,但帝国主义政治经济发展不平衡才是我们最应该着力分析的起源性因素。

在每次带领学生探讨和分析这些长时段、深层次的历史因素,并形成对某一问题的历史解释后,思辨不应止于此。历史哲学告诉我们,任何历史现象都是在特定的历史条件下发生的,它们是诸多因素耦合作用的结果,具有特殊性,因此现象和细节不会重复,没有两个相同的历史事件。基于此,如果我们只将高中历史课程的思辨性放在一个个具体的解释与结论上,那么无论我们分析得如何细致,都会陷入无法复制、无法穷尽的怪圈。要跳出这一怪圈,我们必须以史学思想方法为抓手,向学生传达一个又一个历史认识的结论远不如向他们传授获得这种历史结论的思想方法来得重要,能够迁移的不是历史结论,而是历史思维。习得史学思想方法,内化历史学科核心素养,才能真正引领资优生"志趣能"的长远发展。

二、"双新"视野下"三高"教学内容的统整

1. 凸显因材施教的强度,深化学科课程内容的基础性与选择性

资优生群体解决历史学习问题、习得史学思想方法,不是通过简单地接受现成的答案。那样既不能在实证逻辑上说服他们,也

无助于学科核心素养的培养。因此,历史"三高"教学应首先凸显因材施教的强度,考虑构建基于史料研习的教学方式,通过"选材与设问"统整教学环节与素材,带领学生分析有价值的史料,通过实证方法讨论相关问题,进而获得相应的观点。

在完善选材和设问方面,需要首先把握每个专题的关键问题,明确重点并围绕这些重点展开教学。高中历史新课程内容涵盖范围广泛,包含众多历史事件。如果不突出重要历史事件、不对史料进行选择,则容易陷入"面面俱到"和"碎片化"的困境,导致无法按时完成教学任务。

正如前文所述,高思辨要求我们关注历史发展的大势与深层动因。以"三国两晋南北朝的政权更迭与民族交融"一课为例,时间跨度从公元 2 世纪末至公元 6 世纪末,包含的历史事件繁多。然而,在详细梳理教学内容后我们发现,关键问题分为两个:一是政权的频繁更迭,二是民族的交往、交流、交融(后者更为主干)。因此,在选材设问时,我们应关注孝文帝汉化改革等重点内容,而非过多地讨论三顾茅庐、赤壁之战等。

此外,为了完善选材与设问,要选择典型的、有价值的、有说服力的史料,避免刻意选择冷僻、晦涩、存疑的史料。在此基础上,设置有逻辑梯度、有意义的问题。这里强调的"有意义"是指问题对理解过去具有价值,并且可以通过研读史料加以回答。例如,"这段文言文材料中的加点字是什么意思"和"朱元璋真长着一副鞋拔子脸吗"这类问题虽然容易回答或趣味十足,但对历史教学并无意义,即无助于促进学生对历史的理解。

2. 凸显探究的深度,提升学科课程内容的关联性与融通性

历史学科的"双新"特征容量较大,这是一个显著特点。在不增加课时总量的前提下,我们需要通过统整课程内容来探索"三高"教学,强化关联性和融通性。做到面面俱到并非必要,甚至可能违背"双新"与"三高"的教学宗旨。为了增强课程内容的关联性和融通性,我们主张以"提炼内容主旨"为重点。

所谓"统整",首先要关注"统"。历史学科与其他学科最明显的一个特点是,从历史哲学角度来说,所有历史事件都发生在同一且唯一的时空之下。换句话说,所有的历史知识是连续不断的。这一特点在教材上表现为,尽管不可能呈现所有历史事件,但课与课之间、单元与单元之间仍可视为连续过程。将其分为课、单元,只是因为我们用不同的标尺来观察历史:课关注短时段,单元关注中时段,《中外历史纲要》关注长时段。在每个观察标尺下,我们从繁杂、混沌的史实中提取了部分内容,以反映短时段、中时段、长时段历史发展的趋势和内在动力。这些趋势和内在动力在各时段中是辩证统一、相互联系的。我们必须首先提炼出这些"主旨",否则关联性和融通性无法实现。例如,历史必修《中外历史纲要(下)》第三单元"走向整体的世界"。若我们不将新航路开辟、人口迁移、物种交流、商品贸易、殖民掠夺放在"人类从分散走向整体的重要节点"这一主题之下,而只是单独介绍每个历史事件的具体情况,那么整个单元的教学将显得极为零散,缺乏统摄。对于学生来说,这个单元的知识就变成了难以理解和探究深度的硬骨头。

统整的实现还需要对教学内容进行有机整合。历史事件不仅可以从时间维度进行纵向观察,也可以从空间角度进行横向比较。此外,社会历史发展包含众多方面,我们可以选择其中一个侧面(如政治、经济或文化)进行观察。因此,观察历史和研究历史的方法丰富多样。只要我们确定"内容主旨"并围绕主旨选择合适的方法,就能整合出有意义的历史探究主题,这将大大丰富课程内容。

3. 凸显育人情怀的高度,展示学科课程内容的思想性和时代性

正如前文所述,历史学科自古以来便肩负着神圣的德育使命。为了更好地凸显育人情怀的高度,我们在课程设计中需要注重内容整合和"学科德育浸润"。对于资优生而言,生硬直接的说服效果常常较差,无论是个人品德还是三观教育。因此,我们需要整合课程内容,设计具体情境,让学生在体悟过程中实现思想升华,从而达到比单纯说服更好的效果。

首先,以唯物史观为指导,强调正确的思想导向和价值判断。对高中学生而言,单纯讲授唯物史观的理论,不仅晦涩难懂,且在40分钟的课堂内难以讲清,效果不佳。因此,需要在讲授必修课程时结合具体历史情境,引导学生构建逻辑证据链条,形成历史解释。通过有逻辑、有选择性和有设计地选材设问,在一个个具体情境的分析中,运用唯物史观的基本立场和分析工具,实现思想导向目标。

其次,以家国情怀为核心,引领学生树立正确的三观。这一部分同样不宜通过直接教学环节实现。对资优生而言,这样的方式既达不到教学目标,还可能产生反作用。要达到这一目标,提炼主旨至关重要。增强学生认同感不需要一遍又一遍去提醒或说服他们,更不能在某堂课中安排口号式环节。而是要在每堂课中凝练出一条主线,并围绕其学习相应具体历史知识,从而帮助学生形成整体认识。当学生在逻辑和证据上形成认同时,自然能实现学科德育的渗透。例如,在讲述帝国主义弊端时,不能仅通过反复强调"万恶的帝国主义"来使学生真正认同。更恰当的做法是,在讲解《历史 必修 中外历史纲要(下)》第21课世界殖民体系瓦解时,引导学生思考20世纪末为何殖民体系已崩溃,国家独立,拉美却仍然负债累累,一半非洲人口依旧生活在贫困线下?我们发现是帝国主义的阴影仍未散去。如此方能达到学科德育的渗透效果,彰显思想性与时代性。

三、"双新"视野下"三高"教学特色的创建

结合学科特点及"三高"教学传统,上海中学历史学科特色创建主要包括两大方面:单元设计和课题研究指导。

1. 单元设计

无论是必修模块、选择性必修模块还是选修模块,每篇课文都归属于一个单元,单元处于核心地位。先明确单元教学主旨,便可将具体目标分解至各节课时并形成有机整体。如《历史　必修中外历史纲要(上)》第二单元"三国两晋南北朝的民族交融与隋唐统一多民族封建国家的发展",其时间跨度巨大、涵盖众多历史事件,就要关注"民族交融"与"统一多民族封建国家发展"的核心主旨,据此设计各课时,方能避免陷入盲目状态。

2. 课题研究指导

课题研究指导适用于多个领域,如学农课题、研究性学习课题和口述史课题。课题研究有助于培养资优生独立思考能力和批判性质疑精神,这些特质为各学科专业学术研究所需基础。在指导高中资优生开展课题研究时,我们需要特别关注选题。一个课题研究能否成功,选题至关重要;一方面要培养高中资优生的问题意识,选题不宜过小;另一方面要考虑他们阅历、经验、精力有限,选题不宜过大、过难。所谓问题意识,主要是指发现和提出有意义的问题。这些问题可能包括但不限于前人研究的失误、未曾涉及的领域以及部分缺失等方面。我们鼓励学生对已有研究进行补充,并勇于挑战既定观念,这些都是宝贵的学术潜能。然而,同时我们也应帮助他们找到合适的课题规模,不宜过大。因为选题过大,一方面高中生难以驾驭学术史;另一方面,他们没有足够的时间去完成繁重的工作量。

因此,我们通常建议学生在选题时遵循以小见大的原则。也就是说,选择一个相对较小的题材,便于搜集资料并在有限的时间和资源下完成;同时要具备较广阔的视角,使得从小问题的研究中能引发更深远的意义。除了选题之外,在高中阶段的课题研究中,还应关注培养学生基本学术规范。特别是在历史课题报告的撰写过程中,我们强调史料和史论都应有明确的出处。

这既是基于学术要求的实证主义原则,也是为了确保学术诚信,杜绝抄袭现象。

四、"双新"视野下"三高"教学资源的开发

随着"双新"示范校建设的不断推进,新的困境和挑战将在当前历史教学模式转型过程中逐渐显现。为了更好地应对挑战、解决问题,并寻找实现学科核心素养培养要求的突破点,积极探索各类教学资源的开发与利用具有重要意义。在"三高"教学实践中,若不能广泛开发并合理调配教学资源,就无法为学生潜能挖掘和个性发展提供必要的条件支持与环境保障,从而无法确保"三高"教学的实际效果。

上海中学的历史教学旨在培养学生的历史思维、历史素养和历史意识,一直重视教学资源的开发与利用。通过充分利用师资优势和研修共同体资源、借力教学学术驱动与平台驱动、积极推动教师课题与项目研究,以及持续探索数字技术与校外资源的有效运用,上海中学历史学科教学得以源源不断地发展,形成了极具厚度、深度和力度的教学特色。

"聚焦志趣"与"激活潜能"是实施"三高"教学的核心。针对上海中学的资优生群体,如何激发他们对历史学习的兴趣、满足他们对深层次知识的探索需求,对教师团队的专业素养提出了很高的要求。上海中学历史教研组整体上具有较高的学历和教研能力,资深教师能发挥示范引领作用,并促进青年教师迅速成长。教研组秉承集体备课、磨课的优良传统,发挥组内教师的集体智慧,在共享资源、互助合作过程中互相促进、各展所长,并勇于探索新教法,形成了各具特色的教学风格。

教师要不断增强自身的学科功力,避免平庸化。为了提升自身专业素养,更好地推进"三高"教学,上海中学历史教研组高度重视培养教师的学术水平与研究能力,充分利用研修共同体资源,为

组内教师开展学术探究创造良好环境。通过举办教学研讨展示活动、参与课题和项目研究等途径,让组内教师得以追踪学术动态、锻炼研究能力;与国际部教师交流合作,常能产生教学思维碰撞,有利于拓宽视野、引入新的教学资源。另外,在青年教师的培养方面,教研组积极搭建平台,鼓励他们参与课题研究和各级各类教学评比和展示活动,在挑战中不断提升专业能力。近年来,组内教师取得了丰硕的教研成果,在《中学历史教学》《上海课程教学研究》等刊物上发表了多篇高水平论文。例如,《统编高中历史教材的校本教研探索》一文总结了上海中学在统编教材校本教研方面的经验。其中,"研读课标和教材,把握内容主旨""具化史学思想方法,培养核心素养""立足资优生学情,丰富教学活动"等来源于日常教育教学实践的经验,为今后继续优化统编教材的教学指明了方向。

在努力提高教学专业水平的同时,组内教师十分注重利用各种资源提升学科专业水平,用阅读史学著作、参观博物馆等方式,不断提高自身的学科知识储备量。只有教师达到一定的学术水准,才能更好地把握课堂,既在历史必修课程中落实课标要求、为学生的能力发展打好基础,又能回应学生多样化的学习需求,在发展课平台中为对历史学科充满兴趣与潜质的学生"加餐",指导他们进行更深入的探究和写作。在引领学生进行学术探索的同时,教师的探究能力能得到提升,进而促进教师学术水平的提高。

无论在必修课程还是选修课程中,数字技术都发挥着重要的辅助作用。由于其高度交互性以及拥有文字、图像、视频等多样化的信息表现形式,数字技术能够很好地激发学生的自主学习积极性。鉴于历史教学内容与学生实际生活经历间的距离感,运用数字技术为学生营造历史情境变得尤为重要。此外,数字技术能提供丰富的资源供教师和学生选择,从而有力地支持学生在教师指导下进行研究性学习。

上海中学的历史教学充分利用了校外资源开展丰富的实践活

动。每年学校都会组织研学活动,并结合特色资源,设置涉及政治、历史、地理、生物四大学科十余项课题。学生依据个人兴趣自主选择课题,并在教师的指导下开展研究。历史课题通常涉及本地的历史遗迹、遗址、博物馆、纪念馆、展览馆、档案馆等。学生实地考察后,查找相关资料,并以小组为单位完成相关研究性论文。例如,在2021年的研学活动中,学生们参观了位于青浦的崧泽遗址、青浦区博物馆、练塘古镇和陈云故居,深入了解上海先民的灿烂文化以及老一辈无产阶级革命家的艰苦奋斗过程。在研学活动中,学生通过实地考察加深对课内知识的感知和理解,同时扩展了历史知识面并提高了实践能力。通过小组课题研究,学生能够锻炼开展合作学习和探究学习的能力,并培养实证精神和证据意识。在开展实践活动过程中,学生从历史角度关心国家命运,感受对乡土、民族和国家的认同感,树立家国情怀,提高历史意识和社会责任感。

五、"双新"视野下的"三高"教学评价系统

在"双新"视野下,应对学生进行多维度评价,同时教师需要在命题研究中转变传统考题思路。多维度评价首先应以提升学生历史学科核心素养为主导,而非传统的背诵默写。尽管博闻强记对历史学习有一定益处,但它并不是学习的主要内容,更不是唯一的评价指标。

"双新"视野下的"三高"教学特别适合能运用史学思想方法解决陌生问题的优秀学生。我们希望培养出对过去有所理解,对现在有所关怀的优秀学生,而非让他们仅成为简单的嗜古爱好者;我们期待培养出具备独立理性思考品质和能力的优秀学生,而非使他们成为非黑即白式思考问题的盲目追随者。

其次,多维度评价需要我们将学业质量水平的要求细化,并将其应用到具体专题中,从而使其可观测、可测量。课标已经将学业

质量水平分为四个等级,对学生学业成就的不同表现进行了刻画,并关注历史学科核心素养五个方面发展状况的综合评价。我们应关注这些要求在具体专题中的实施,如在必修课程"改变世界面貌的工业革命"专题的学习评价中,教师可根据学业质量水平 2,要求学生运用文献、实物、口述、图像、视频等史料,论述工业革命前后生产力的发展情况、工业革命后列强在世界范围内的扩张、世界市场的形成、资本主义的发展、工人运动的高涨以及民族独立运动的兴起等。教师在评价时,主要关注学生是否了解工业革命的时空背景,能否运用史料作为证据论证自己的观点,理解生产力发展是历史发展的决定性因素,从大历史视野认识工业革命是人类社会从农业文明演进到工业文明的转折点,认识到工业革命对国内阶级关系和社会变化的影响及其世界性影响等。

此外,在命题研究中,我们要注意转变传统命题思路。正如前文所述,我们的目标并非培养背书专家,因此我们的考题不应过多考查历史细节,如时间、人物、事件等。结合目前上海市教育考试院合格考、等级考命题的改革,综合题已成为考查学生核心素养的更佳选择。在综合题中,历史的细节通常由出题者提供。这样的考查方式并不是强调学生对内容的死记硬背,而是测试他们能否在一个较为新颖的情境中,运用已掌握的知识和思考方法解决陌生问题的能力。

总之,在"双新"视野下,历史学科教学正面临着重大转型。事实上,上海已走在全国前列。我们希望借鉴上海的经验,结合本校资优生的特点,探索一条具有"三高"特色的教学之路。在此过程中,我们必然会遇到许多难题与挑战,如如何实现历史学习过程的评价、是否可以创建历史实验室等。我们相信,只要方向正确并坚持下去,最终会取得令人满意的成果。

（刘育琦）

普通高中"双新"视野下
地理学科"三高"教学纲要导引

2017 年,教育部发布了《普通高中地理课程标准(2017 年版)》(以下简称课标),该课标对教师课堂教学提出了更高的要求。全面分析教学对象可以有助于更好地将学科知识传授给学生,培养并提升学生的学科核心素养,为学生未来的发展素养打下坚实基础。地理学科核心素养包括地理实践力、综合思维、区域认知和人地协调观,强调培养学生用地理学的思想和方法去看待世界、理解世界。2019 年 6 月,《国务院办公厅关于新时代推进普通高中育人方式改革的指导意见》发布,要求 2022 年前全国普通高中全面实施新课程和使用新教材(以下简称"双新")。随着《上海市高中地理学科教学基本要求》的发布,2021 年上海市高中地理学科也在 2024 届高一年级全面展开。

一、"双新"视野下"三高"教学的内涵诠释

1. 分析地理学科"三高"教学对象:上海中学集聚的整个资优生群体

上海中学作为本市乃至全国基础教育的领头羊,聚集了一批天赋秉异、资质卓越的高中生,他们能力强、基础好,勤勉乐学,对知识的渴求往往不满足于课堂单一枯燥的讲授式教学,更喜欢鼓

励自主探究、互动交流的现代教学模式。

上海中学课堂教学一直有"三高"要求,即高立意、高思辨、高互动。因此,在日常地理教学实践中,地理教师需要通过观察交流、听课和教研活动等方式深入分析资优生群体的学习特征,不断调整教学方法和节奏,让地理学习成为一种内在需求,将地理学科核心素养真正融入学生未来发展的重要组成部分,使学生从一个被动的学习者转化为主动的探究者,不断夯实核心素养,逐步趋近资优生目标。

2. 把握地理学科"三高"教学背景:新时代立德树人的学科"双新"结构

新时代的地理教学,最终目的仍是服务于培养社会主义建设者和接班人的根本问题。为了更好地达到这一目标,从地理学科角度落实地理学科核心素养是一个有效途径。

在"双新"视野下,课堂教学需要更注重培养学生人地协调的理念,为未来服务社会、建设国家奠定基础理论素养。这要求教学目标设计体现高立意的特征。作为教学过程主导者的教师,在设计各个教学环节时应充分考虑"引导学生关注全球问题,增强可持续发展观念",让学生明确人类社会发展不能以无休止地对自然索取与掠夺为代价,应考虑资源、环境、能源、人口协调发展的可持续发展思路。学生是未来社会的建设者和接班人,只有让他们目睹、听闻由于过去人们肆意破坏自然而产生或将出现的一系列严重全球环境问题,才能让他们认清人类社会和地理环境相互影响、制约的关系,牢固树立可持续发展理念,使社会和地球变得越来越美好。

单单是立意高无法完整真实地呈现事物的两面性。因此课堂教学设计需要体现高思辨。高思辨的课堂并非简单讨论或热烈争论某个问题,而是要求教师有意识地强化这个活动,启发学生的能动思维,深化心理体验,使学生不再被动接受知识,而真正主动地成为真理的探索者。高思辨对教师提出了更高要求,不仅需要充实自身基本功,还要与时俱进,用新知识、新理念武装自己。这也是上海中学创建"世界一流的研究型创新型基础教育领先名校"对教师的要求。他们需要能够应对高思辨的课堂,并乐于回答学生可能提出的各种问题。尽管有时候这些问题可能超出了教师的预期和理解范围,但这并不能成为回避问题的借口。

课堂应保持开放性。面对类似情况,教师可以坦诚自己对该问题的了解程度,并承诺课后进行深入研究。另外,教师可采用更开放的方式,与学生共同查找资料并在课堂上分享思考成果。对于科学界尚无明确定论的问题,老师可以充分肯定学生的积极思考,并鼓励他们课后继续探究。

在教学过程中,我们经常遇到一些具有挑战性的问题,如地球上是否存在其他生命形式,板块构造如何影响地壳运动,二氧化碳排放与全球气候变化之间的因果关系,以及生育政策改革的必要性等。在高思辨课堂中,学生的思想更自由、精神更集中,更有可能产生知识的火花。这样的氛围不仅活跃了课堂,提升了学科魅力,还有效提高了学习效率。

如果说高思辨体现了学生在课堂里的深层思考,那么高互动则反映了他们在课堂上的外在表现。在没有高度互动的思辨课程中,往往只能调动少数人的积极性;在缺乏深入思考的课程中,课堂互动常常会陷入混乱。高度互动体现了以学生为本的现代教育理念,是在特定课堂教学环境中尊重学生权利的一种方式。此外,在一次次充满互动的师生和生生交流过程中,这种方法成了提升教学效果、深化教学内涵的最佳途径。

地理学是一门融合文理知识的学科,既要有文科的感性体验,也需要具备理科的理性思考。高度互动并不一定意味着激烈的讨论或全班同学都参与某个问题的思考中;有时候,仅仅是一个眼神、一个点头、一个动作或简短的对话,就足以传递师生之间默契的信号。这正是在高思辨引领下的高互动表现,值得我们学习和倡导。

在"双新"视野下,"新"的核心是以学生为中心的教育观念,这与上海中学"三高"课堂理念可以完美融合。我们要强调立德树人、注重素养导向,让学习真正发生。

3. 分析地理学科"三高"教学内涵:促进学科核心素养的内化与学术志趣引领

上海中学以"聚焦志趣,激发潜能"为办学理念,在举办众多学术探究活动的同时,还开设了丰富的特色德育课程。课题探究、发展课、国情民风、CPS等都在积极实践这一理念。这些特色德育课程也成为地理教学的优质资源,通过运用这些课程来落实地理学科核心素养,并引导学生全面发展学术志趣。

如果把地理学科看作成长道路上的一扇门,那么核心素养便是打开这扇门的钥匙。学好高中地理需要具备区域认知基础。高中地理教材里有各种类型的插图,配合文字描述,使教材内容更加丰富、直观、形象和生动。学会读图、用图有助于更好地认识、理解和掌握各种地理规律和原理以及地理事物与现象,让地理知识变得易懂且容易记住。各级各类地理试卷中,图像是不可或缺的元素,区域知识都附着在图上。因此,培养学生的地图能力是提高学生区域认知素养的重要手段。

上海中学的校园内汇聚了来自世界各国的学生和教师,因此学生更需要学好区域地理,并具备国际视野。学生不仅需要掌握科学文化知识,还需要了解国际形势,站在更高的层次审视问题,并进行深入、全面的分析,甚至需要从国际视野来思考问题。

上海中学在"双新"视野下提出了以"三高"(即高立意、高思辨、高互动)为核心的教学学术体系。上海中学的地理学科教学旨在全面贯彻这一要求。在此体系中,高立意是课程的灵魂,地理新课程的教学围绕"人地和谐"这一核心理念展开,从而达到高水平的教学目标;高思辨则是课程的核心,在教材使用过程中以问题为导向,从地理情境出发,设计问题链,深入剖析问题,激发思维碰撞,以提升学生的思考水平;高互动是课程的精髓。在上海中学的数字地理创新实验室平台基础上,课堂教学以各种丰富多彩的活动形式展开。学生作为课堂的主体,将生活中对地理现象的观察和思考融入地理学习中,从而实现高效的课堂教学。在"双新"视野下,整理、反思和改进上海中学地理教学实践对于地理教学的进一步提升具有重要的实践价值。

二、"双新"视野下"三高"教学内容的整合

1. 强调因材施教,深化地理学科课程内容的基础性与选择性

在"双新"视野下,地理教学更加侧重于"因材施教"的原则。通过强调课程教学的基础性和选择性,我们能够更好地满足资优生的认知特点,从而激发他们对地理学科的兴趣。

由于上海中学学生的综合素质较高,学习能力较强,地理教研组根据新课程特点重新设计了课程教学安排。将必修一和选择性必修一课程、必修二和选择性必修二课程的内容进行整合,这样使教学进度更加符合资优生的认知特征。如在必修一主题9"大气的受热过程与运动"中,虽然介绍了大气的受热过程和最简单的大气运动模式——热力环流,但没有深入讲解全球尺度的复杂大气运动模式。因此教师将选择性必修一教材中行星风系和气候分布等内容进行了整合。这种知识构架更符合资优生的认知结构,能够更好地激发学生的学习兴趣。

需要注意的是,知识结构的调整并非简单的排列组合。而是在充分考虑资优生学习和认识结构的基础上进行内容整合。部分选择性必修内容被整合进入必修课程,同时部分必修知识也被融入选择性必修课程中。这种做法更注重引导学生进行探究性学习,以提升地理实践力。

以下是高一两个学期经过整合后的教学实施规划。

表1　地理学科新课程实施规划(高一第一学期)

周次	课时	教学内容	水平要求
1	1	军训	
	2	军训	
2	1	序言:走进地理学	水平1
	2	序言:地理信息系统技术及其应用	水平2
3	1	专题1:地球的宇宙环境1(天体与天体系统)	水平2
	2	专题1:地球的宇宙环境2(太阳与太阳系)	水平3
4	1	专题1:地球的宇宙环境(月相、地球生命存在的条件)	水平1
	2	专题2:地球的圈层结构	水平2
5	1	专题3:地球的演化过程1	水平2
	2	专题3:地球的演化过程2	水平2
6	1	十一长假	
	2	十一长假	
7	1	专题3:地球的演化过程3	水平2
	2	作业	
8	1	专题4:岩石与矿物,岩石圈的物质循环	水平3
	2	作业	
9	1	专题5:主要地貌类型1(流水地貌、喀斯特地貌)	水平3
	2	专题5:主要地貌类型2(风成地貌、黄土地貌)	水平3
10	1	期中考试	
	2		
11	1	专题5:等高线	水平2
	2	专题6:常见的地质灾害	水平2
12	1	作业	
	2	专题7:大气的组成和垂直分层	水平2

续　表

周次	课时	教学内容	水平要求
13	1	专题 8:大气的受热过程	水平 3
	2	专题 9:大气环流与气候(热力环流)	水平 3
14	1	专题 9:大气环流与气候(行星风系)	水平 3
	2	专题 9:大气环流与气候(季风环流)	水平 3
15	1	专题 9:大气环流与气候(气候与自然景观 1)	水平 3
	2	专题 9:大气环流与气候(气候与自然景观 2)	水平 3
16	1	专题 9:大气环流与气候(气候与自然景观 3)	水平 3
	2	作业	
17	1	专题 10:土壤与植被 1	水平 3
	2	专题 10:土壤与植被 2	水平 2
18	1	专题 11:常见的气象灾害(气旋、反气旋)	水平 3
	2	专题 11:常见的气象灾害	水平 2
19	1	元旦放假	
	2	作业	

表 2　地理学科新课程实施规划(高一第二学期)

周次	课时	教学内容	水平要求
1	1	专题 12 水循环与河水补给	水平 2
	2	专题 13 海水的性质和运动 1	水平 2
2	1	专题 13 海水的性质和运动 2	水平 3
	2	专题 13 海水的性质和运动 3	水平 3
3	1	专题 13 海水的性质和运动 4	水平 2
	2	专题 14 常见的海洋灾害	水平 2
4	1	作业	
	2	专题 15 人口分布 1	水平 2

续　表

周次	课时	教学内容	水平要求
5	1	专题15 人口分布2	水平2
	2	专题16 人口迁移	水平2
6	1	专题17 人口合理容量1(人口增长1)	水平3
	2	专题17 人口合理容量2(人口增长2)	水平3
7	1	专题17 人口合理容量3(人口合理容量)	水平2
	2	作业	
8	1	专题18 城乡空间1	水平3
	2	专题18 城乡空间2	水平3
9	1	专题19 城乡景观与地域文化1	水平2
	2	专题19 城乡景观与地域文化2	水平2
10	1	期中复习和考试	
	2		
11	1	专题20 城镇化1	水平3
	2	专题20 城镇化2	水平3
12	1	作业	
	2	专题21 农业区位1	水平3
13	1	专题21 农业区位2	水平3
	2	专题21 农业区位3	水平2
14	1	专题22 工业区位1	水平3
	2	专题22 工业区位2	水平3
15	1	专题22 工业区位3	水平2
	2	作业	
16	1	专题23 服务业区位1	水平2
	2	专题23 服务业区位2	水平2

周次	课时	教学内容	水平要求
17	1	专题 24 交通运输业 1	水平 2
	2	专题 24 交通运输业 2	水平 2
18	1	专题 25 产业结构与产业转移 1	水平 3
	2	专题 25 产业结构与产业转移 2	水平 3
19	1	作业	
	2	复习	

2. 深化探究精神,提升地理学科课程的关联性与融通性

科学文化知识学习的最终目标是促进学生成长。不同学科知识间存在许多联系,因此需要从不同角度思考同一个问题,甚至引导学生大胆质疑、小心论证,真正打造开放的课堂,将课堂归还学生。

以探究精神为核心,上海中学地理组不断从地理实践力角度挖掘地理学科育人内涵,力求跨学科合作,揭示现象背后的地理原理,全方位、多视角分析问题。例如,地理组根据地理实验室硬件设备条件,并依据地理课程基本要求,不断丰富相关课程体系。校内课程分为基础类和发展类:基础类主要包括日常教学中需要使用实验室设备的课程内容,如"板块运动""流域整治与开发"等;发展类课程则包括校内教师开发的一系列课程,如利用数字天象馆的"漫谈天象"、利用岩矿标本的"岩矿鉴别"、利用实验箱的"地理实验"以及利用 GIS 教学空间的"在线 GIS"等。校外课程则依托华东师范大学开发,涵盖自然地理河口海岸、环境地学以及 GIS 制图等方面。

同时,上海中学设有丰富的特色德育课程。地理教研组充分利用学校平台,引导学生进行课题研究和跨学科探究。2022 年 1 月,上海中学 2023 届全体同学去青浦参加"红色研学,绿色学农"

社会实践活动。活动之前,地理教研组根据当地资源设计了一系列课题,并让同学们根据自身兴趣自由分组选择。

表3　地理方向选题指导

研究类别	选题方向	调研地点	课题要求	指导教师	涉及学科
地理信息技术类	北斗导航卫星定位系统的相关研究	西虹桥北斗产业园	前期搜索资料查询北斗导航卫星定位系统的相关资料,确定选题。在实地考察过程中认真观察记录,利用访谈法请教专业人员,结束后进行讨论整理和完善	刘峰陈敏	地理、数学、物理
人文地理类	新型城镇化背景下乡村振兴的建设与发展	林家村、张马村	前期搜索资料了解乡村振兴的典型案例,设计任务书,在实地考察过程中根据任务书观察和记录	王莺陈敏	地理、政治

3. 凸显育人情怀的高度,彰显地理学科课程内容的思想性和时代性

自2017年课标发布以来,上海中学地理教研组开始探索改革。所有组员围绕学科育人价值进行了多次讨论和实践探究。地理教学蕴含着丰富的育人价值。在"双新"视野下,日常教学中渗透学科德育成为一项重要任务。"新"的核心是一种以学生为中心的教育观念,更加强调立德树人和重视学科德育价值。

地理学科育人价值需要教师挖掘科学文化知识背后的内涵,并结合社会、国家和国际时事趋势,科学且谨慎地引导学生探讨。让学生畅谈真实想法,逐步培养其责任意识和家国情怀。将目标聚焦于"为谁培养人"的伟大命题,并通过教师的精心设计,使学生能够表达出责任担当意识和爱国主义情怀。这样的效果胜过教师的千言万语。

高中地理教师应通过对德育思想现状的分析，深入挖掘课本内容中的德育素材。采用小组讨论、社会调研、课题探究和自主学习等策略，积极探索开展德育的新路径，将思想融入地理教学中。

如在高中地理必修二教材中主题14"协调人地关系，走可持续发展之路"的教学中，要想通过课堂教学培养学生的道德素养，教师就不能满足于解读基本的地理概念、讲述简单的知识体系，而是要明确德育目标——"树立科学的资源观、环境观和可持续发展观，培养负责的态度和社会责任意识"。

人地关系是地理研究的核心问题。人地关系经历了采集-狩猎阶段、农业社会阶段、工业化社会阶段和可持续发展阶段。在不同的阶段，人与地理环境的关系及相处模式各有差异。随着社会生产力的发展和人类认知程度的提高，我们已经认识到人类不可能战胜自然，只有与自然环境实现协调发展，我们才能走得更远。拥有这样的理念，我们在分析地理问题和制定区域开发规划时，可以像从山顶俯视地表一般，作出系统而又可持续的规划。如此，地理学科的育人价值才能充分发挥。

三、"双新"视野下"三高"教学特色的创建

在"双新"视野下，上海中学地理学科教学特色的创建应致力于实现高立意、高思辨、高互动这一主要目标，并在此基础上展开。为实现这一目标，我们需要在以下3个方面进行探索。

教学内容：紧密围绕课标和教材，进行大单元设计。

教学方法：尝试运用主题学习和混合式教学等多种方式。

实践活动：开展项目式研学活动。

1. 基于地理实践力的大单元设计——以必修一教材第四单元"陆地环境"为例

在课标指导下，教材各部分之间拥有内在的知识联系。因

此,设计并实施学习单元是实现高立意、高思辨、高互动的地理课堂的重要途径。与传统课时教学相比,单元教学在教学内容的重组与整合上具有明显优势,被认为是培养学生核心素质的关键路径。

地理教师应从教材入手,首先学习研读教材内容,结合热点时事,创设地理教学情境,建立大单元的教学背景,实现高立意。然后,基于学生的认知经验进行单元内容的重组,实现高思辨。最后,设计和开展丰富的教学实践活动,实现高互动。

地理教研组以必修一教材第四单元"陆地环境"为例,从设计过程到成果呈现,对地理实践力的培育进行了探索。

在课标要求下,学习本单元后,学生将能够:

通过野外观察和运用地理信息技术,结合图像和视频资料,识别和描述几种主要地貌类型、土壤特征、植被类型等自然地理现象;预测地质灾害并初步具备运用考察、实验、调查等方式进行科学探究的意识和能力(地理实践力)。

运用地球科学基础知识,描述各种地貌景观特点,分析地貌景观形成条件,并通过实地考察多角度解释土壤成因;通过植被景观特征分析,理解景观与自然环境的关系,并综合分析某一地质灾害的成因(综合思维)。

根据材料了解各种地貌类型的典型分布区,识别并描述影响不同地区土壤的形成因素和典型植被的景观特征,掌握我国常见地质灾害的空间分布特征(区域认知)。

举例说明不同地貌类型对人类活动的影响,概括人类活动对土壤的重要影响,并运用案例说明植被与人类活动的关系;通过分析某一现实事件,了解滑坡、泥石流灾害形成的人为原因(人地协调观)。

表4　课标对"陆地环境"单元的内容要求

	内容要求	内　容	
陆地环境	通过野外观察或运用视频、图像,识别流水地貌、喀斯特地貌、风成地貌、黄土地貌等地貌类型,描述其景观的主要特点	主题十 主要的地貌单元	流水地貌
			喀斯特地貌
			风成地貌
			黄土地貌
	通过野外观察或运用土壤标本,说明土壤的主要形成因素	主题十一 土壤与植被	土壤
	通过野外观察或运用视频、图像,识别主要植被,说明其与自然环境的关系		植被
	运用资料,说明地震、滑坡、泥石流等常见地质灾害的成因,了解避灾、防灾的措施	主题十二 常见的地质灾害	地震
	通过探究地貌类型、土壤植被、地质灾害等陆地环境问题,了解地理信息技术的应用		滑坡
			泥石流

　　第四单元的教学内容主要关注自然地理学基础,要求学生具备数理基础、逻辑思维、空间想象和实验动手能力。鉴于我校学生在这些方面有较好的基础,本单元教学设计在目标和方法上进行了一定程度的拓展。除了传授基础知识和采用传统教学方法外,我们还针对"陆地环境"单元内容和目标,创设了一系列结构化活动,主题为"红色研学,探索大地之美"。这些活动包括:

　　基于操作实验的土壤与植被分析活动;

　　基于红色研学的陆地环境观察活动及地质灾害讨论活动;

　　陆地环境各要素之间相互关系的表达活动;

　　地理信息技术作为支持。

其中涵盖了如下系列教学活动：

教师演示实验：流水作用过程；

学生动手实验：土壤成分分析和土壤性质比较；

户外调查活动：校园植被鉴别。

　　另外，我们还利用高二第一学期学生期中考试后的学农研学活动开展实地地貌、土壤植被考察和地质灾害调查等野外实践活动。通过这些形式多样的教学过程，旨在帮助学生加强区域认知，锻炼综合思维，强化人地协调观念，并提升地理实践力。

表 5 　"陆地环境"单元学习活动结构属性

单元名称	陆地环境			单元学习活动结构图
活动类型	活动空间	活动时间	活动形式	
	A. 普通教室 B. 功能教室 C. 教室外场地	A. 片段式 B. 单课时 C. 多课时	A. 个体 B. 小组 C. 班级或年级	
动手类	A、C	B	B、C	
观察类	B、C	C	B、C	
调查类	C	A	B	
表达类	A、C	A	A、B	
数量	7			

　　从单元活动结构图中可以看出，本单元包含了丰富的活动类型和数量。这些活动涵盖了陆地环境单元内容的基本要求，包括动手类、观察类、调查类和表达类 4 种类型。这样设计不仅让学生理解陆地环境各要素之间的相互关系以及人类与陆地环境和谐共处的方式，还能提高学生的动手能力，锻炼综合思维和地理实践力。同时，使学生更深刻地认识人地协调观，打造具有高立意、高

思辨、高互动特点的地理课堂。

2. 基于主题学习的混合式教学模式——以"澳大利亚森林火灾"为例

随着线上课程的普及,混合式教学已成为连接线上教学和线下学习的重要方式。该教学模式指传统课堂与网络课堂的结合,既体现在线上教学中教师的主导作用,又强调在线下学习中学生的主体作用,对地理学科核心素养的培养具有重要价值。在线上教学中实现高立意、高思辨、高互动的课堂更具挑战性。因此,本教研组尝试构建基于主题学习的混合式教学模式。

该模式主要围绕某一主题展开,结合传统课堂和网络课堂进行教学,整合教育资源,创设教学情境,并开发基于主题的深层次、多样化的学习探究活动。这使得学生能够充分利用线上所学知识,挖掘线下资源,深度分析地理问题,从而培养地理学科核心素养。

以"澳大利亚森林火灾"为主题进行混合式教学实践探索,提出一系列探究问题,渗透地理学科核心素养,并构建高中地理混合式教学模式。从实施过程来看,主要分为课前、课中和课后3个阶段:课前关注主题选择与资源开发;课中着重于教学过程的具体实施;课后则以线下分层教学探究和评价为主。

以"澳大利亚森林火灾"为主题,并以课标的教学目标为指导,我们重新组织了教材的相关内容,充分挖掘案例,激发学生的兴趣和积极性,培养学生在复杂情况下分析和解决问题的能力。通过整合澳大利亚区域的相关知识,我们致力于培养学生全面、系统、动态地认识地理事物和现象的思维品质与能力,从而实现学生综合思维的培养并体现高思辨。

澳大利亚森林火灾对当地及全球的影响需要从不同空间尺度进行分析。尽管澳大利亚每年都会发生森林火灾,但此次火灾的规模和影响范围最大。通过比较不同年份的火灾,学生可以更清

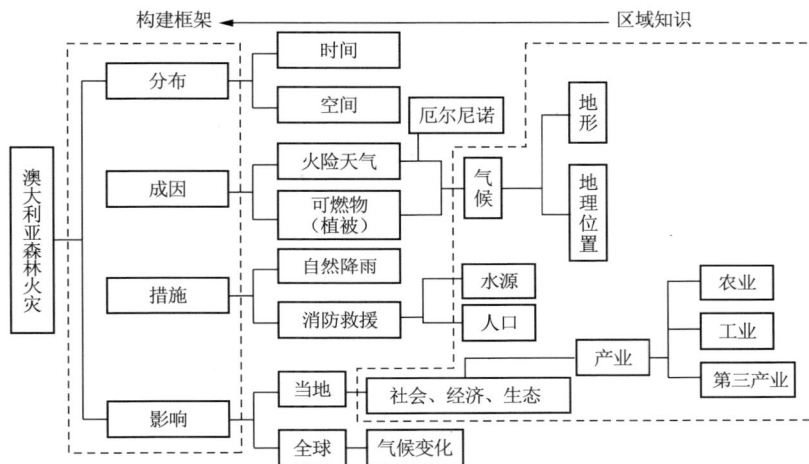

图1 "澳大利亚森林火灾"教学思路设计

晰地认识到地理现象在不同时间尺度下的巨大差异,从高立意的角度重新审视区域内人地关系的问题。

澳大利亚森林火灾的发生和发展受到多个因素的影响。自然因素包括气候、地形、水源和植被,而社会经济因素包括人口、政策和技术等。对这一案例进行深入剖析,有助于学生建立从多要素综合分析地理现象的思维框架,并与学生进行高思辨的探讨。

在线学习主要涉及课前自主学习澳大利亚森林火灾的相关资料,通过社交平台提出问题以便教师了解学生的阅读情况并及时反馈。课中采用视频学习呈现问题,引导学生利用导学案进行探究分析。课后学生根据学习情况选择适合的作业类型进行巩固,通过社交平台与教师交流,弥补课堂学习的不足,从而实现混合式教学的高互动。

通过案例分析,我们可以探讨并总结混合式教学的基本模式,这主要包括以下几个部分:课前的主题资源开发、课中的教学过程实践以及课后的分层教学评价。

在课前环节,需要着重对资源进行挖掘,搭建教学设计框架,从而引发学生的兴趣。接下来,在课堂教学过程中,通过设置探究性问题,在巩固基础知识的同时,融入地理学科核心素养,旨在提高学生的认知能力。最后,在课后环节,采用分层次的教学探究和评价方式,以满足不同学生的水平和需求,实现差异化教学。目前,混合式教学相关的实践案例较少,尤其是地理学科还需要不断探索。

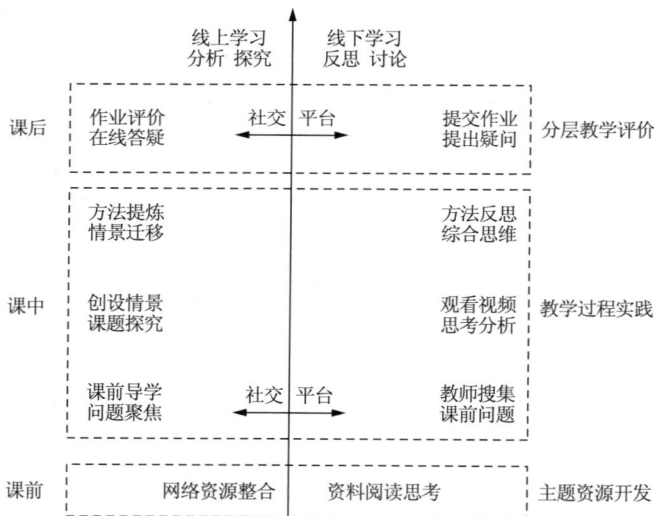

图2   混合式教学模式图

3. 高中人文地理项目式研学活动设计——以上海市青浦区实践考察为例

在"双新"视野下,地理学科教学注重从日常生活中的地理现象出发,设计地理实验,结合地理信息技术等手段来开展高中地理课堂。这样的教学方法有助于培养学生的地理实践力。然而,仅通过课堂教学很难提高学生在现实实践中收集地理信息、解决地理问题的能力。因此,我们需要根据学校教学的实际情况,拓展课堂之外的时间和空间,满足学生个性发展和兴趣培养的需求。

美国、德国、英国、日本、新加坡以及中国香港、台湾地区都非常重视地理"游学",注重培养学生的动手能力和实践能力。研学活动是指学生集体参加的有组织、有计划、有目的的校外参观体验实践活动,将学习和旅行实践相结合,强调学习与思考的结合,突出知行统一。这是实现立德树人根本任务,培养学生社会责任感、创新精神和实践能力的重要途径。

通过项目式研学活动的设计,学生可以在研学过程中运用所学的地理知识及研究方法,在现实情境下学以致用,解释生活中的地理现象,解决真实的地理问题。人文地理学是研究人类活动的空间差异(包括不同国家、地区、社会制度、思想意识)、空间组织以及人类与地理环境之间相互关系的学科。因此,只有通过对区域的实地考察,才能真正理解人地关系的内涵,深刻认识人文地理现象的社会性、区域性、综合性和预测性等空间特征。地理教研组以培育学生的地理实践力为目标,围绕人文地理知识结构进行项目式研学活动。通过厘清人文地理实践调查的基本过程,旨在提升学生的地理实践力。

在人文地理的实地考察过程中,可以借鉴社会调查方法。这些方法通过调查、信息收集与分析等探究形式,有目的地对社会现象进行考察、分析和研究,使学生认识社会生活的本质及其发展规律。在学习过程中,学生将学会发现与探究,在详尽观察与分析实习区域地理特征的基础上,深刻理解不同区域的空间结构,掌握解决社会经济发展中某些问题的方法。通过前期准备和实地研学资料的讨论分析,结合实际探访、观察、记录以及资料搜索查询,进一步讨论分析问题,并提出建议。

表6　人文地理项目式研学活动记录表

观察类（示例）			
探究任务	考察图片	图片分析	结论
通过景观感受其地域文化特色，总结城乡规划发展的理念		在图中可以看到青浦区延续江南水乡的特色文化景观，体现人与水之间"以水为脉、枕水而居"的新生活方式	城乡规划过程中保护传承好乡村文化，以保护型村庄为样版，应该延续江南村落格局，彰显江南文化

访谈类（片段）			
访谈时间	2022 年 1 月 14 日	访谈地点	林家村
访谈对象	快板艺术家、相声演员——赵松涛老师	记录人	蔡奕　苏胤轩

访谈过程
问：这个村是主要发展文化相关的产业吗？ 答：这个村里的文化气息是自然生长逐渐形成的。原来就是我们这几个搞文艺的人觉得农村挺好就进来了，之后就有越来越多的人进来。从前年开始，市级示范村加上新农村建设再加上美丽乡村建设，就觉得既然已经来了这么多搞文艺的那我们就这么弄。那么去年就引进了一批艺术家过来，所以到现在林家村就变成了艺术家村

研学旅行作为一项重要的综合实践活动课程，应以学科知识为依托，从而彰显教育教学的价值。对于教师来说，这是一个提升自己能力的机会，能展示地理教师对新教育理念的认同和内化，更新知识库，优化教学资源，走出课本与课堂，丰富教学内涵，拓宽教学边界。

因此，把高立意、高思辨、高互动的地理特色教学融入整个项目式研学活动中，能体现出主体性、综合性和实践性。其中，高立意的主体性主要表现在让学生通过实践活动探究人类活动与自然地理环境的关系，并逐渐培养主体意识与主体精神。高思辨的综合性则体现在对人文地理现象的分析解释上,不仅需要掌握人文地理内部要素,还要了解与之相关的自然因素。高互动的实践性则体现在学生积极参与社会实践、探究实践,让学生参与知识形成过程,在实践中学习。

在实践教学过程中,学生会遇到问题、提出问题,并在教师指导和同学帮助下通过实践解决问题。这个过程既丰富了对课堂知识的理解,也使学生掌握了人文地理研究的基本方法和调查实践技能,逐步建立完善的地理思维,提升地理学科核心素养。

四、"双新"视野下"三高"教学资源开发

课标提到,高中地理课程的总目标是通过培养地理学科核心素养,从地理教育角度来落实立德树人的根本任务,并鼓励地方和学校积极开展地理课程资源建设。这包括校内地理教学环境建设和地理实践活动装备配置。

上海中学高度重视地理学科的育人价值,在校长室的直接关心下,数字地理创新实验室建设项目于 2017 年启动,并在 2018 新学年前顺利完工。落成后的数字地理创新实验室不仅拥有数字式星球系统、数字天象馆、地理科学实验箱、GIS 操作平台等多项现代化信息化地理教学硬件设施保障,还通过与华东师范大学地理科学学院签署的"创新素养培育地理实践项目"获得软实力支持。

实验室按照构建以学生为主体的地理教学环境设计,重视学生操作性活动空间配置。功能区模块按照组合设计、灵活布局以及分清主次等地理教室建设基本原则进行改造,有利于学生活动的开展。

地理教研组围绕创新实验室,通过课程资源开发、师生课题研究、教学技术整合等方式提升学生学科核心素养的习得体验。积极探索实验室环境下高立意、高思辨、高互动的教学新路径,并取得了部分研究成果。

　　地理实验室的开发建设不应仅停留在升级换代课堂教学的硬件环境上，更应关注与之配套的地理课程的综合开发。以创新型、研究型高中为办学目标的上海中学作为一所著名学府，单纯依靠国家基础课程已不足以满足其地理课程需求。因此，地理组教师长期致力于校本地理课程的设计和开发。数字地理创新实验室的建成为课程建设指明了新方向。在学校课程图谱总体框架的指导下，我们整合现有课程、开拓新资源，初步形成高校教师指导的实验组课程与本校教师执教的小型发展课相结合的拓展型课程结构。

　　课程体系包括校内应用课程和校外研究课程。校内课程分为基础类和发展类课程。基础类主要涵盖日常教学过程中需要使用实验室设备并在实验室授课的内容，如板块运动、流域整治与开发等课程。发展类课程则包括校内教师开发的一系列课程，如数字

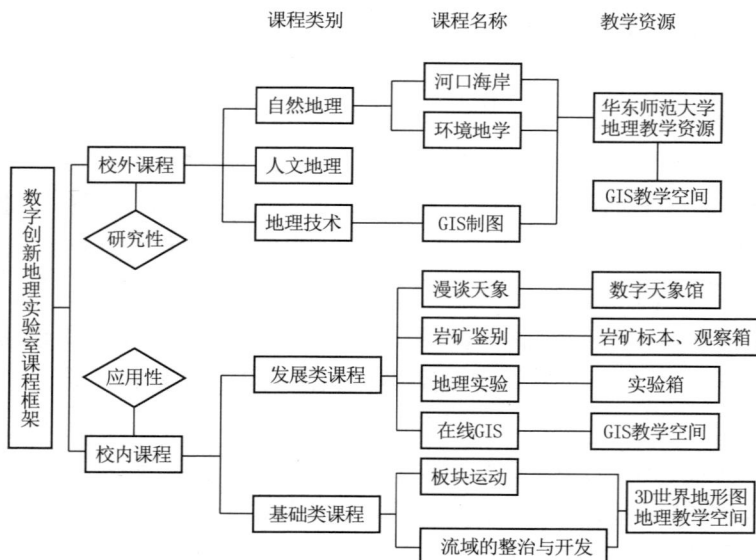

图3　数字地理创新实验室课程框架

天象馆中的"漫谈天象"、利用岩矿标本观察箱的"岩矿鉴别"、地理实验箱的"地理实验"以及 GIS 教学空间的"在线 GIS"等。校外课程则依托华东师范大学的教学资源进行开发,涵盖自然地理中的河口海岸、环境地学以及地理技术中的 GIS 制图等。

1. 课程资源:构建完善的课程体系,整合校内外资源

据参与"环境地学"校外课程的学生反馈,他们在这门课程中对地理知识有了更深刻的理解,巩固了课堂所学内容,拓宽了视野和知识面,激发了对地理和环境科学的兴趣,培养了创新意识。课程具备高立意的特点。他们建议增加实践性课时,如实地考察,并在课题选择和探究方面提供更多专门辅导,在某一领域进行深入探索,以达到高思辨。对于河口海岸相关课程,学生认为高中课堂与大学课堂存在很大差异,应强化师生互动,采用多种教学方式,实现高互动。总的来说,初步尝试搭建校内外课程资源平台能让学生从更多专业方向认识地理学科,从而提高其地理学习兴趣。

2. 实验室资源:依托创新实验室开展师生课题研究

对教师而言,现代创新实验室为实现高立意、高思辨、高互动的教学提供了研究平台。2019 年 4 月,"数字地理创新实验室环境下地理学科核心素养培养与测评的路径研究"课题主持人王莺召集教研组教师(作为课题组成员)开展课题研究。经过两年探索,于 2021 年完成结题并取得大量相关研究成果。

本课题的主要内容包括以下几个方面:

(1)在数字地理创新实验室环境下,开发地理拓展型课程。这些课程涵盖了本校教师执教的小型发展课和高校教师指导的实验组课程,以形成体系完整、结构新颖、评价充分的课程体系。

(2)挖掘数字地理创新实验室环境下学生创新性研究课题的项目。这些项目包括地理信息技术、环境地学、河口海岸和海洋工程等方向,充分利用高校、本校和上海市青少年科学创新实践工作站等资源,为学生的科技创新活动提供更广阔的平台。

（3）采用多种方式评估学生学科核心素养的习得情况，如研究性论文、课题演示、实验报告、思维导图与概念图以及问卷调查等。并探索符合现代测量理论的检测方式和标准。

表7　地理教研组课题相关成果汇总

成果名称	第一作者	发表刊物	发表时间
数字地理创新实验室环境下高中生地理学科核心素养培养的路径研究	王莺	全国中文核心期刊《地理教学》	2020年10月
新课标视域下基于地理实践力素养培育的高中生野外实践活动设计探究——以"弋阳龟峰地质考察活动"为例	王莺	全国中文核心期刊《地理教学》	2021年4月
"流域整治与开发"案例教学设计	陈敏	全国中文核心期刊《地理教学》	2021年6月
基于地理实践活动的月相探究教学	刘峰	《中学地理教学参考》	2021年10月

通过参与实验室的创新性课题研究，学生的学习兴趣得以激发、学科潜能得到挖掘、科学品质得以逐步培养以及核心素养得到不断夯实。以7位参加地理信息系统（GIS）实验组课程的高二年级学生为例，以下是他们在课题研究过程中取得的成果。

在课程初期，学生在塔娜老师的指导下逐步熟悉GIS的研究内容，主要包括三个方面：

（1）叠加分析：通过不同图层叠加发现地理事物之间的内在联系，如上海市产业分布与地价分布的关系。

（2）密度研究：通过GIS的相关工具测算一些指标来解释地理现象，如影响上海市商圈分布的区位条件。

（3）流度研究：通过流动数据发现地理事物的时空分布规律，如影响人口迁移的因素等。

在掌握了GIS的研究内容和方法后，学生结合生活引发思考，确定研究方向并完成开题报告。随后,他们以小组为单位利用课余时间采集数据、调研生活、分析问题和研究方案。最后,学生们完成了 5 篇高质量的课题研究小论文,并且在学期结束前顺利通过了指导教师组织的结题论文答辩。这些论文分别是:《基于 GIS 的上海市区共享停车位可行性研究》《基于交通与噪声的上海地区用地规划》《基于 ARCGIS 软件的上海市医疗设施可达性研究》《基于 ARCGIS 的上海市居民区写字楼停车场调节研究》和《基于 ARCGIS 的上海市零售商业网点布局探索》。

3. 技术资源:运用地理信息技术进行实践活动

课标对地理信息技术作为地理科学核心技术在地理学科中的应用提出了更加明确和深入的要求。在必修一、必修二、选修三和选修八教材中,都安排了地理信息技术相关内容,涉及其在解决自然地理、人文地理、区域地理等领域问题的适用性。要求学生掌握地理信息技术的概念、功能和主要应用领域,并能简单操作以发现和解决实际生活中的地理问题。

在教材中,地理信息技术不再是一个单独的章节,而是以导言形式贯穿于高中地理学习过程,起到奠基和统领作用。由此可见,在"双新"视野下,地理信息技术的重要性愈发突出。数字地理创新实验室的 GIS 教学空间配备了若干计算机、大型数字电子白板和 GIS 专业软件,能满足学生在 GIS 方面的学习需求,并让教师结合教材开展实践活动。

如在自然地理方面,从必修一教材第四单元"陆地环境"的地质灾害部分出发,学生可以通过地理信息技术制作地震分布图,直观地了解和分析地震分布规律,进而深入学习板块运动知识。在人文地理方面,以必修二教材第二单元"城市与乡村"为例,通过设计"城乡景观与土地利用调查"实践活动,引导学生登录国家基础地理信息中心官网进行数据查询和分析,了解某一地区的土地利用情况,进一步认识城乡空间合理规划并掌握地理调查和分析的基本方法。

表 8　自然地理实践活动示例

实践活动:制作地震分布图
第一步:查找数据 百度搜索"国家地震科学数据"网站,点击打开第一个网页。点击搜索框下的"中国台网正式目录",选择日期、范围、震级下载数据。 第二步:创建空白地图 打开电脑上 Arcmap,选择"模版"中"world",创建地图。 第三步:数据可视化 在"文件"中,选择"添加数据"中"添加 XY 数据",选择地震数据表格,X 轴——经度、Y 轴——纬度,Z 轴——深度,坐标系选择 WGS1984,点击"确定"。 第四步:设置数据属性 在"图层"中,选择"图层属性",设置字段、色带颜色、分类形式等。注意:图层颜色与底图颜色的搭配。 第五步:导出和保存

表 9　人文地理实践活动示例

实践活动:城乡景观与土地利用调查
说明: 1. 选一条线路,可以乘坐汽车或骑自行车,进行沿途观察,并记录建筑景观和土地利用类型的变化。 2. 在调查线路的沿途选择若干地点停留,就土地利用、建筑风格进行访谈、拍照,把调查结果记录在卡片上。 3. 利用地理信息系统提供的城市地图,登录国家基础地理信息中心官网,找到"全球地表覆盖"(Globeland30)系统平台,绘制调查线路与调查地点图,并在图上标注各区段的主要土地利用类型。 4. 选择某一地标建筑或传统民居,描述其建筑特色,尝试分析其可能存在的地域文化观念。 5. 根据遥感影像,描述城市用地类型变化的特点。

记录卡片 1(调查线路)　　　　编号:				
区段	建筑密度	建筑高度	土地利用类型	附近主要设施
从___至				
从___至				
从___至				

续　表

注:(1)建筑密度,建筑物底座面积的占地比重。(2)建筑高度,低层(1~3层)为主;中低层(4~6层)为主;中高层(7~20层)为主;高层(20层以上)为主。一层楼高度约3米。(3)土地利用类型分为商业用地、居住用地、工业用地、农业用地。(4)主要设施分为商业设施、交通设施、园林绿化设施、医疗教育设施等。

记录卡片2(调查地点)　　　编号:		
调查地点	周边地块的土地利用类型	附近地标建筑或传统民居(拍照与描述)

五、"双新"视野下"三高"教学的评价系统

在"双新"视野下,高中地理的"三高"教学持续实施。如今,教师越来越注重培养学生的学科核心素养,因此对高中地理教学评价逐渐转向多元化和过程评价。地理教研组在利用数字地理创新实验室的基础上,结合大单元设计、自然地理野外实践、人文地理项目调查等方面,设计了一系列评价量表,为教学实践提供了重要参考。

1. 单元性评价——以必修一教材"陆地环境"评价量表为例

在必修一教材第四单元"陆地环境"的大单元设计中,评价分为两个部分:单元性评价和综合性评价。综合性评价通过传统的纸笔测试完成;而单元性评价则主要利用单元学习评价量表,关注学生在单元学习过程中的表现和知识掌握情况,有助于教师及时调整教学实施。

表 10　单元学习评价量表

等级水平		等级 1(1~2 分)	等级 2(3~5 分)	等级 3(6~8 分)	等级 4(9~10 分)	评分
基础知识	主要地貌单元	在简单、熟悉的情境中,能够辨识地貌	能够归纳地貌的空间分布特征,自主辨识给定区域的地貌特征	对于给定的复杂地理事象,能够说明地貌对人类活动的影响,分析人类活动对地貌影响的强度与方式	能够从自然环境各要素的物质运动和能量交换的角度,分析地貌的运动与变化规律	
	土壤与植被	在简单、熟悉的情境中,能够辨识土壤、植被	能够归纳土壤、植被的空间分布特征,自主辨识给定区域的土壤与植被特征	对于给定的简单地理事象,能够简单分析土壤、植被之间的关系,归纳土壤、植被的空间分布特征	能够独立、熟练地运用地理信息技术分析土壤、植被等相关自然地理事象	
	常见的地质灾害	能够运用资料分辨地震、滑坡、泥石流等常见地质灾害	能够说明地震、滑坡、泥石流等常见地质灾害的成因	了解地质灾害的避灾、防灾措施	通过地理信息技术,探究地质灾害等陆地环境问题	
综合思维		能够简单分析地貌、土壤、植被等自然地理要素中少数几个要素的相互作用	能够简单分析地貌、土壤、植被等自然地理要素中多个要素之间的关系,并解释陆地环境的时空变化过程	能够说明地貌的变化规律,分析不同区域发展中出现问题的原因,并对解决问题的对策作出解释	从自然环境各要素的物质运动和能量交换的角度,分析地貌的运动与变化规律,以及与其他各要素之间的相互影响	
区域认证		能够辨识日常生活区域的陆地环境要素特征	能够归纳某些陆地环境要素的空间分布特征,自主辨识给定区域的陆地环境特征	能够从空间格局的角度,解释陆地环境的整体性与差异性。能够筛选恰当资料,对环境保护决策是否合理进行论证	能够运用空间分析方法,解释陆地环境的整体性与差异性,并能够分析特定区域的陆地环境特征与演变过程,评价其问题,提出科学决策的依据	

等级水平	等级1(1~2分)	等级2(3~5分)	等级3(6~8分)	等级4(9~10分)	评分
地理实践力	能够借助他人的帮助使用遥感影像等地理信息技术手段和其他地理工具进行初步观察,并设计简单的实验、开展社会调查,并表现出合作的意识	与他人合作,能够使用遥感图像等地理信息技术和其他地理工具进行深入观察,并设计实验、实施社会调查,做出简要解释。表现出独立思考的意识、求真求实的科学态度,以及灵活运用知识的能力	能够与他人合作,设计和实施较复杂的地理模拟实验和考察方案,并独立、熟练地运用地理信息技术分析相关自然地理事象。能够在地理实践中主动发现问题、探索问题,保持求真、求实的科学态度	能够独立设计科学的地理模拟实验和考察方案,利用地理信息技术及相关工具、材料,分析与处理相关数据与信息,对地理事象进行科学解释与评价。能够在地理实践中表现出较强的行动能力	
人地协调观	能够简单分析人类活动与陆地环境的相互影响	对于给定的简单地理事象,能够辨识人类活动与陆地环境相互作用的主要方式和结果,以及出现的人地关系问题,说明人地协调发展和走可持续发展之路的重要性	对于给定的复杂地理事象,能够说明陆地环境对人类活动的影响,分析人类活动对陆地环境影响的强度与方式,具备尊重自然规律、科学适应和利用自然的意识	结合现实中的陆地环境问题,能够从人地关系系统的角度,分析陆地环境对人类活动的影响和作用,归纳人类活动遵循自然规律、与自然和谐相处的必要性和路径	

2. 过程性评价——以自然地理野外实践考察为例

在地理实践项目的调查过程中,目标是培养学生掌握自然地理野外观察和人文地理项目研究的基本方法。因此,除了调查报告的撰写之外,对项目过程的评价也至关重要。为此,我们应建立一个多元且完善的评价框架,从自评、他评、师评等不同视角进行分析,并结合成果报告进行综合评价。

表 11　野外实践评价量表

评价角度	水平层级	分值	师评	互评	评分
获取和处理信息	水平 1:在教师或同学的指导帮助下,获取和处理有关地貌、土壤、植被和地质灾害的简单信息,较难判断信息价值	1			
	水平 2:与他人合作,获取和处理有关地貌、土壤、植被和地质灾害的信息,对信息进行简单的分析处理	2			
	水平 3:自主获取和处理有关地貌、土壤、植被和地质灾害的较复杂信息,判断信息价值,较恰当地应用信息	3			
	水平 4:独立、自主地获取和处理复杂信息,较快判断信息价值,并灵活运用	4			
使用工具和实践操作	水平 1:在教师或同学的指导帮助下使用工具,不清楚实践流程与步骤	1			
	水平 2:自主使用较简单工具,对实践流程基本清楚并能完成	2			
	水平 3:熟悉工具用途并能灵活规范操作使用,清楚实践流程与步骤,并能有序进行	3			
	水平 4:根据需要灵活改进设计工具,操作规范,能分析实践流程与步骤的缺陷	4			
解决问题与反馈信息	水平 1:在教师或同学指导帮助下,参与问题解决;结论观点部分错误,缺乏条理,反思总结不到位	1			
	水平 2:与人合作积极解决问题,对问题有自己的看法;结论观点基本正确,有条理,能较好进行反思总结	2			
	水平 3:自主解决问题,对问题有独到见解;结论观点准确,有新意,条理清晰,能进行深刻总结	3			

评价角度	水平层级	分值	师评	互评	评分
解决问题与反馈信息	水平4：独立自主发现、探索、解决问题，对问题有创新性的独到见解；结论观点准确，条理逻辑清晰，能进行深刻总结并发现不足，对其提出改进意见	4			
实践态度与创新能力	水平1：对活动欠缺兴趣，采取应付、随意的态度，面对困难无从下手	1			
	水平2：对活动有兴趣，按照要求完成任务，能够正确面对困难；对待问题有自己的想法	2			
	水平3：对活动有兴趣，积极主动发现、探索，有克服困难的勇气和想法；能够提出有新意的想法	3			
	水平4：对活动有浓厚的兴趣，积极主动发现、探索，能够独立面对困难并提出解决措施；有创新的意识与态度，并能提出有创造性的办法	4			
总评					

3. 有效性评价——以实验室天文台对比测试为例

随着新课程改革的深入发展，培养高中生的地理学科核心素养已成为高中地理教学的重要任务。具备地理实践力的学生能够运用合适的地理工具完成既定实践活动，对地理探究充满兴趣和激情，并用地理视角认识和欣赏地理环境。相较于传统教学方法，数字地理创新实验室为学生提供了更多动手实验和模拟观测的实践平台，有助于培养学生的地理学科核心素养。

基于此，我们利用数字地理创新实验室设计并开展天文实践活动，调查实践活动对学生地理学科核心素养培养的有效性。通过组织学生使用实验室天象仪进行模拟观测，在活动前后分别进行天文知识问卷测试，以评估学生的知识进步。

　　天文知识问卷以四大地理学科核心素养体系(人地协调观、综合思维、区域认知和地理实践力)为标准,采用作图题和选择题形式,基本符合调查对象的认知水平特点。共有 10 道测试题,其中 4 道为作图题(更直接地评估学生的地理实践力)。这样的设计使调查结果更贴近实际情况,以便获取更丰富、真实的信息。

　　本次调查对象为高一学生,共发放 74 份问卷,均回收。前测和后测各 37 份,分别针对同一批学生对象。

表 12　问卷数据对比

测试内容	前　　测			后　　测		
辨认方向	总人数	答对人数	答对比例	总人数	答对人数	答对比例
第 1 题	37	11	29.7%	37	27	73.0%
第 2 题	37	9	24.3%	37	22	59.5%
夜观星空	总人数	答对人数	答对比例	总人数	答对人数	答对比例
第 1 题	37	8	21.6%	37	33	89.2%
第 2 题	37	19	51.4%	37	35	94.6%
第 3 题	37	21	56.8%	37	23	62.2%
日食月食	总人数	答对人数	答对比例	总人数	答对人数	答对比例
第 1 题	37	6	16.2%	37	33	89.2%
第 2 题	37	27	73.0%	37	28	75.7%
第 3 题	37	35	94.6%	37	36	97.3%
第 4 题	37	32	86.5%	37	34	91.9%
第 5 题	37	21	56.8%	37	32	86.5%

　　在进行天文实践活动之前,学生在辨认方向这一部分的答对率较低,不足 30%。许多学生无法在图中准确画出面对太阳时的左右手方位以及 14:00 太阳在天空的位置。这表明学生缺乏关注此类现象的经验及相关地理实践力和空间思维能力。而在利用天

象仪进行模拟观测后,这些问题的答对率显著提高。数字天象仪实现了地理场景的动态化,通过球幕增强学生的空间体验感,并真实模拟太阳的升落过程。这为解决复杂抽象问题提供了有效的教学方法,同时培养了学生的地理学科核心素养。

在夜观星空板块的测试题目中,学生的答对比例仍然不高。许多学生没有在宇宙中寻找北极星和其他恒星的观测经验,这在地理学习中是一个常见问题,即缺乏实践参与。传统的地理课堂教学受设备和场地限制,形式单一且实践活动不足。在新课程背景下,教学改革不断推进,缺乏地理实践活动不利于提高地理教学效果。而天文知识学习主要依赖观测现象得出相关规律,更加注重实践活动教学。

数字地理创新实验室的建设为实践提供了平台。天象仪的球幕将整个宇宙"搬"到了学生眼前,模拟星空观测使学生足不出户便可尽览四季星空,在中学地理教学中发挥着重要作用。后测问卷调查结果反映了此类实践活动对学生地理学科核心素养培养的有效性。学生能够正确找到观测北极星的方位并判断天体的运动状态,通过作图画出天体位置,具备了较好的区域认知能力、综合思维和地理实践力。关于日食和月食的现象,学生们在这方面的答题表现整体较好,原因是他们在初中已经学过相关理论知识。然而,仍有部分学生在第1题关于上海观测到的日食类型以及第5题关于方位判断的问题上出现错误。天文实践活动中的模拟日食设计,能帮助学生更好地观察这一现象,了解其变化规律,从而提高学生的综合思维能力。

（王　莺　刘　峰）

普通高中"双新"视野下体育与健康学科"三高"教学纲要导引

教育部发布了《普通高中体育与健康课程标准(2017 年版 2020 年修订)》(以下简称"课标"),为普通高中新课程实施提供了明确的方向指引。自 2019 年秋季开始,上海各高中全面使用新教材。上海中学体育教研组紧紧围绕"双新",把握体育与健康教学的"三高"要点:高立意、高思辨、高互动。在此基础上,根据体育与健康学科的本质——培养体育人,对接上海市高中体育专项化实施,并参照《上海市上海中学体育与健康学科教学纲要》,从教学内涵、教学内容、教学特色、资源开发和评价设计五个方面梳理出适合上海中学体育与健康校本课程的教学要求。同时,在大单元设计、结构化教学、情境化创设、多元化评价等方面进行了积极的课堂教学实践。

一、"双新"视野下的"三高"教学内涵解读

1. 体育与健康学科"三高"教学对象

上海中学招收了一批具有优秀学业成绩、远大志趣目标、较快领悟能力、强烈探究欲以及突出自主学习能力的学生群体。针对这样的学生,教研组紧扣"双新",贯彻"三高"教学要求,开展以培养学生核心素养为导向的专项化教学。

2. 体育与健康学科"三高"教学背景

（1）新时代体育与健康课程发展的背景

习近平总书记强调，体育是提高人民健康水平的重要途径，也是满足人民群众对美好生活向往、促进人的全面发展的重要手段。树立健康第一的教育理念，深化体教融合、加强学校体育，并促进青少年健康成长和全面发展，对于健康中国、体育强国建设，乃至实现中华民族伟大复兴的中国梦具有重要意义。

为了贯彻落实国家和上海关于新时代推进普通高中育人方式改革以及"双新"的相关文件精神，体育与健康学科根据"双新"示范校建设工作的要求启动"双新"的实践探索。体育与健康学科依据课标"普通高中的培养目标是进一步提升学生综合素质，着力发展核心素养，使学生具有理想信念和社会责任感，具备自主发展能力和沟通合作能力"要求，学习课标，用好教材，并融合专项化教学的有效实施，以促使学生逐步形成正确的价值观、必备品格与关键能力。

（2）大体育观课程体系下"一五结构"的发展背景

体育与健康学科在遵循"双新"要求的基础上，结合学校的特色，深化大体育观（体育与教育、智育、生活的结合）引领下的"一五结构（即初步形成个人体育兴趣特长与身体素质、心理素质、运动技能、保健知识、卫生习惯的协调发展）"，详见图1。立足于课标要求，关注深入的教研活动，创设高效的体育教研文化，以深化体育课程与教学改革。

（3）"三高"教学模式与体育与健康课程发展的基本要求

作为上海市课程改革实验校和"双新"示范校，上海中学在20年的创新素养培育实践研究基础上，在"双新"背景下提出的"三高"教学模式，是有效落实体育与健康课程立德树人根本任务，促进学生核心素养培育，推进体育与健康课程发展和提升体育课堂教学品质的重要载体。

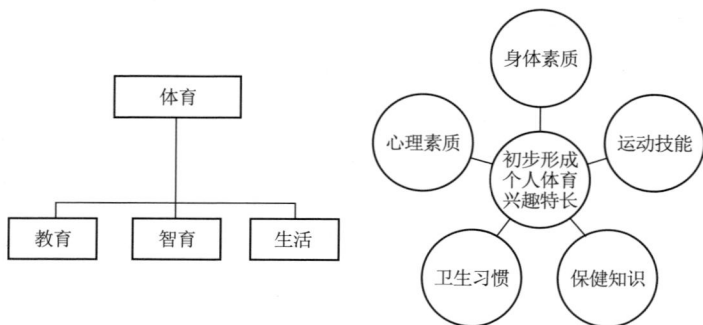

图1　大体育观下的"一五结构"

　　基于"双新"要求,结合"三高"教学模式开展"双新"背景下的体育教学有助于资优生群体培养目标的达成。为了帮助学生掌握健康教育知识和专项运动技能、提高体能、养成终身体育锻炼意识和形成健康文明生活习惯,教育工作者需要尊重学生的运动兴趣爱好。通过引导,使学生在运动中体验成功感,增强自信心和自尊心。同时,在掌握运动特长基础上,培养学生的良好体育品德,提高学生跨学科主题学习能力和深度思维学习能力;在不断的实践探索中,丰富和完善体育与健康校本课程的发展。

3. 体育与健康学科"三高"教学内涵

　　体育与健康学科以高立意、高思辨、高互动的课堂为基础,将高立意作为导向,高思辨作为纽带,高互动作为手段。教师精心设计单元教学,落实课堂学习活动,努力达成素养目标。从培养体育学科核心素养的角度,探索适合学生发展的教学内容和推动学生自主发展的教学方式,构建高立意的体育与健康课堂。此外,我们致力于激发学生对体育锻炼和健康知识的内在需求,将他们已有的技能和认知能力与学科知识有效关联,并在多元化、多方位、多维度的互动环境中探索具有高度思考和互动性的体育与健康课堂(见图2)。通过学校开设的专项运动课程,学生可自主选择学习 2～3 项运动技能,培养兴趣爱好与专长,并养成锻炼习惯。同时,将健康教育与德育相结合,旨在全面提高学生的核心素养。

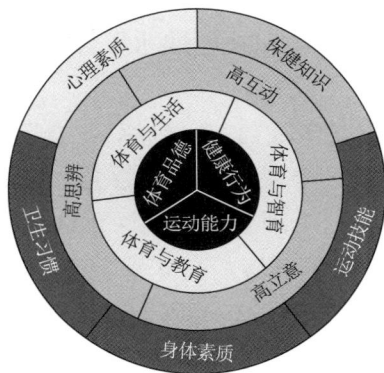

图 2   "三高"教学内涵诠释

(1)"三高"课堂目标:将德育融入体育与健康学科

体育与健康课程是贯彻落实立德树人与健康第一的指导思想的重要载体,旨在全方位促进学生的健康成长。高立意、高思辨、高互动的教学模式意在更好地实现学生的体育课程学习目标。因此,在传授运动知识技能的过程中,体育教师需要在专项运动训练中挖掘德育元素,把握好课堂教学的德育契机。通过运动训练、展示和比赛等方式,将体育品德融入课堂教学的每个环节,彰显体育学科的育人价值。

(2)"三高"课堂提升体育与健康教学内涵

高立意、高思辨、高互动的教学模式在国家体育与健康课程与学校课程之间发挥着桥梁作用,主要表现在以下三个方面:首先,"三高"课堂强调体育对人的教育价值以及课程核心素养的落实。通过身体锻炼培养学生良好的习惯和兴趣,理解体育学习的核心价值观。其次,"三高"课堂追求教学的动态平衡。针对学生运动能力存在的差异,体育教师需要在教学过程中关注学生的需求变化,并采用大单元教学设计,合理安排和调整教学内容与方式以取得良好效果。最后,"三高"课堂旨在培养学生的实践应用能力和创新意识,强调知识技能教学应以运用为主。在持续的实践中,不断提高学生灵活运用知识和技能的水平,培养他们的思维能力和创新意识。

(3)"三高"课堂是实践"教会、勤练、常赛"教学理念的升华

课标明确提出了一个课程理念:"教会、勤练、常赛",旨在引导学生养成运动习惯。这个理念不仅是深化体育教学改革的教学思想,还是一项重要的教学举措。高立意、高思辨、高互动的教学模式则是对"教会、勤练、常赛"这一新理念的最好诠释。

"教会"的过程实际上是一个学以致用的过程,需要遵循层级递进、螺旋上升的原则,并确保教与学符合逻辑规律。而"勤练"部分则要求确保高中学生参与有效的体育活动和体能练习中,让他们形成高思辨的锻炼习惯与学习情境。此外,"常赛"的理念强调每个人都要参与比赛、每堂课都要有比赛以及各种层次的比赛,从而实现师生互动和生生互动,使高度互动的体育比赛成为课内外联动练习的常态。

二、"双新"视野下的"三高"教学内容统整

根据课标要求,高中体育与健康课程为必修课程,应满足学生全面发展的需求。上海中学在遵循国家规定的基础上,结合"三高"原则,将体育与健康课程划分为基础型课程和发展型课程两大类。基础型课程包括必修必学、必修选学和限修选学三个部分;发展型课程则包含拓展型课程、研究型课程和体育实践类课程三个部分(见图3)。

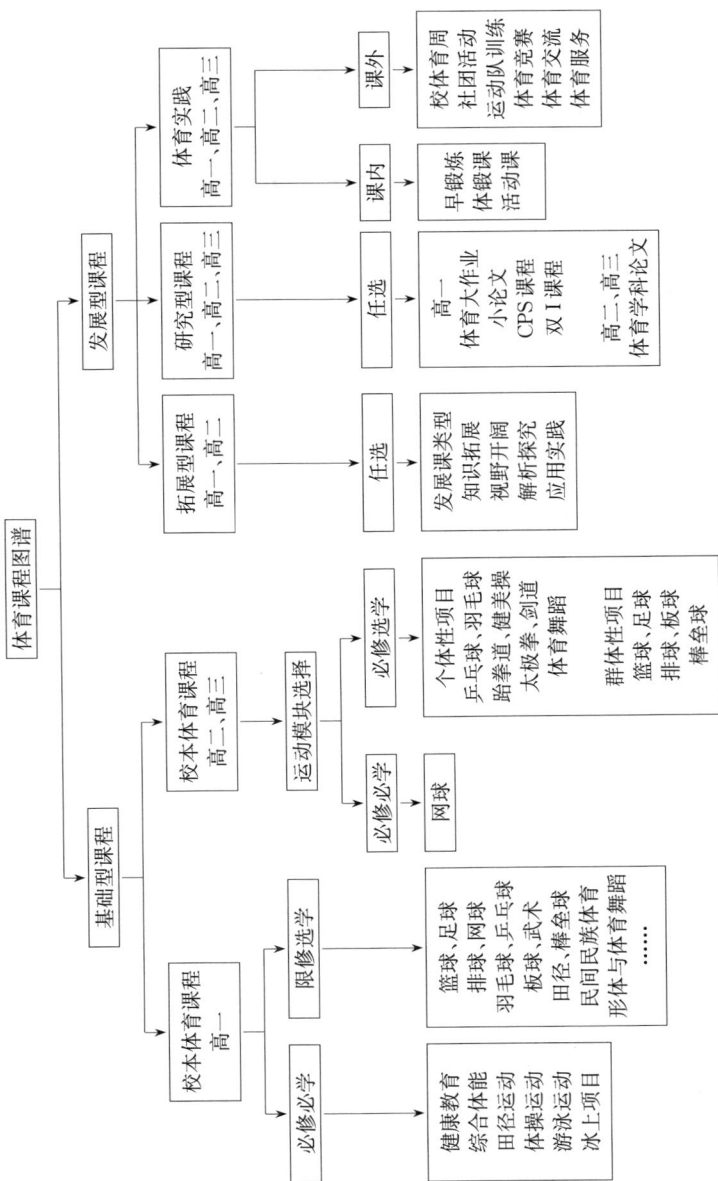

图 3　上海中学体育课程图谱

1. 突出"专项兴趣"选择,深化体育与健康课程内容的基础性和选择性

课标要求课程方案中的课程内容应体现四个维度:保证基础、强调选择、关注融合和重在运用。因此,上海中学以国家课程要求的体能和健康教育为必修必学课程内容,在此基础上增加了田径运动、体操运动、游泳运动、网球运动和冰上运动作为校本体育与健康课程的必修必学内容。其中,田径、体操、游泳和冰上运动为高一年级必修必学内容,并设定了各个项目模块的单元教学内容(见表1)。

表 1   上海中学体育与健康课程必修必学教学内容

必修必学	教学内容	适用年级
田径运动	田径发展简史及赛事欣赏,田径运动文化赏析,50米、1000米(800米),挺身式跳远、背越式跳高,铅球、实心球	高一
体操运动	体操基础知识及赛事鉴赏,体操礼仪与文化赏析,垫上组合动作,双杠组合动作,支撑跳跃,单杠组合动作	高一
游泳运动	游泳赛事赏析,游泳规则介绍,自由泳技战术及其运用,蛙泳技战术及其运用,水上救护	高一、高二
网球运动	网球运动礼仪与文化赏析,网球基础知识,网球基本技战术及其运用,网球比赛	高二、高三
冰上运动	冰雪运动起源与发展,冰上运动项目分类与赛事文化,冰上安全知识教育,护具装备穿戴方法,冰上前滑行技术及其运用,冰上后滑行技术及其运用,冰上滑行组合动作	高一

游泳、网球和冰上运动三个项目作为每位上海中学生"人人学会"的课程内容,设定了具体的运动技能达标标准,体现了上海中学体育与健康课程的校本特色。

为满足学生在体育与健康学习方面的不同需求,激发参与运

动的兴趣和内驱力,促进个性运动特长发展,并养成终身体育锻炼习惯。学校不断深化体育与健康课程内容建构,根据课标中所列举的六个运动技能系列项目,将高二、高三年级必修选学课程内容分为个体性项目和群体性项目两类,包括乒乓球、羽毛球、健美操、体育舞蹈、太极拳、篮球、足球、排球、剑道、跆拳道、板球和棒垒球等12个运动项目。各运动项目之间呈现横向关联的平行关系,即相互联系、相互促进;单个运动项目模块之间呈现纵向衔接的递进关系,即下一个模块是上一个模块的发展和延续,关系呈现递进、螺旋上升、逐渐拓展的特点。

　　教学内容作为体育课程教学的基础和学生核心素养形成的主要载体,具有特殊使命。但这并不意味着仅依靠学习内容就能生成素养,恰恰需要结构化的教学内容来促进学生了解学科整体全貌,建立系统化的学科思维。以足球运动项目为例(见表2),教学内容通常包括以下几个方面:A.单个动作技术;B.组合动作技术;C.个人战术与局部战术;D.展示、对抗与比赛等。教师需要根据学生的动作技能发展水平,设计适当的内容组合模式,协助学生通过有组织、结构化的系统学习,深刻理解和全面把握教学内容的内在发展性及关联性,从离散的知识点进入体系化的知识网络。

表2　构建足球运动模块教学内容

动作技能掌握水平	内容组合	要　　　求
体验感知阶段	A+B	侧重于对足球运动的认知和体验,以单个技术动作为基础,拓展组合技术动作练习方式
提高认知阶段	A+B+D	侧重于单个动作间的有效衔接,以组合技术动作为基础,设计对抗或比赛
巩固内化阶段	B+C+D	侧重于组合技术练习中战术意识和能力的培养,以个人与局部战术为基础设计对抗或比赛
运用实践阶段	C+D 或 D	侧重于通过完整比赛或高级情境培养学生技、战术综合应用素养

2. 突出"综合能力"的提升,彰显体育与健康课程内容的实践性和育人性

在上海中学"三高"教学与大体育课程的整体框架下,我们将活动课、体育社团、运动队、体育竞赛有机地融入专项化教学中,完善专项教学环节,提升专项教学质量。共提供了知识拓展、视野开阔、解析探究和应用实践这四类发展型课程(49门),如飞镖、高尔夫、冰壶、橄榄球、奥运文化赏析等。这使得学生在充分体验体育运动的乐趣和感受体育文化熏陶的同时,促进其体育特长爱好的培养,并为学生未来生活中注入体育特长元素提供了有效的支撑与保障。

课标对体育课程的性质描述是,体育与健康课程是一种基于生命、指向生命并提升生命质量的学科。我们利用上海中学的校园数字平台,将研究性课程作为拓展体育与健康课程综合发展的另一个教学维度。体育学科小作业和项目研究等课程注重培养学生自主学习、合作学习和探究学习的能力,教师需要引导学生运用结构化的知识和技能解决体育实践中的问题。双I(自我认识与人际交往)课程要引导、鼓励并帮助学生解决体育活动中遇到的心理困难,如紧张焦躁等,促进学生认知自我、完善自我和超越自我,使体育成为自我发展的能力提升载体以及探究生命之源的良好途径,彰显体育与生命健康教育相结合。

在上海中学体育实践课程的构建上,将体育融入学生的校园生活,是学校体育成为学生生存与发展的重要方式。体育不仅仅是在强健体质这个层面,还在塑造学生品格方面发挥着至关重要的作用。它既是完善人格的好手段,也能帮助学生养成良好的作息习惯,还可以提高他们的时间管理能力。为了达到这一目标,学校开设了各种校内外体育实践课程,如早锻炼、校体育周、三大球联赛、年级小型竞赛、社团活动和运动队训练等。教师应在这些课程中培养学生勇往直前的勇气、毫不退缩的精神、坚持不懈的毅力、团队合作意识以及应对挫折和压力的心理素质和意志品质。

参与体育活动能够让学生塑造健全的人格。体育活动是提升学校体育与健康课程教育质量与品质的重要途径,彰显体育独具的育人价值。

三、"双新"视野下的"三高"教学特色创建

课标明确指出:课堂教学是教师与学生进行认知活动和情感交流的过程,也是实现课程目标的核心环节。为了符合课标要求,教师应以培养学科核心素养为基本追求,有效地实施体育与健康课堂教学。课标中的 11 条操作性建议明确了"双新"课堂教学的方向。体育与健康学科在"双新"视野下对教学进行了思考和实践,重点关注素养导向下的学历案教学、问题情境下的单元结构化教学和跨学科融合的信息化教学。努力创造出适应上海中学学生发展需求的高立意、高思辨、高互动的教学特色。

1. 聚焦素养导向的"三高"教学

在体育课堂教学中,教师应将教学重心从"教"转向以学生的"学"为中心的学习体验,让体育课堂更好地融入学生的自主学习行为,挖掘学生的动力与潜能,使他们更好地参与学习活动。这是高立意教学的内涵要求。高立意在学历案教学设计中体现为关注学生视角,使学习活动更有效、顺利和有价值地发生在学生新旧知识和运动经验与能力之间。通过提出学生高度关注的任务和问题,激发他们积极参与课堂活动。在长期的学习过程中,鼓励学生自主或结成小组进行思考、探究与反思,逐渐培养良好的体育思维习惯和独立解决问题的能力,从而有效地推进课堂中的高思辨教学。通过教学活动中师生之间的互动以及同学之间的交流,运用语言表述、动作展示、观察指导等多种方式进行思维"对话",使高互动贯穿课堂教学的全过程。

案例 1:网球"正手移动击球 6-3"教学案例

本案例以高中学生学习活动中内在思维与外显体育行为之间的逻辑关系作为设计出发点。教师让学生分小组进行"练一练""想一想""试一试"和"测一测",以及最后的交流分享活动任务。整个过程包括了七个环节:"自主结伴,明确任务""自主参与,布置教具""自主发现,找到重点""自主体验,分析难点""自主探究,解决任务""自主评价,互帮互助"和"自主反思,成长收获"。在学历案中,教师通过设定逐步加深的任务层级,使学生在体育课堂教学中真实、自然地进行深度学习和思考。

为了聚焦素养导向下的学历案教学活动,将学科核心素养融入体育教学全过程,体育教师需要关注和挖掘学生内在思维和外显行为特征,理解学生的体育学习需求和行为。这为拓宽体育教师视野与提升专业素养发展提出了新的要求。

2. 关注问题情境的"三高"教学

单元教学作为连接体育与健康课程与课堂教学的桥梁,是完成课堂教学实施的重要载体。其以单元学习目标为导向并制定教学策略,着力解决重难点问题,同时落实高中体育与健康课程的核心素养。在实施"三高"教学时,应根据学生的学习需求、内容特点、情境特点和活动需求等因素,构建专项运动项目整体、全面、系统的单元教学设计。教学实践应展现纵向衔接清晰、横向连接贯通的结构化教学方式,形成新旧知识技能之间、新知识技能各构成部分之间、新知识技能与学生经验、生活之间相互联系的闭环结构。这有助于帮助学生更好地理解和掌握体育课程知识技能,培育并提升其体育核心素养。

案例 2:自由泳"完整划臂技术及其运用 5-3"教学活动案例

在本案例中,教师将原有的单一自由泳空中移臂动作教学改为联合动作的组合运用。通过设定学习环节并提出相关问题,驱动学习目标,并通过教学实施策略,将学习内容与解决问题相衔接,体现教学内容的结构化(见表3)。同时,把上节课中的自由泳抱水、推水以及上一个蛙泳单元中的自救与反蛙泳拖带技术与本节课的空中划臂技术结合起来形成联合动作。这样的教学设计旨在将所学技能运用到生活场景中,展现问题化、情境化和结构化教学设计,从而实现基本技术与实践应用相结合,提升学生的实践运用能力,体现蕴含核心素养的育人价值。

表3　"自由泳:完整划臂技术及其运用"单元学习活动

学习环节	提出问题	目标指向	学习内容	教与学策略
体验感知	仔细观看学生的课后作业与教师的完整示范并做对比分析,注意观察在移臂时有什么不同	发现问题学习重点	手肘碰板扶板伸手	观看学生视频,师生慢动作视频比较分析
提高认知	解决了抬肘提肩、送肩伸手的问题后,为什么有些同学在完整练习时连贯不起来	学习难点	抱腿连贯划臂	问题化学习,分析划臂中"卡肩"的原因
巩固内化	如何能让我们的划臂动作更连贯	解决问题改进动作	扶板单臂划手抱腿连贯划臂夹板连贯划臂完整配合游进	分层合作训练,利用数码摄像机辅助训练,相互观察评价
运用实践	如何提高我们在比赛中的游进速度	运用实践体验比赛	不同距离完整配合游	小组循环比赛
模拟水上救护	如何利用我们已学的游泳技术实施水上救护	跨单元与跨课时内容相联,融入结构化知识	原地踩水、反蛙泳拖带、完整划臂技术的运用	生活情境问题下小组合作学习,学会科学合理实施救护
课内外联动练习	如何有效加强自由泳游进速度	学会自我评价与相互评价,养成健康锻炼习惯	小组同伴合作拍摄记录作业	合作探究,观察评价

在"三高"教学模式中,体育教师需要从问题情境出发,逐步建立运动、学习和比赛之间相互关联的情境,并在教学过程中,以运动能力主题单元等为主线,有层次地进行安排。教学结构应由简单到复杂,由单个练习到组合练习。要采用个体、小组和全体相结合的组织形式,让学生进行"单个中学、组合中练、比赛中用"的发展性学习。通过结构化的体育练习情境,引导学生分析和解决身体练习过程中的实际问题,促进学生创新意识、运动能力和合作意识的综合发展。

3. "三高"教学注重跨学科融合

《面向未来:21世纪核心素养教育的全球经验》指出,信息素养是21世纪公民核心素养的重要组成部分。信息素养不仅关系个人能否在信息爆炸的环境中有效获得和使用信息,更决定着国民素质的高低。同时,课标要求体育与健康课程应融合多门课程,充分发挥育人功能,促进学生全面发展。

从数字时代到智能时代,体育课堂教学呈现了丰富的信息源、大知识量、高交互性、即时反馈、关键技术动作慢动作回放和AI技术动作视频分析等数字化教学特征。这为体育教学流程和学习方式带来了根本性的改变与全新要求。"三高"教学模式要求体育教师将数字技术手段深度融合到当今体育教学过程中。为了实现这一目标,体育教师不仅需要运用数字技术解决动作讲解和示范的问题,还要使学生在动作表象与身体练习时的本体感受能形成直接关联与有效改进。同时,使学生自觉将数字技术运用于体育学习之中,从而提高学习效能。

案例3:双杠"外侧坐越两杠挺身下组合动作4-2"的教学活动
活动环节1:

创设情境:结合物理学中的力学知识,创设跨学科情境,并探讨外侧坐举腿时所受力的影响因素。

提出问题:影响外侧坐压杠举腿高度的因素有哪些?

活动实施：以小组为单位，进行外侧坐举腿练习，让学生尝试、探讨并交流。

活动评价（评一评）：体验感知后，你认为如何才能举高腿、让臀部离开杠面？

A.有力的压杠和迅速的摆腿；B.保持直臂支撑，肩部稍微后倾；C.臀部离开杠面，举腿过头顶；D.手臂后撑，上半身后倾。

师生交流：根据力学中的作用力与反作用力原理，外侧坐动作中摆、压、举、撑等动作的协调配合能够帮助提高腿部的举起高度以及臀部离开杠面的程度。

设计意图：基于学生的认知经验，通过将双杠技术与物理学科力学知识相结合，激发学生积极参与学习，实现主题与学生认知结构的有机联系。进一步培养学生运用已有知识结构发现问题与分析问题的能力，并在体验感知后收集反馈，引出练习中需要观察的关键点，找到本课程的学习重点。

活动环节2：

创设情境：利用花球作为目标物，结合视频 AI 技术，分析压杠举腿动作技术。

提出问题：如何提高外侧坐压杠举腿的高度？

角色分工：一名学生负责练习，一名学生负责保护与帮助摆腿，一名学生负责举标志物，一名学生负责拍摄视频。

训练提示：直臂支撑手靠近臀部，背部紧、腰部挺直、腿后伸，压杠收腹举双腿。

设计意图：通过结合视频拍摄、慢动作回放以及视频 AI 技术等数字技术，帮助学生学会多模态数据的分析与应用。这将提高他们的自身动作实时反馈速度和对技术动作结构化理解方面的能力，从而提升训练效果并真正达到培养学生成为数字化学习能力者的目标。

当前，"双新"视野下的体育与健康课程教学急需体育教师在课程实施中更新观念、重新定位角色,并且提升教育数字化转型能力。教师需要将新技术、新知识与学生主体探究能力相融合,面向真实学习过程开展教学评价,深层次整合教材与体育教学过程,真正实现跨学科融合式教学和数字化交互式教学,体现立体、动态、过程的思维创造。

为了站在"三高"教学的前沿,适应新时代背景下学生、学校和社会的发展,我们应当致力于培养学生在复杂情境中利用跨学科主题学习发现问题、分析问题和解决问题的深度思考和实践运用能力。此外,还要培养他们积极进取、超越自我的体育精神。

四、"双新"视野下的"三高"教学资源开发

充足的课程教学资源是实施体育与健康课程的前提。体育教师应当因地制宜地挖掘各类体育课程资源,从而充分发挥自身作为主要体育人力资源的优势。在"双新"视野下,以核心素养为总纲的体育教学实践中,教师需要注重提升"以体育人"的能力并勇于探索。根据新课程理念和上海中学"三高"教学要求,结合自身专业发展,教师应充分开发和利用课内外联动资源、人力资源和线上线下资源,有序推进"双新"视野下的体育与健康课程"三高"教学实施。

1. 课内外联动资源的开发

这是确保每名学生每天在校内外各有一小时锻炼时间,从而落实国家相关教育文件要求的重要措施。因此,课内外体育学习活动的关联设计与评价已成为体育教学改革的焦点。通过总结现有文献资料并结合现状调查情况,我们研制和开发了设计课内外联动练习(作业)属性表及作业评价设计范式。这将形成一个体育课程联动学校、家庭和社会的体系。为了充分利用学校现有的体育场地设施和课内外联动资源,我们需要将课堂教学延伸到课外

的实践和比赛中,培养学生良好的运动习惯,进一步实现课内外联动资源的高效利用,对提升学校特色建设和品牌发展具有重要意义。

2. 人力资源的开发

体育教师在"双新"视野下的"三高"教学中担任非常重要的角色,并对课程教学产生决定性影响。在新时代背景下,上海中学的体育教师需要从教学型教师向研究型教师转变,既要承担体育教学任务,还需要承担教学研究工作。这就要求体育教师加强自我学习能力,提升学科研究素养。随着"双新"示范校建设的推进,体育教师需要不断更新教育教学理念和专业知识,并加强基础性与专项化相结合的培训,在日常体育课堂中实施"三高"教学。体育教师需要经常反思和探究教学现象,并进一步形成课题研究,以提高教学水平。体育教师还需要针对班级中每个学生的实际学情,研究教育方法。只有将体育教学与教育方法相结合,将"三高"教学与教育研究联系起来,才能在过程中相互促进,实现创新发展。最终,"双新"视野下的"三高"体育教学才能真正"落地生根"。

3. 线上线下教学资源的开发

在"双新"视野下的"三高"教学模式推动过程中,学校体育领域的体育与健康课程越来越离不开数字技术的支持。线上教学资源的开发主要应对疫情等突发事件,确保学生在停课期间依然能够学习。空中课堂资源库从学生学习的角度出发,利用数字技术确保专项技术练习即使在居家条件下,也能以专业化、系统化、结构化的方式呈现。同时,研究开发线上与线下混合式教学,强调整体设计、优势组合、课内外融合,这将成为未来教学发展的趋势。将空中课堂线上资源、"健身天天练"课件、学校体育微信公众号和体能实录课等纳入上海中学体育组校本课程库,为后续线上和线下教学提供资源保障。

五、"双新"视野下的"三高"教学评价设计

在"双新"视野下,遵循课标和"三高"教学要求,结合上海中学体育与健康课程在"大体育观"引领下的"一五结构"课程内容,上海中学体育与健康课程设计并开发适应上海中学学生特点、基于学生真实学习过程的学生体育综合评价系统(见图4)。

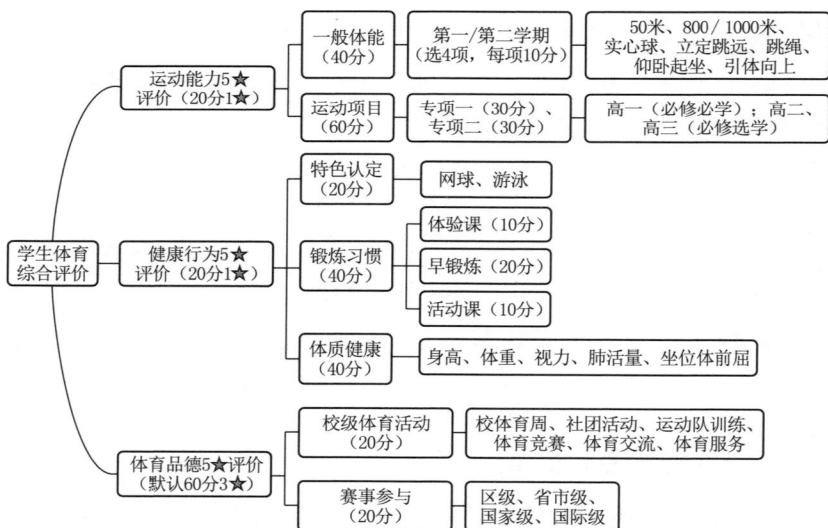

图4　上海中学体育与健康课程学生综合评价系统结构框架

学生体育综合评价是上海中学体育与健康课程培养学科核心素养的重要组成部分,通过体育课程学习和各类课内外体育实践活动,使学生逐步形成正确的价值观、必备品格与关键能力。作为体育教育评价的一部分,学生体育综合评价以课程学习目标为依据,根据纲要制定的评价标准,运用相应的评价技术和方法,通过信息收集、分析整理,对学生的体育学习过程和成果进行评价,旨在改善教师的"教"和学生的"学",从而促进学生全面、健康地

发展。

学生的体育综合评价是基于校本课程有效实施的一套关注学生个性全面发展的评价系统,它是在积极探索实践"三高"教学的过程中产生的。体育教师除了要注意培养学生的体育健康知识和运动技能外,还需要关注学生情感态度与价值观的发展,并了解学生的个体差异以及个性化的价值取向,以此培养学生健全的人格、良好的心理素质和体育品德。

同时,在设计体育评价时,应关注学生对评价过程的全面参与,以及增值评价的设计研究。这样可以使教学评价成为促进学生认知自我、发展自我、管理自我、激励自我、反思成长和完善自我的有效手段。在评价方法上,要将过程性评价与终结性评价、定量评价与定性评价、相对性评价与绝对性评价相结合,并注意学生评价与教师评价的结合。

体育教学评价既是一个教学过程的结束,也是下一个教学过程的开始。它有鉴定与选拔、检查与监控等功能,同时起到了反馈与交流、导向与激励等作用。学生体育综合评价的内涵和外延都随着校本课程目标的变化而得到扩展。在具体操作中,体育教师应关注因人而异的学习评价,并真实客观地反映学生在身体体能、运动能力、情感态度以及合作能力等方面的表现。这样可以激励学生积极参与课内外体育活动,使他们掌握 2～3 项专项运动技能,并培养终身体育的习惯。同时,体育教师应从科学、恰当、具有建设性的评价结果和数据反馈中,不断反思和分析,认清教学过程中的不足之处,建立起对自身教学工作更客观、更全面的认识,以促进其专业素养的不断成长。

六、结语与思考

"双新"视野下的体育与健康"三高"教学模式仍存在可以提高之处,需要体育教研组教师进一步思考和共同研讨,如"如何基于

'双新'理念,立足专项教学,聚焦高立意、高思辨、高互动的教学方法,开展深度教研""如何实现国家课程目标与体育与健康学科核心素养的可操作性、可评价性""如何提升体育课堂教学品质,促进学生体育素养的培育",从而将健身育人的理念真正融入体育与健康教学之中,落实立德树人的根本任务和健康第一的指导思想。

（陆　辉）

普通高中"双新"视野下
音乐学科"三高"教学纲要导引

在积极推进"双新"示范校建设工作的背景下,根据《普通高中艺术课程标准(2017年版2020年修订)》要求,上海中学作为国家级"双新"示范校,音乐教研组在创新素养培育实践研究基础上提出了高立意、高思辨、高互动(以下简称"三高")的教学理念。该理念强调在艺术教学中体现艺术学科核心素养的目标培养,将课标理念与"三高"的核心理念有效融合。我们深入学习和研究高中艺术和音乐的课标及教材,并依据学情和校情开展校本化的实践探索,以期为推进"双新"示范校的建设提供借鉴参考。

一、"双新"视野下"三高"教学的内涵诠释

1. 音乐学科"三高"教学对象分析:上海中学汇聚的优秀学生群体

作为一所拥有百年历史的著名学府,上海中学吸引了众多具备深厚文化内涵、超凡学习能力和浓厚创新意识的优秀学生。这些学生拥有广泛的知识面和远大的人生理想,他们未来的发展潜力巨大且富有多样性。因此,需要通过综合学科能力和全方位的人文素养培养,帮助他们树立宏观格局以及人生观的理想目标。传统的艺术教学模式无法满足他们的认知需求,也难以与优秀学

生艺术教育的三个核心点(立志、激趣和挖潜)相匹配。高层次的艺术修养和艺术综合能力在这些优秀学生的培养和成长过程中显得尤为重要。让他们从艺术中汲取灵感、启迪智慧、激发潜能,从而使艺术思维方式影响并促进个人发展,成为音乐学科在实施艺术教育教学中关注的重要课题。

2. 对音乐学科"三高"教学背景把握:新时代立德树人要求的学科"双新"结构

在"双新"视野下,课标明确指出,我们应秉持艺术教育的综合理念,有机结合必修课程、选择性必修课程和选修课程,构建以培养和发展学生艺术学科核心素养为最终目标的课程体系。音乐教研组紧扣艺术教育的三个核心点,递进式设置课程,旨在促使学生在全面发展的基础上聚焦兴趣。

高一年级开设艺术必修课程,全面发展学生的艺术多维感知和多向思考能力,培养广泛的艺术爱好与审美情趣,并通过参与各艺术门类的实践活动,让学生在艺术与生活、文化、科技相关联的情境中获得艺术感知、创意表达、审美品位和文化理解等核心素养。到了高二年级,更加关注和尊重个体的艺术兴趣,开设音乐欣赏(或美术欣赏)选择性必修课程,让学生根据自身喜好和发展需求在听觉艺术和视觉艺术课程中进行自主选择。

音乐赏析课程通过聆听、体验和探究等方式,引导学生欣赏和品鉴音乐作品,感受艺术联想和精神美感,体会音乐作品的艺术性、思想性和人文性。这不仅是培养学生音乐审美感知和文化理解素养的重要途径,也为有音乐发展需求的学生提供了专门的学习通道。

选修课程作为学生兴趣和能力发展的主要载体,我校已构建了二十余门艺术类选修课程,分为知识拓展、视野开阔、解析探究、实践应用四个模块。这些课程涵盖声乐、器乐、形体、戏剧、数字音乐等多个领域,体现选择性、时代性和专业性三大特点。我们将课程分为大型、中型、小型和微型,以便学生根据需求灵活组合。教研组还将艺术课程的选择性必修模块以独立课程形式开发,并补充进学校选修课程图谱模块中,使艺术课程体系更丰富多样且趋于完善。选修课程教学注重激发学生的深度学习,体现志趣聚焦的教育理念,为学生个性化、多样化发展提供有力支持和专业学习渠道。

3. 音乐学科"三高"教学内涵分析

在音乐学科的"三高"教学中,高立意是指深化以美育人、以情感人的学科目标;高互动是指强化培养学科核心素养和综合艺术能力的过程;高思辨是指加大艺术思维、创造和文化贯通的力度。艺术学科核心素养的培育是艺术教学的终极目标,不是将学生培养成艺术家或者未来从事艺术专业的人才,而是以学生自我的终身发展和社会人才需求为基本方向,从艺术中持续获取灵感,将艺术思维方式融入生活,关注人格健全发展,促进潜能和智慧开发。通过艺术教育的滋养浸润,丰富他们的审美体验,提高其人文素养,为其三观的形成、品格建立以及学习能力的提升注入重要动力。

(1)高立意:以美育与德育为核心

高中艺术课程不仅关注欣赏艺术作品、艺术形态和传授艺术知识技艺,还要帮助学生思考何为艺术、好的或不好的艺术以及艺术如何表现等问题。因此,艺术课程更应体现育人功能,分别从德育和美育两个方面展现。

首先,德育功能十分重要。音乐学科是艺术课程的有机组成部分,是培养学生艺术学科核心素养的重要载体。在教学设计中要结合中华优秀艺术文化和世界多元优秀艺术文化的德育渗透,旨在帮助学生形成开阔的世界观、自豪的民族文化自信心和高尚的人格品质。这正是学校"三高"理念中教学设计高立意的根本体现。资优生群体意识强烈,自我期望值较高,艺术教育应关注他们的社会责任感、核心价值观以及民族情怀等方面。艺术教育具有抒情性、审美性和互动性等特点,能让资优生产生更多的情感体验并积极思考。

其次,艺术教育核心是审美,目标是提高学生的审美素质和能力,培养审美情趣。通过学习,学生的情感世界得到感染和熏陶,逐步建立对美好事物的喜爱,养成积极乐观的人生态度。针对资优生的特点,可以适当加大艺术认知高度和意会深度,并以审美能力作为载体不断加强他们的审美品质。教研组结合"三高"中的高立意要求,在教学设计中融入美学概念、哲学思想,引导学生尝试个性化的艺术鉴赏和创造,体验艺术内涵与人文价值。为了提高学生在艺术方面的抽象思维能力和创造能力,我们需要帮助他们深入理解艺术世界中的真善美,培养高尚情操,形成正确的审美观和人生观。

(2)高互动:有效创建多种情境

课堂互动模式在上海市"二期课改"阶段得到了很好的推广。教师通过高频问题设置和课堂活动设计,营造活跃的课堂氛围和有效的教学效果。艺术课程整合了多元艺术种类,领域广泛,并倡导多样化的学习模式。因此,教学互动不应局限于传统的问与答或课堂练习参与模式,而应创设高互动的学习情境,关注学生艺术学科核心素养和综合艺术能力的培养,引导学生自主探究,内化核心素养,从而提高解决陌生问题的能力。实践证明,在艺术教学中,高互动是激发教学双方主动性和探索性的有效手段。

高互动的艺术课堂不仅体现在行为互动上,更需要心灵和思维的互动。这要求教师善于创设能激发学生心灵感应的教学策略和有意义的问题情境,并通过课堂体验、知识和思维的建构来引发学生的积极参与和自主探究。同时,实现师生间、生生间、多类艺术间、跨学科等情境下的有效联动。

例如,在教学主题"艺术形式"设计中,对古典名曲《春江花月夜》的琵琶(学生演奏)、古筝(艺术节特邀演奏家)、钢琴(教师演奏)、笛子四种乐器演奏版本比较赏析,以激发学生浓厚的欣赏兴趣,让学生充分理解和体会"衔尾式"旋律创作手法和"换头和尾"段落结构的形式美法则。让学生进一步探讨"创作中采用形式美法则的目的是否仅局限于形式""是否具有更深远的寓意",以此引导学生理解这些创作手法如何推动情感的深化。这意味着作品在变化中寻求和谐统一,同时在统一中不断发展,从多角度展现乐曲的意境,进一步深化主题内容。结合诗人所表达的"人生代代无穷已,江月年年只相似"的意象,以及对大自然美景的欣赏和对人生的积极追求与热爱,逐渐提升到作品映射出的美学理念和哲学思想。寓意着人生的轮回,在不断重复和变化中逐层提升境界,逐步完善人生。

同时,借助更多艺术形式激发学生的思维活力,如通过2008年北京奥运会节目中《春江花月夜》古画、古乐、古诗的融合以及画面布局、色彩等要素上的形式美法则,引导学生理解作品所表达的"中正平和、清微淡远"的意韵美,追求"天人合一、情景交融"的自然美。最终希望生活与社会能实现返璞归真的和谐美。

通过调动感知、理解、意愿和行动等方面的积极性,激发资优生的情感体验和深度思考。在联想、迁移和幻想交错的"高互动"过程中,使艺术认知、审美情趣与文化理解核心素养得以充分内化,形成正确的三观,并对终身发展产生深远影响。

高度互动的艺术教学不应仅限于40分钟的课堂,而需要探索课外更广阔的时空范围。艺术课程通过教学培养学生的学科知识和能力素养时,要全面培养艺术学科核心素养,这并非只依靠课堂教学即可完成。学生课后的实践智慧收获与经验积累至关重要,可以达到课内外有效衔接共同完成培养目标的作用。选修课程、艺术社团、艺术活动、艺术表演观摩及艺术课题探究等多样化的课后学习经历都是培养艺术素养的重要途径。这些经历将潜移默化地与课堂所学相融合,有助于提高课堂理解与互动,推动艺术学科核心素养的培养。

　　在教学设计中,教师需要精心提炼教材内容,引导学生在统一主题下开展多样化的学习模式,使学生的艺术表现形态得到充分展示。例如,在"艺术展现时代—延安文艺"教学中,设计"黄河魂"主题单元探究。通过课内《黄河大合唱》与钢琴协奏《黄河》的赏析震撼心灵,帮助学生理解特殊历史时期的音乐风格与创作特点。接着鼓励学生积极参与艺术节的舞蹈节目《黄河》以及戏剧节的抗日话剧排演,体验红色经典作品的艺术感染力。最后引导学生进行有关"黄河旋律"的研究性学习,寻找《我们是黄河泰山》《黄河万里行》等新时期以黄河为主题的音乐作品。在领悟黄河之声时了解不同时代音乐风格的形成与创作手法的差异,理解文艺是时代前进的号角,坚定中华儿女前赴后继传承黄河精神的信念。

　　(3)高思辨:以探究式学习模式为核心

　　高思辨理念的核心在于激发学生自主发现、探究并解决问题。在艺术教学中,教研组致力于将"接受知识"转变为"建构知识",重视培养学生的创新精神和实践能力。基于"三高"理念,艺术教学关注学生的艺术视野、艺术思考、艺术探究及艺术参与。

　　艺术文化探究是体现艺术创新潜能的一种重要形式。在艺术教学中,我们注重培养学生善于发现、勤于思考、乐于研究的习惯,并在研究型学习过程中逐渐培育探究精神,最终形成分析问题和解决问题的能力。

　　高中阶段是培养探究兴趣和研究能力的关键时期。艺术探究式学习通过学科论文(高一)、自选课题(高二)、完善课题(高三)的方式系统地展开教学。在艺术课堂上,我们关注通过高效能、多手段激发学生的审美情趣与艺术感知,这对于培养继续学习兴趣至关重要。通过艺术和音乐课程大作业,学生学会材料搜集、观点提炼与分析论证的方法,并最终形成论文成果。

教研组根据学情、校情在单元设计中对教材探究内容进行灵活调整或补充设置单元综合探究主题。借助校园与城市建筑、文化、艺术活动等资源,拓宽艺术探究广度,充分激发资优生的潜力。探究的目的是运用,教研组注重探究活动与实践运用相结合,发挥学生的艺术创造力和表现力。例如,《艺术与生活》教材第一单元后的设计"印象艺术节"主题探究,要求以短视频形式呈现主题并体现"形式美"法则,既服务于艺术节宣传,又凸显了创意表达核心素养的培养。通过积累艺术认知经验,建立在学科论文基础上的学科课题探究能更有效地激发学生进行深度学习。通过对音乐领域中有自我体悟的现象点进行有价值意义的研究、思考和总结,这是音乐学科教学中高水平思辨能力的突出体现。

二、"双新"视野下"三高"教学的内容统整

1. 凸显因材施教的强度,深化学科课程内容的基础性与选择性

对资优生群体来说,艺术学科核心素养的培养不仅仅停留在对艺术的基础认知、理解和兴趣上。而是根据他们宽博的知识面及未来的高端发展需求,结合学校"三高"教学理念和音乐学科凸显创新艺术素养培养的教学特色,对学科课程内容进行合理有效重组,使学生获得与之相匹配的艺术知识结构和能激发创意思维的高层次艺术素养。

艺术教材教学环节模块丰富,注重探究式学习。根据学生学习能力特点对教学内容进行灵活重组是对教材的校本化理解。在尊重课程理念和单元主题构架的前提下,对教材内容和教学环节进行科学合理的选择或替换,以求达到更优质的课堂教学效果,激发学习兴趣和互动参与积极性,培养资优生的深层艺术认知和文化理解,凸显因材施教的强度和"三高"教学的优势。

例如,将《艺术与生活》教材第三单元"艺术赞美生活"中的"四

季抒情"作为基础性内容进行课前的自主预习感知,将第四单元
"艺术提高生活"的内容作为第三单元的课后拓展部分让学生进行
课后自主学习。以校园艺术与生活、城市艺术与生活、时代艺术与
生活为主题,分别探究艺术在提高生活质量与精神品位上的效能,
了解审美功能与使用功能兼顾的艺术作品创作思路。在学习平台
上,通过学科作业的形式进行展示和分享,使课堂效能在时空上得
到最大延展。例如,在"艺术展现时代"单元教学设计中,将3节课
后的拓展研究内容整合为单元总探究活动"新时代音乐与生活",
从而紧密联系艺术与生活的课程主旨,激发学生发现与体会当下
时代代表性艺术作品的文化内涵、社会精神与表现手法。这样的
方式更贴近学生的生活实践体验,能在更大程度上引发学生的学
习兴趣,并通过单元自主探究学习深化了课程内容的基础性和选
择性。

**2. 凸显探究精神的深度,升华学科课程内容的关联性与融
通性**

新艺术课程内容广泛且信息量大,强调整体性与关联性,注重
提高学生的综合艺术能力。资优生群体不需要面面俱到的讲授。
在课时量不增加的情况下,充分发挥学生的自主探究能力,沿着艺
术与生活、文化、科学相关联的脉络线条,增强单元之间或教本之
间的关联和融通,发挥"三高"教学优势,以高效培养学科核心
素养。

依据艺术课程方案中针对课程内容确定的选择性原则和递进
式艺术课程设置方案,音乐教研组深入研究教材,并结合学情、校
情对教材内容进行"结构化"整合,重塑单元架构。将四册必修教
材浓缩为一学年的教学内容,是基于探究式学习的教材使用策略,
以贴合学校课程设置与学生学习能力。例如,《艺术与文化》下册
教材的第二单元"艺术语言"和《艺术与科学》教材第四单元的"互
动新媒体"都不再作为独立的教学单元。它们被整合到《艺术与生

活》教材第一单元的第二节"艺术语言"的拓展部分,让学生在了解原生态艺术语言源于自然生活的基础上,通过自主学习去理解艺术家如何借助艺术手法创造艺术语言、表现及美化生活。这使得艺术成为文化的一部分,并进一步引导学生发现数字互动新媒体所创造的全新艺术语言已经成为现代艺术的重要表现手段。这种高度融通的方式将艺术与生活、文化和科学的关联性统一起来作为课题探究,是对教材的校本化整合。

上海中学的研究性学习平台和"三高"课堂教学传统,已经促使学生养成探究式学习的习惯。这培育了资优生的探究精神,并成为艺术学科核心素养培养的有效途径。

三、"双新"视野下的"三高"教学特色创建

上海中学一直高度重视艺术教育,秉持"一校两部"的国际化格局和创新人才培养实践。在"双新"视野下的"三高"教学理念指导下,音乐学科不仅注重培养艺术学科核心素养,更加强调创新艺术素养培养。因此,形成了具有国际视野与中华艺术文化基础的独特学科特色,以激发学生的艺术创新潜能。

1. 单元设计下的音乐学科深度学习

针对每个单元主题,教研组都会进行深入研讨和精心备课。在教材的"拓展研究"内容基础上,增设单元综合探究活动,适当加大探究力度,激发学生的探究深度,提升探究高度,以满足资优生对艺术文化深层理解的需求。这种做法充分体现了"三高"教学理念的优势。

同时,在比较上海高中艺术课程与国际 IB 艺术课程过程中,注重分析差异,并运用"比较研究"方法实施中西艺术文化的融合教学。例如,在艺术课程实施过程中,深入挖掘教材内容,增强美学思想渗透力度和多样艺术知识互通性。如开发比较探究单元,增设"京剧与歌剧""中国戏曲与西方音乐剧""中国民族管弦乐与

西方交响乐"等主题内容,设计"中西方音乐美学初探"课题研究。引导学生通过小组合作自主学习,总结和分享中西方艺术种类的文化艺术特征及美学思想理念差异。这旨在激发学生对中华艺术的热爱和弘扬,培养其民族文化自信的同时使其进一步了解和认同世界多元文化。

此外,我们将依托学校丰富的艺术活动氛围和多样的艺术社团资源,将教材主题内容延伸至课堂之外。通过建立课堂内外的有效联系,并在同一主题下统筹计划课堂教学、艺术活动以及作品排演,激发学生积极参与课后活动来巩固课堂所学知识和感悟,从而积累艺术实践经验,并全面培养学科核心素养。

2. 创新素养的重要性

依托"三高"的教学传统,我们注重创新素养的培养和挖掘。从激发创新兴趣到培养创新思维再到提升创造能力,各环节紧密相连。教研组已出版专著《中学音乐教育的创新魅力》,其中对创新思维理念进行了分层次、全方位的详尽阐述。在必修、选修和选择性必修课程构架基础上,教研组结合学校"三高"的核心理念,通过多种方式如递进式艺术课程设置、模块式选修课程开发、多样化艺术社团建设和创新性艺术活动开展等,构建了较为完善的艺术教育教学发展体系。将艺术学科核心素养分阶段、多渠道进行培养落实,最终实现学生艺术修养的全面发展与志趣聚焦。

创新课程是促进学生由艺术创新兴趣向能力转变的主要载体。在多年教学实践中,教研组持续推陈出新、积累经验,构建了具有创新价值的课程体系。其中,艺术管理、音乐与科技等课程具有时代前瞻性;即兴戏剧、钢琴即兴弹奏等课程特点则在于重视与艺术院校或专业机构的合作,让学生尝试以专业视角感悟艺术,并在学习中寻找创新点。教研组主编的《中学艺术类校本特色课程导引》一书,凝结了课程开发探索上的智慧和经验,为中学校本课程开发提供了有力参考。

艺术活动是展示学生艺术实践热情、激发艺术创新潜能的平台。教研组在策划艺术活动时始终围绕原创、高端和辐射展开。在许多校园艺术活动创设中力求新颖,如艺术节"特色板块"重在突出创意、突破传统表演形式;原创音乐剧、即兴戏剧等特色艺术社团竞相绽放;"戏剧节""社团展演季""音乐剧年度大戏"等特色活动推动了学科相融,并促进了校内学生多元文化的共融。以上海市"上中杯"钢琴赛为例,音乐组专注于在赛事中推动创新理念的渗透,引入了即兴演奏环节作为一大亮点。这也是创新教育理念通过"上中杯"平台向校外及社会辐射的大胆尝试与探索。赛事已成功举办 10 届,参与者近万人。接着策划了"上中杯"获奖选手音乐会和"上中杯"10 周年庆典音乐会,为艺术素养高的学生创设了专业的展示平台。《业余钢琴教学培养情感表达与创意能力的实践思考》这篇论文获全国一等奖,引发了国内业余钢琴教育领域对改革的思考。

要培养学生的创新能力,需要有富有创新精神的教师团队。因此,在提倡创新的艺术氛围下,教师们需要通过教育教学的创新来激发学生的创新潜能。音乐教研组汇聚了一支近 20 人的创新型艺术教师团队,为实现艺术教育教学的创新发展提供了丰富的师资力量。

四、"双新"视野下"三高"教学资源的开发与利用

在"双新"视野下,为了更好地培养学科核心素养,教研组重视多样化教学资源的开发和应用,始终秉持"三高"教学理念进行教学实践。除了充分挖掘校内外师资资源和学生潜力资源,还合理利用或开发课程资源、学科课题资源、课外活动资源以及校内外艺教平台资源,为"双新"示范校的建设提供条件保障。

1. 整合课内外、校内外资源并实现合理选择

"双新"的理念与性质为教师提供了深入开发教材的空间。发

挥教师专业特长,利用学生优势特点,依托学校艺术活动或校本课程,整合教材内外或课内外资源通道,对单元设计中的探究性活动内容以及教材素材内容进行有效补充或合理替换,提高课堂教学质量与效率,充分体现教学设计的灵活性。如在单元设计中运用学校百年名校的悠久历史资源(校歌等)及校园艺术活动资源等让学生身临其境地进行学科探究;将学生社团艺术节排演的红色旋律、中国古典舞、器乐大赛获奖名曲、戏剧节的学农话剧、数字音乐课程中的原创作品等,作为生动的教学素材引入课堂,激发学习兴趣,营造活跃的课堂氛围,提高学生的艺术活动参与积极性,架设课堂教学与课后活动间的桥梁。同时,针对不同文化背景下学生的音乐表现形态,充分利用双方实践经验相互借鉴的优势,有效整合资源,采用了翻转式和流动式等创新教学模式,打破了学生被动学习的困境。通过充分利用丰富的网络资源,以及将传统教学优势与现代媒体技术优势巧妙融合,体现了"三高"教学的高思辨和高互动特点。

关于课程方面,我们提供了各类培训和"空中课堂"视频教学,为课程的高效普及提供了有力指导。教研组在充分运用市、区、校"双新"培训资源的同时,致力于打通校内外资源通道,并加强与"双新"教育专家、专业院校、专业机构和社会艺术活动的联动。我们确保专项课程、专项模块教学的严谨性和及时性,保障专项活动的科学性和高端性。为学生提供课堂内外立体化衔接的学习体验模式和学科探究的可靠性资源,多渠道配合课堂教学共同实现艺术学科核心素养的培养。

2. 打破教师专业局限,提升教师学科素养

教研组紧跟"双新"的节奏,积极开展活动,着力实现"三高"教学研讨。为年轻教师提供教学展示机会,并组织多样化的研讨活动。

教材关注学生的综合艺术能力和人文素养,这对艺术教师提出了更高要求。教研组倡导专业创造力与教学创造力同步发展，形成尊重专业技能，突破专业局限的教育特色。在"双新"示范校建设和"三高"实践中，教研组鼓励教师多元化发展，由经验型向研究型转变，如精通听觉艺术、视觉艺术、表演艺术等，对文学、历史、哲学、美学等学科领域也要有一定程度的理解，以适应艺术教学的需求。

教研组充分发挥特级教师的引领和指导作用，坚持"教学与科研并行"的理念，注重个性特点的挖掘。关注教育理念与教学特色的形成，带领青年骨干教师在课题攻坚、学科建设、教学展示等方面开展研讨，积累宝贵经验，挖掘个人特色，并整合个性专长。教研组力求调动教师积极性，以打造创新型教研团队，展现团队合作和集体智慧。

五、"双新"视野下"三高"教学的评价系统

课标指出，艺术课程的评价旨在激励学生的艺术学习，并实现艺术课程立德树人的根本任务。评价机制包括甄别、选拔、引导和激励；评价方式从教师对学生的单一评价扩展至学生自评、互评等多样性评价；评价视角从终结性转向过程性和发展性评价。这正是音乐学科在"三高"教学传统和实践中形成的评价理念，结合我们的艺术教育体系和课内外的高度互动链接环节进行评价，从而将学业质量水平与学科核心素养相结合，形成集课堂反馈、学科研究、艺术活动、艺术成果等一体化的综合评价体系。

音乐学科学业质量以模块学习内容和艺术学科核心素养为框架，体现学生在完成高中艺术课程后所获得的艺术素养。教研组在单元设计中展现真正的高立意、高思辨和高互动，注重让学生的艺术素养以多种形态呈现，避免传统的仅以课堂回答问题或课堂活动参与作为主要评价标准，或以陈旧的表演技能作为唯一评价标准。我们提倡的高互动包括思想火花和思维灵动的闪现，不一

定能及时在课堂上反馈出来,可能在课后某一时段展现。例如,有些不善于在课堂上表现的学生在自主探究学习中却表现出独到的艺术文化理解,这也应被视为学科评价中的有效考量形态。

同时,借助成熟的课内外培育链,在单元设计的统筹下,开发社团艺术活动等与课程内容息息相关的课后实践活动,并结合课内理解,立体式地进行艺术感知、创意表达、文化理解以及审美情趣等学科核心素养的培育。此外,培养创新素养始终是上中倡导的核心理念。无论在课堂思维碰撞还是课后活动创意方面,上中都注重引导和鼓励学生进行富有个性且具有价值的原创性尝试。例如,学科探究学习的过程和成果呈现方式、学科课题的选题新颖性和社会价值意义等,这些也是我们评价学生艺术素养的依据。

因此,上中音乐学科的学业评价将学科核心素养落实到更为细致且可衡量的实际应用层面。在"双新"视野下,音乐学科积极响应新的课标要求,结合上中"三高"理念,全方位多渠道落实培养学生的艺术学科核心素养,走出了一条具有上中特色的艺术教育教学之路,极大地促进了资优生综合艺术能力和综合人文素养的提升。

我们同样必须面对困难和挑战,如学科课题探究难易度的把握问题、课题指导的专业性和科学性问题、评价机制的规范性与完善性问题等。相信在未来的日子里,我们将积累更丰富的实践经验,以更加有效的艺术教育教学工作来呈现具有上中特色的"双新"示范校形象。

（陈向蕊）

普通高中"双新"视野下
美术学科"三高"教学纲要导引

在2019学年,上海高中各学科陆续开始采用新教材。在遵循新课标和使用新教材的背景下,此次新课程改革明确提出:"学校要开展情境化教学,关注应用性、综合性、探究性和开放性问题,以培养学生关注现实世界、解决实际问题的能力。"同时,"普通高中教育的培养目标是进一步提升学生综合素质,着力发展核心素养,使学生具有理想信念和社会责任感,具有科学文化素养和终身学习能力,具有自主发展能力和沟通合作能力。"

从上海中学学生特点出发,我校形成了"三高"教学策略核心,即立意、思辨、互动的统一。"三高"策略是一个紧密联系的统一体,其中:高立意既要找到适合学生发展的教学内容,也要找到推动学生发展的教学方式,并从理性的层面将教学内容与教学方式联系起来;高思辨要启发学生思维,激活学生内在学习动力;高互动要让学生积极参与教学过程,体现师生高效率的认知、情感等方面的交流。

因此,在这样的大环境下,上海中学美术教研组以课程建设为基础,大力推进素质教育。结合我校的"三高"教学策略,在培养学生欣赏美的同时,让他们具备创造美的能力,提升其综合素养。在课程多样性和课程之间的联系性上下工夫,体现了上海中学美术教学的专业性。

一、"双新"视野下"三高"教学的教材内容分析

上海中学美术教学课程可分为两类：必修课程和选修课程。选修课程的教材强调多样性，以尊重学生差异性和个性化的发展需求。

必修课程的内容包括美术史类鉴赏，每周上课一次。教学内容参考新版《美术鉴赏》教材，涵盖东西方主要的美术流派。与传统的美术鉴赏课程（如介绍中国画、油画的名词解释，讲解作品的材质、内容等形式）不同，我们针对上海中学学生的特点，结合当前的"双新"视野以及我校的"三高"教学策略，采用了"以史说美术"的方法——通过欣赏美术作品来理解其背后的文化背景。

在教学过程中，我们将文化发展的脉络、社会背景、人文意识和审美能力联系在一起，追本溯源，将历史知识、美学知识、画史知识和名画鉴赏结合成一体。这样就使得学生不仅能欣赏作品，还能将之融入不断发展变化的文化轨迹中。通过分析中外各个时期的经典美术作品，提高学生的审美能力，帮助他们从美术作品中了解社会背景和历史文化，并通过中西方文化的对比来深入理解本民族及世界的文化发展脉络。

选修课程内容分为四个模块，即：知识拓展、视野开阔、解析探究和应用实践。每周安排 1～3 节课时。知识拓展模块主要包括绘画、雕塑、设计、工艺美术以及美术史论，课程有素描、色彩（油画和水彩）、中国画（写意和工笔）、书法、版画（纸版和木刻）、泥塑（浮雕和圆雕）、陶艺、PHOTOSHOP 应用、PAINTER 电脑绘画、美学入门、博物馆介绍和中国民间艺术等。视野开阔模块分为艺术鉴赏的中国篇和西方篇。中国篇包括：中国原始彩陶艺术解析、汉代雕塑解析、敦煌石窟艺术解析、唐宋绘画入门、元代文人绘画解析、明清绘画入门、中国历代绘画解析、青铜器鉴定和赏析、宋代插花

艺术欣赏、明清瓷器欣赏、陈洪绶的线描世界、倪瓒山水画鉴赏以及中国结艺术赏析。西方篇有古埃及艺术赏析、古希腊艺术赏析、中世纪教堂艺术赏析、文艺复兴艺术、19世纪法国艺术赏析、印象派艺术赏析、20世纪现代艺术、美国超级写实主义雕塑欣赏及制作、花道欣赏、原研哉视觉设计鉴赏、设计的基本原理、德国表现主义版画简介、毕加索作品赏析以及西方服装史。解析探究课程分为美术家解析、美术作品解析、美术现象解析以及中西方艺术之比较等。应用实践课程有：摄影、插花、服装设计、Artdeco新装饰主义建筑在上海以及编绳艺术等。课标指出："普通高中教育仍属于基础教育，应注重全体学生的共同基础。同时，根据学生的兴趣、发展潜能和未来职业需求，设计各种可选课程模块，以满足学生的不同学习需求。"在选修课程的开发中，我们针对各类绘画形式提供了多门课程，体现了美术教学内容的丰富性和灵活性，以培养学生的形象思维能力、动手能力和审美能力，增强学生的思想情感表现力，并为学生个性化的学习和发展提供了条件。

二、"双新"视野下"三高"教学法对教师专业能力的提升

上海中学秉承"储人才，备国家之用"的办学宗旨，在追求教育教学高质量水平的同时，也为教师的专业发展设定了更高的目标和要求。教师的专业能力是教学的基础。梅贻琦先生曾经说过："所谓大学者，非谓有大楼之谓也，有大师之谓也。"美术教学是一个动态的过程，美术教师在提高教学能力的同时，更应强化自身美术专业素养，在美术创作实践中不断加深对美术本质的感悟和理解。学生的成长伴随着不断获得新知识的需求，因此，教师必须坚守终身学习的理念，加速自身职业发展。上海中学美术教研组现有16名专职教师，以及若干代课教师。在保证教学内容多样化的前提下，美术教研组坚持学科为本的原则，通过提高教师的专业能

力来增强教学质量,这对教师自身的专业能力提出了更高的要求。

美术教师专业素养的培养需要经历一个不断完善的过程,可以从以下三个方面入手:

激发教师自我意识:每位教师根据自身的专业特长制定个人发展计划,并在各个时间节点汇报总结。

实行全员轮训制度:以"请进来,走出去"的模式,邀请美术专业专家教授定期到校为师生做讲座和示范培训,从而提高教师的业务能力。

创立教师工作坊:鼓励教师积极参与各类市、区的专业及教学能力名师工作室培训,与博物馆、美术馆、专业美术研究机构及兄弟学校交流。

这三个方面的初衷都是想提高美术教师的专业素养,鼓励创作并参加各类美术专业展览,最终通过业务能力的提升来带动教学能力。

提高教师美术专业能力的同时,教学能力会得到提高,课堂教学内容也能讲透、讲深。例如,讲到中国美术鉴赏中的"中国元代山水艺术"一课时,教师需要提升自身的美术专业能力,了解中国山水画的技法并领悟神韵,才能讲好这堂课。中国山水画的文化内涵远不止画出天地山水小船屋宇树木等景物。教师既要简明扼要地介绍作品特点,又要演示基本技法(以激发学生兴趣并加深对绘画作品的理解),还要讲到画背后的创作背景,从而让学生感受到中国画的魅力及中国文化的博大精深。

另一个例子是讲授西方美术欣赏中的"文艺复兴三杰"一课。文艺复兴三杰是众所周知的艺术家。对于上海中学的学生来说,《蒙娜丽莎》《大卫》和《圣母子像》等作品可以详细分析。在实际教学过程中,教师要从整体出发,对这三位代表性艺术家的作品风格进行分析。通过比较的方法让学生明白:《蒙娜丽莎》通过罩染画出人物微妙的表情变化来表现人的自尊;雕塑《大卫》通过对人体肌肉的强化来展现人的力量;《圣母子像》通过细腻的绘画技法来突出人的亲情。他们三个人从不同角度展现人性之美。文艺复兴最重要的是对人的价值的重新认识和肯定。再联系之前所学的"中世纪"单元,更能加深学生对本章节的理解,从而感受到艺术作品中所体现出的人文情怀。

提高教师美术专业能力对提高学生作品质量有很大帮助。在绘画作品创作课程中,教师不仅能对学生的作品进行点评,还可以示范各种绘画技法。这样的方式能让学生快速掌握一定的绘画方法,通过绘画来表现自己的想法。上海中学的学生每学期都会在市、区各类比赛中取得优异成绩。部分同学还在校内的上中画廊举办个人画展。这些同学中的大部分将来不会走上专业美术道路。美术课程不仅提高了他们欣赏美和创造美的能力,还对提升个人综合素养起到很大作用。这些成绩与教师个人美术业务能力的提升密不可分。

三、"双新"视野下的"三高"教学方式

在"双新"视野下,上海中学的学生对美术课程的需求很大,并且对不同类型的美术课程产生了极大兴趣。得益于上海中学的选课制度,在保证每位同学一周至少一节必修通用型课程的前提下,每个学生还可以根据自己的需求和兴趣选择不同的选修发展型课程。可通过发挥每位教师的专业特长,结合其他教师的专业知识,实施"混合式"教学。

外国学者霍夫曾指出:"混合式教学是学习过程中多个模块,以最优媒体加以组合,呈现出最适合学生学习的模块组合。"根据美术组的教学情况,所谓的"混合式"教学就是在原有课程基础上,把具有共性的美术形式相互结合的教学模式。例如,在中国画课程中可穿插书法、篆刻等内容;在油画课程中可应用素描造型;在版画教学中包含不同的综合技法;在素描课程中,教师可充分利用

不同材料的组合进行教学。在整个学期内,不仅有造型练习,还可以通过雕塑、单色水彩等形式展示写生对象,让学生直观地了解造型能力。类似例子还有很多。

采用混合式教学方式的好处在于:在同一门课程中,学生能接触到多种不同的媒介,使得他们在有限的学习时间里,对美术各种形式有所了解。经过3~4门课程的学习,学生的美术综合素养与创作能力都得到很大提升,作品呈现多样化风格。"混合式"教学的另一个好处是能够共享美术工具和美术教室,从而大幅提高利用率,充分发掘学生的个性特点。可以根据不同学生的特点因材施教并实现个性化教学。每个学期,教研组都在此基础上鼓励教师不断开发新的校本课程,所以混合式教学也对教师的能力和发展提出了更高的要求。

四、"双新"视野下的"三高"教学特色创建

2018年全国教育大会召开后,国家陆续出台了一系列教育重磅文件。其中,《关于新时代推进普通高中育人方式改革的指导意见》(2019年发布)指出,应积极探索基于情境、问题导向的互动式、启发式、探究式、体验式等课堂教学。因此,我们采用了项目化学习方式。项目化学习是当今教育发展的一个重要趋势,可以培养学生面对困难、挑战时具备自我研究和解决问题的能力。

项目化学习秉持学与做相结合的教学理念,通过多种不同形式的学习项目,使学生能够有解决问题的机会、经历和能力。在学习体验中不断培养学生的创造力、合作能力等,从而形成正确的人生观和世界观。

上海中学在教学特色创建方面,充分发挥自身优势,在校内设立了可展示作品的上中画廊。这为师生艺术交流提供了一个很好的项目化学习平台。上中画廊成立于2011年,有效展线近100米,曾入选上海市校园文化优秀项目。上中画廊致力于传播艺术

文化、开展学术研究、举办陈列展览以普及审美教育和促进艺术交流。我们以"原创绘画、学术探究、教学培训"为宗旨。每学期,上中画廊将举办 4～5 场固定展览,其中包括学生作品专场展览。上中画廊成立的目的是让学生不仅完成作品,还能考虑到作品的展示。在教学过程中,教师会协助学生进行作品的装裱和展示指导。通过展览,我们旨在调动学生主观能动性,并培养其团队合作、创造力、领导力等各项能力。我们认为,美术创作不仅仅是对艺术技能的学习,把展览展示作为创作的一部分也非常重要。在发展型课程结束后,学生需要挑选出最满意、最具代表性的作品准备展览。在挑选作品时,学生需要充分考虑作品内容、画幅尺寸、画面色彩以及作品在整个展览中的协调位置等因素。在教师的指导下,学生将对作品进行装裱。上中画廊除了提供固定的展览空间,还设有专业的装裱工作室。学生将在这里完成卡纸裁剪、画框安装、挂钩固定等一系列专业操作,从而全面了解艺术品的完整创作过程。在装裱完成后,教师会继续指导学生布置展览,包括作品上墙方式、高度、灯光调整等。此外,学生还需要在教师的指导下制作海报和作品标签。整个过程采用小组合作,分工明确,涵盖讨论、设计、制作、打印、核对校准等步骤。最后,海报和标签将被固定在相应位置。整个过程就是一个完整的项目化学习体验。

　　以美术特色课程"Art Deco 新装饰主义建筑在上海"为例。本课程采用项目化学习方式,分为四个部分:欣赏了解、实地考察、深入研究和总结报告。在欣赏了解环节,学生将了解到上海有很多 Art Deco 新装饰主义风格的建筑,这些建筑主要出现在 20 世纪二三十年代的上海。传入上海的 Art Deco 建筑主要有两种途径。一种是源自巴黎的正统风格,自 20 世纪 20 年代初期起直接从巴黎或其他欧洲城市引入上海,设计者和创作者主要是来东方谋生的建筑师、室内设计师或曾在法国学习设计的归国留学生。代表作品包括霞飞路(现淮海路)上的店面设计、室内设计和建筑外部装饰;华龙路(现雁荡路和南昌路)上的法商总会室内装饰以及同一区域的公寓建筑细部。这类建筑多为公寓,特点是细节处均有复杂图案纹饰,整体显得精致、奢华、典雅。另一种则是所谓的美式摩登风格,表现为上海的中外籍建筑师主动学习、模仿美国城市(如纽约、芝加哥等)的流行建筑时尚(如帝国大厦等),并将其融入自己的设计创作中。此类建筑多为公共建筑,如电影院、酒店,代表作品有沙逊大厦(现和平饭店)、百老汇大厦(现上海大厦)、国际饭店以及大光明和国泰电影院等。这种风格不仅体现在局部设计上,还包括整体造型和风格的简洁线条与装饰相结合。与中国传统建筑在顶、檐、廊、柱、门窗以及内部结构上有很大的不同,Art Deco(新装饰主义风格)建筑线条更加简洁,内部空间更大,相较于当时其他建筑形式而言,更为前卫和摩登。

在实地考察方面,学生得益于上海中学校园内两座建于20世纪三四十年代的历史保护建筑——"龙门楼"与"大礼堂",这两座建筑均采用了Art Deco风格。如此一来,学生可以在校园内进行研究性活动,近距离观察、欣赏和思考,从整体结构到局部,从外观屋顶的结构样式到内部楼梯花纹式样。在深入研究环节(考察结束后),每位学生需要选择自己最感兴趣的一个Art Deco建筑进行项目化深入研究,并做开题报告。开题报告需要包括选题原因及具体研究过程的规划,老师将与学生讨论研究方案,确定大方向。研究方案确定后,学生将进行具体研究。他们可以利用周末时间亲身考察所研究的建筑,并运用此前学到的方法进行深入的分析记录。回到课堂后,学生可继续与教师讨论研究进展,并借助图书馆或网络查找相关背景资料。

本课程通过概念介绍、实地考察、做开题报告、撰写小论文、作品设计和展览展示等六个环节,使学生全面记录研究过程并以文字、绘画形式展示研究成果。此外,学生要运用所学知识绘制一幅Art Deco建筑作品。为加深对建筑的理解,教师还会邀请相关领域专家为学生开展讲座。

在总结部分,当学生们完成整个研究性学习后,他们需要将研究报告装订成册,并挑选2~4页最满意的内容装裱在镜框内以供交流展示。在展示过程中,每位同学首先挑选自己最具代表性的作品,然后在教师的指导下进行装裱。之后,还需要布展挂画,调整作品高度和灯光等。这一过程让每位同学了解如何从构思到创作再到展示,从而使上中画廊的价值得以充分发挥。

"双新"视野下的美术教学改革主要体现在学习方式的改变。无论是上中画廊的设立还是课程项目化的学习,都是为了引导教师多途径地创设混合式教学、项目化教学及个性化学习情境,以培养学生的实践能力与创新精神。

五、结语与思考

作为新时代的教师,我们必须随着时代的发展更新教育理念和形式,以更好地履行教师职责。习近平总书记在给中央美院老教授的回信中强调:"美术教育是美育的重要组成部分,对塑造美好心灵具有重要作用。""做好美育工作,要坚持立德树人,扎根时代生活,遵循美育特点,弘扬中华美育精神,让祖国青年一代身心都健康成长。"这凸显了新时代下美术教学的重要性。在"双新"视野下,上海中学的美术教学根据本校学生实际情况,通过不断发展教师专业能力来推动教学。尝试混合式和项目化学习的教学模式,并在校内设立专业画廊,在有限的学习时间里培养学生审美能力和创造美的能力。在"双新"视野下,教育改革和课程改革需要思维上的转变。为此,在美术教学领域,我们将持续探索和总结经验。

（罗陵君　平毓芳）

普通高中"双新"视野下信息技术"三高"教学纲要导引

　　根据教育部发布的《普通高中信息技术课程标准（2017年版2020年修订）》（以下简称课标），上海中学将高中信息技术课程列为高一必修课程。这门基础课程旨在全面提升学生的信息素养，帮助其掌握信息技术的基本知识和技能，增强信息意识、培养计算思维、提高数字化学习与创新能力，并培养正确的信息社会价值观与责任感。

　　课程围绕高中信息技术学科核心素养，突出学科大概念，并吸纳学科领域的前沿成果，以构建具有时代特征的学习内容。课程既重视理论学习，也注重实践应用。通过丰富多样的任务情境，鼓励学生在数字化环境中学习与实践。此外，课程倡导基于项目的学习方式，将知识建构、技能培养与思维发展融入运用数字化工具解决问题和完成任务的过程。课程提供学习机会，让学生参与信息技术支持的沟通、共享、合作与协商中，体验知识的社会性建构，增强信息意识，理解信息技术对人类社会的影响，提高信息社会参与的责任感与行为能力，从而成为具备较高信息素养的中国公民。

　　本纲要在分析育人目标、学科发展、课标要求以及我校学生特点之后，从教学背景、教学对象、教学内涵、教学内容、教学策略和教学评价六个方面梳理适合上海中学学生的本地化教学要求和教学指导,旨在为教师教学和研究提供参考。

一、"双新"视野下"三高"教学的教学背景解析

随着大数据、人工智能、物联网、云计算等概念相继涌现,数字时代和信息社会对公民提出了独特的数字素养要求。2022年3月,教育部发布的《2022年提升全民数字素养与技能工作要点》强调需要采取多种措施提升全民数字素养与技能。其明确了到2022年底的目标:全民数字素养与技能工作取得积极进展,系统推进的工作格局基本建立,数字资源供给丰富,初步构建全民终身数字学习体系,劳动者数字工作能力加快提升,人民群众数字生活水平不断提高,数字创新活力涌现,数字安全防护屏障加固,数字社会法治道德水平持续提高,全民数字素养与技能发展环境不断优化。

上海中学的信息技术课程承担着缩小数字鸿沟、促进数字时代教育公平、提升全民科学素质的任务,为来自不同生活背景的学生提供多样化的学习机会。此外,还注重创新人才培养价值,通过支撑学习模式创新、提升青少年在数字时代真实情境中的问题解决能力,为科技创新自主可控、维护国家信息安全所需人才的成长奠定扎实的数字素养和技能基础。

上海中学的信息技术课程充分体现了科学与技术类学科的教育价值。一方面,课程致力于提升学生在信息社会责任方面的核心素养,使其理解并遵守信息创造、使用和传播的法律法规、伦理道德规范,自觉保障网络安全、数据安全,维护国家主权,认识到网络空间秩序的重要性。另一方面,课程强调传递文化育人价值,引导学生在科学世界中理解并遵循科技伦理,培养科学家精神,以及传承我国优秀传统文化和上海城市精神。

上海中学的信息技术课程充分体现了以学习者为中心的教育理念。课程依据高一学生的认知发展阶段特征、上海社会文化特点以及学生"数字原住民"的经验,实施以学习者为中心的教育理

念,同时关注培养学生的学习主体性,并支持学生在数字化学习环境下进行自我规划、自我管理和自我评价。

上海中学信息技术课程遵循上海中学教育教学的"三高"原则。首先是高立意,即坚持落实立德树人的根本任务,推动青少年数字素养和技能发展。通过适合学生发展的教学内容,寻找促进学生成长的教学方式。其次是高思辨,实际生活中关注如何运用信息技术解决问题,激发学生计算思维,让他们在数字化创新与学习方面发挥主动性。最后是高互动,调整教学角色,鼓励学生积极参与评价,提高师生之间在认知、情感等方面的交流效率。

二、"双新"视野下"三高"教学的教学对象分析

如今,大多数学生都在信息化环境中成长,无论是信息技术基本技能还是学习方式和思维方式,他们与 21 世纪初的一代学生已经有很大不同,通常被称为"数字原住民"。他们从小就有接触各类信息技术设备的机会。特别是 2020 年后,信息技术设备已经成为他们学习和生活中不可或缺的部分。上海中学的学生作为这一代年轻人的杰出代表,更具有鲜明的信息时代特质和卓越的学习洞察力。

这些学生在信息技术基础能力方面表现优异,并且日常生活中使用信息技术设备的频率较高。上海作为信息技术发展和教育覆盖极高的地区,本地高中生在初中、小学阶段已经掌握了信息技术的基本知识和技能。他们能够熟练地进行各种同步或异步的信息交流,使用信息技术解决日常学习与生活需求,表达自己的观点,并关心自己的信息行为。

上海中学的学生智商高、要求严格,并在学习自主性、信息化学习方式和学习潜力方面表现优异。随着教育信息化的深入发展,上海中学的信息化环境大幅提升,除了拥有日常的多媒体教室外,课堂中融入了更多依赖信息技术的学习活动。学生学习方式

信息化程度高,易于在网络上找到丰富资料,使其学习自主性逐渐增强。学生智商高,学得快,潜力凸显,在正式进入课堂前就已掌握大部分或全部内容,因此对课堂教学的"二次"学习要求较高。

学生的行为习惯、思维方式和信息化环境三者高度同步。在信息化环境下成长的学生,已将信息技术使用融入日常生活与学习。他们习惯迅速获取最新信息、接受新事物、掌握新技术,更愿意主动选择、加工信息,并在思维方式上展现出超文本和跳跃的特点。

面对学习起点较高的教学对象,在"双新"视野下,针对"三高"进行以核心素养为目标、因地制宜的教学显得至关重要。

作为教育者,要在课堂教学中,结合项目情境和问题任务,关注学生主动获取信息与知识的能力培养,以提高学生收集、利用、判断、处理和创造信息的能力,培养他们形成信息意识,以满足时代需求并综合体现高立意与高思辨。此外,在课堂教学中,可通过真实项目情境,让学生学会运用数字化工具处理问题并设计解决方案,比较这些方法与非数字化工具解决方案之间的差异。运用解决其他领域项目的经验,实践"计算思维+"模式,尝试并掌握基于数据的问题解决方式;这种思维方式的特点是从抽象到建模、从实践到反思,体现了信息技术课堂的高思辨。

在课堂教学中,教师可以通过整合资源、融合平台、混合工具等方法,向学生介绍和展示可靠、适用的数字化工具对学习的积极支持作用;引导学生使用、筛选有效的数字化资源进行自主学习和合作探究;鼓励学生借助数字化学习系统进行学习总结、反思和提升。信息技术学科课堂教学是培养具备信息社会责任的人的主要途径。通过信息技术课程实践,使学生正确认识信息社会的特点、理性应对信息社会带来的变化、合理运用信息技术并在身心健康的基础上苗壮成长。这也是信息技术课堂实现高立意目标的过程。

三、"双新"视野下"三高"教学内涵的阐释

　　2015 年发布的《中国学生发展核心素养》报告以培养"全面发展的人"为核心,构建了一个系统性框架,包括文化基础、自主发展和社会参与三个方面。该框架综合体现了人文底蕴、科学精神、学会学习、健康生活、责任担当和实践创新等六大素养。信息技术学科依据此框架,确定了本学科的四大核心素养:信息意识、计算思维、数字化学习与创新、信息社会责任。这四大核心素养从基础性、发展性和社会性三个方面解释了本学科的课程目标,旨在全面提升全体高中学生的信息素养,如图 1 所示。

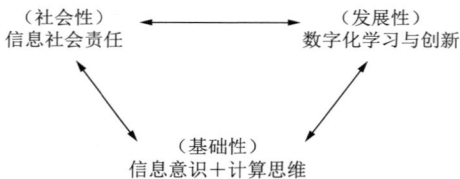

（社会性）
信息社会责任

（发展性）
数字化学习与创新

（基础性）
信息意识＋计算思维

图 1　信息技术学科四大核心素养

　　根据上海中学的特点,我们在遵循课标要求的基础上,以核心素养为纲,贯彻"三高"教学原则,将学科大概念作为核心教学内容,并结合项目学习的教学方法,在数字化环境和平台的支持下,制定了上海中学信息技术课程目标。学生在完成本学科学习后,将能够:

　　● 掌握数据、算法、信息系统、信息社会等学科基础知识;

　　● 依据解决问题的需求,自觉地获取与处理信息,分析数据所承载的信息,预测信息可能产生的影响并提供解决问题参考;

　　● 运用计算思维识别与分析问题,进行抽象、建模与设计系统性解决方案;

　　● 了解信息系统的基本原理,认识信息系统在人类生产与生

活中的重要价值;

● 理解信息社会的特征,自觉遵循信息社会规范;

● 在数字化学习与创新过程中,形成对人与世界的多元理解力,负责有效地参与社会共同体中,成为数字化时代的合格中国公民。

为实现以上课程目标,我们将围绕学科大概念,采用高立意、高思辨、高互动的教学方式,促进学生四大核心素养的培养。这与我校一贯提倡的"志趣能"相适应,如图2所示。

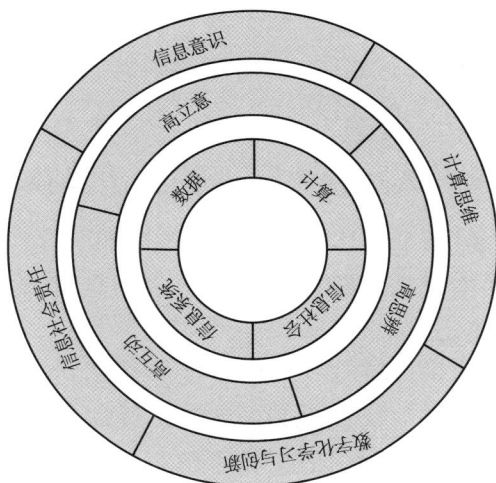

图2 立足学科大概念,通过"三高"教学发展学生核心素养

"三高"课堂的特点主要表现为:

1. 基础性夯实

"三高"课堂关注基础性,教师需要以高立意的教学内容从社会发展、技术发展及学科发展角度诠释大概念。要让学生了解概念定义,并理解其对学科发展的基础性与重要性;通过高思辨和高互动手段,促使学生关注围绕学科大概念产生的对社会发展的动

力与影响。

2. 发展性延展

当前信息技术课堂教学内容往往落后于学科发展,教师需要在教学过程中"站得高,看得远",立足志趣能的培养、挖掘与引导。让学生不仅看到一棵树,还要引导他们看到一片森林,强化抽象、思辨、迁移、创新等教学特点。

3. 社会性树立

在信息社会中,每个人既是信息的使用者,也是创造者与传播者。个人的责任意识、社会认识、价值观等都会在一定程度上放大,甚至在一定范围内产生影响。高立意的落实能从根本上确保将正确的情感态度传达给学生,高互动则能通过交流与评价环节及时调整和督促学生的认识形成。

四、"双新"视野下的"三高"教学整体内容

根据课标要求,上海中学在高一学年开设了信息技术必修课示范课程,旨在构建高中阶段全体学生的信息素养基础。课程分为两个关键模块。

必修一:数据与计算——本模块关注数据在信息社会中的重要价值,并分析数据与信息之间的关系。强调数据处理的基本方法和技能,以培养学生利用信息技术解决问题的能力。通过该模块的学习,学生将能够:认识到数据在信息社会中的重要价值;合理处理与应用数据;掌握算法与程序设计的基本知识;根据需要运用数字化工具解决生活与学习中的问题;逐步成为信息社会的积极参与者。

必修二:信息系统与社会——本模块针对信息社会生存与发展的需求,分析信息系统的基本知识与技能,强调利用信息系统解决问题的过程和方法,以提升学生的信息素养。通过该模块的学习,学生将能够:了解人类、信息技术与社会之间的关系;认识信息

系统在社会中的作用;合理使用信息系统解决生活、学习中的问题;理解信息安全对当今社会的影响;能安全、守法地应用信息系统。

在"三高"教学原则指导下,针对上海中学学生的特点,我们对部分教学内容进行了适度调整。例如,在必修一教材第二章"算法与程序实现"的教学部分,我们相较于基本要求提高了一些难度。常用算法方面的教学要求调整如表1所示。

表1　常用算法部分的教学要求调整对比

课标要求	上海市教学基本要求	上中要求
1.7　掌握一种程序设计语言的基本知识,使用程序设计语言实现简单算法。通过解决实际问题,体验程序设计的基本流程,感受算法的效率,掌握程序调试与运行的方法	知道编程解决问题的过程	学会运用计算思维识别与分析问题,抽象、建模与设计系统性解决方案
	理解枚举法的基本原理;掌握枚举法的程序实现方法	理解常用算法(枚举、排序、查找)的基本原理;掌握部分常用算法的程序实现;学会初步的算法分析方法

相应地在教学内容上做了拓展,如表2所示。

表2　常用算法部分的教学内容调整对比

上海市教学内容	上中教学内容
枚举法的原理 枚举法的程序实现 知识延伸:排序和查找	枚举法的原理和程序实现 部分排序算法和程序实现 查找算法和程序实现 算法的时间效率和空间效率分析 参考《高中信息技术 选修一　算法初步》教材

上海中学学生基础较好,因此在算法部分的教学要求和难度上相比上海市统一教学内容进行了提升。根据"三高"教学原则,

我们重点关注教学内容的立意、教学过程的思辨，以及教学形式的互动。从高立意的角度看，算法作为解决问题的关键信息技术手段，是本学科的核心内容；同时，算法强调的计算思维是信息时代其他学科的重要基础，其有助于解决实际问题和开展跨学科研究。从高思辨的原则出发，枚举、排序和查找算法是日常生活中常用的解决问题的方法，在教学中强调方法、应用范围、算法效率和实现细节有助于启发学生的计算思维，并通过实际问题的解决来加深对问题解决过程的理解。在高互动的教学形式方面，基于真实情境的项目学习能让学生通过合作学习方法迅速掌握多种排序和查找算法，通过程序实现和理解不同排序和查找算法的效率，能够高效地促进师生、生生间的认知和情感交流。

五、"双新"视野下的"三高"教学策略

课堂教学是教育教学中常见的方式，包括教师向学生传授知识和技能的全过程。为了在课堂教学的各个环节有效地结合上海中学"三高"教学原则，融入"双新"视野下的信息技术学科核心素养，需要从学科特点、教学设计、项目设计、课堂结构、课堂问题、个性化学习等方面制订并落实有效策略。

1. 把握信息时代社会特征，强化信息技术学科特色

信息时代是以信息作为重要资源，推动社会发展的时代。信息技术全球化作为当今社会的一大特征，不仅改变了经济业态和社会业态，而且对教育领域产生了显著影响。信息技术教育作为教育的一部分，其目的是促进人的发展，并结合学科特点走在创新教育的前沿。在课堂教学中，我们要关注强化"人的价值"，强调社会情感和可持续发展，同时尝试融合多种技术实现模式创新，推动学生核心素养的成长。从高立意的教学原则来看，一方面，信息技术教师需要不断地学习新兴技术成果背后的科技原理；另一方面，要始终坚持从运用信息技术解决问题的角度出发，以实现信息技

术学科前沿特色理论与课堂教学的"深度融合"。

在课堂教学中,强调学科特色与落实核心素养是密不可分的。举个例子,在处理必修一教材第一章的"数据、信息与知识"教学内容时,我们设计了一个与学生语文学科紧密结合的"四大名著"读本推荐活动。学生需要利用文本分析工具处理相关书籍的评论,从数据的角度为所选书籍提供依据。这个项目活动既能提高学生内化的数字敏感性、判断数字真伪和价值,增强主动发现和利用真实、准确数字的动力,还期望在学生协同学习和工作中鼓励其分享真实、科学、有效的数据。

在课堂教学过程中,教师通常会选择一些贴近生活的案例进行讲解,同时要关注运用信息技术解决问题的案例。例如,在程序实现教学中,"摘苹果"和"解数学题"通常被视为经典案例,但其在教学过程中往往无法达到预期效果。这并非因为案例不够经典,而是忽略了"用信息技术解决问题"的思考。通常情况下,摘苹果和解数学题都是由人手动完成的,学生很难直接从"人解决问题"转换成"信息技术解决问题"。从技术角度看,手动与计算机之间的差别较大。因此,在初学阶段,建议教师始终坚持"用信息技术解决问题"的指导原则。

2. 突出整体教学设计理念,开展以单元为主的教学设计

单元教学设计是从教材章节或单元的角度出发,根据相关知识点的需求,综合运用各种教学形式和策略,让学习者通过一个阶段的学习完成对一个相对完整的知识单元的掌握。以单元为核心的整体教学设计,能够改善传统教学过程中忽视学生核心素养培养以及知识碎片化、表层化和模式化等问题;有助于培养学生的全局思维和实践应用能力;促进教学方式、方法和内容在教学过程中的最优化整合,提高教学效率;充分体现出"整体大于部分之和"的理念。

在编写以单元为整体的教学设计时,教师可遵循以下几点:

　　（1）深入理解教材：教师应全面梳理教材中的主线内容，并挖掘隐藏的细节。备课时要结合课标理念和阶段性教学目标进行深入研究。教师对教材的把握越到位，教学设计和落实的效果才会更具突破性和创新性。

　　（2）重构教材逻辑并调整课时分配：针对单元教学中的学情，要选择或调整教学内容，以满足他们的发展水平，并尽可能为学生搭建符合难易度梯度的学习支架。

　　（3）设计有选择性、延续性和螺旋上升特点的课堂环节：让学生通过参与项目活动，主动自然地在单元系统框架下进行知识重组和构建，以实现思维的提升。

　　（4）根据教学内容丰富作业形式和属性：在作业和评价环节，教师须避免直接照搬过往的做法。要根据每个课时的教学内容，提供多样化的作业形式（如书面作业、分享、活动、调查等）和属性（如预习作业、课堂作业、阅读作业等），突出分层性作业设计。

　　以第二章"算法与程序实现"为例，在深入研读教材的基础上，明确内容组织的脉络，并为单元设计的落实打下基础。本单元项目遵循适应性和延续性原则，根据学生特点选择了贴近他们生活经验的实际任务，如智能跑步机体验、BMI 计算和多日卡路里消耗。通过参与这些项目，学生将体验并思考编程解决问题的过程，包括抽象与建模、设计算法、编写程序和调试运行。在完成本单元学习后，学生不仅能掌握算法的基本理论知识，还能提高用 Python 编程解决实际问题的能力，并培养计算思维。

　　本单元设计框架下的子任务难度逐渐增加且有衔接。例如，BMI 计算既连接了前几节的算法理论知识，也涵盖了 Python 编程中使用变量、运算符和函数等方法及规范，为后续使用 BMI 秤和"多日卡路里消耗"项目抛出了列表、分支结构、循环结构等新的待探究延续性问题。在教师引导下，学生需要积极参与，对教学内容进行高质量的消化和重构。

3. 创设多维项目情境,增强学生解决实际问题的能力

项目情境是构建活动的基础,既提供了背景,也是学生首次接触问题、设计解决方案的起点,反映了学生信息意识的强弱。教师应从创设的项目情境中引导学生梳理、提炼主要任务,并为解决问题打开入口。因此,在课堂教学过程中,教师如何创设良好的项目情境对学生知识掌握、能力提升、思维发展和素养形成至关重要,这与高思辨的起点是不谋而合的。首先,要倡导项目情境的真实性,真实的项目情境能够最大程度地还原实际问题,有利于让学生沉浸在与其生活经验相关的场景中。如此一来,学生能够主动地从情境中自觉、主动地寻求恰当的方式获取或处理信息、判断信息、分析信息并分享信息。其次,要倡导尽可能开放的项目情境,一方面可以考虑问题解决方案的不唯一性,另一方面可以考虑问题解决方案的多层次性。开放的情境有利于学生根据自身的认知起点,从多个角度挖掘项目任务,有利于学生在项目活动中不断寻求解决方案、评估解决方案、优化解决方法。这种基于开放情境的项目有利于学生在问题解决的过程中反复经历界定问题、抽象特征、建立结构模型、合理组织数据、形成解决方案、反思优化的过程,从而强化计算思维的培养。最后,教师创设的项目情境需要与信息技术学科紧密结合,应作为指向探究本学科知识和能力的入口,以培养学生在信息时代综合应用信息技术解决实际问题的能力。

教师在创设项目情境时,应尽可能选择生活中真实的场景,并从中挖掘与学科紧密关联的情境,以促进学生学科核心素养的培养。例如,在进行必修一教材第四章"走近人工智能"的学习时,教师可从学生熟悉的"微信语音识别"场景入手(真实的情境),引导学生回顾"微信语音"的发展和变化,探究计算机如何"听懂"和"说出"的技术秘密(与学科紧密结合的情境),并请学生开发在"听懂"

的翻译中为语句增加标点符号的技术方案（开放的情境）。

4. 协调教师与学生在课堂中的主体定位，优化课堂结构

传统课堂上常用的凯洛夫讲授法是"高结构＋高控制"的课堂结构。在这种结构下，教师对教学做了精准设计，按照预定思路与步骤引导学生学习；学生则跟随教师的节奏完成学习任务。这类课堂在单位时间内，对已有知识的记忆和理解效率相对较高（学生的主体地位受限）。为提高学生自主学习比例、体现个性化学习成果，教师会增加师生互动、同伴交流等环节，将课堂设计成"高结构＋低控制"的结构。这种模式提高了学生的课堂参与度，一定程度上平衡了教师与学生的双主体地位。

也有很多课程设计成"低结构＋高控制"的课堂结构，即教师的教学设计为一个主题式/项目式的框架，学生采用分组探究的学习方式为主。在这种课堂中，尽管看似没有严谨的流程设计，学生却能拥有很大的自主探究空间。为了实现教学目标，教师的课堂管理能力变得尤为关键。在信息技术的支持下，"低结构＋低控制"的课堂也能得以实现，学生可以借助网络搜集资料、整合学习资源，并依托数字化学习平台进行协作学习、研究规划和反思梳理。这种课堂模式下，虽然看似学生成为唯一的主体，但如何学会学习、探究以及促进学生认知与情感主体能力的生成与发展仍然需要教师把控。

不同的课堂结构都是学生核心素养形成的重要途径，在教学过程中各有价值。在实现"三高"课堂时，需要根据具体的教学内容将高思辨和高互动有效地融合并落实。在信息技术教学中，应根据不同情境将各种课堂模式相互补充、贯通。例如，在教授第一章"数据与大数据"时，可以采用"为不同人群推荐四大名著"的项目主题引导学生从网络上获取数据、整理信息以及分析最终"推荐"受影响的因素（低结构＋高控制），让学生在"常规活动"中构建知识、培养信息意识。而在教授"数字化与编码"的内容时，要重点关注数字化过程和编码方法的掌握,并主要采用教师讲解、例题讨论和实践探究的方式(高结构＋高控制、高结构＋低控制),使学生能够在有限的课时内完成学习目标,强化计算思维。在本课程中,我们将通过以下方式教授"大数据及其作用与价值"部分:在课堂上分享大数据分析工具和平台,并提供学生资料、报告、网站等资源。课后,学生们将协作完成关于电子书的社会报告并进行展示发布(低结构＋低控制),使学生可以围绕大主题自定内容,体验并实践数字化学习,了解大数据对社会的影响。

5. 深入研究课堂问题的有效性,引发学生深度思考

高互动的原则关注师生在课堂上的互动交流,引导学生进行深度思考。课堂问题的有效性是促进深度思考的重要因素。课堂提问作为最直接的师生双边活动,不仅可以串联课程内容,加强课程紧密程度,还能引导学生进入更深层次的知识学习,激发学生的思维,有效提升教师和学生的课堂效率。然而,在课堂教学中,课堂提问的作用通常未得到充分发挥,学生面对教师的提问往往无法作出有针对性的回答,不能达到引发学生深度思考的效果。为解决这些问题,我们需要深入研究问题的有效性。

有效的问题通常具备以下几个原则:明确的问题指向性;与教学内容关联紧密;问题链的递进关系等。例如,在进行必修一教材第三章"数据采集"的教学时,以"用电分析助节能"主题进行项目式学习。如果在项目开始时的提问是"从家庭角度考虑使用什么方法采集用电数据",由于时间范围和目的不明确,可能会导致学生无法作出有针对性的回答。改为提问"要获取小区用电,使用什么采集方法"时,也需要注意加上获取用电数据的主体。问题的明确指向对于避免学生答非所问至关重要,指向不明确不仅会影响教学效率,还会降低学生的学习兴趣(问题指向性)。此外,本节课程的重点和难点在于理解数据采集方法,并能够根据不同场景选择合适的方法进行数据采集。因此,设置的问题必须紧密围绕教

学重点,在不同用电场景上也要有区分度,清晰传达在特定场景下某种数据采集方法具有较大优势和可行性,与教学内容保持紧密联系(与教学内容的关联紧密)。

最后,所有问题之间的先后关系需要加强关注。在本课程中,通过一系列环环相扣的问题,从明确"谁来采集""采集什么",到"如何进行采集""怎样采集更合适",再到"为什么要采集"以及"采集完成后如何合理使用",既解决实际问题,又提高责任意识(问题链的递进关系)。问题有效性探究过程如表3所示。

表3   问题有效性探究(以"数据采集"教学为例)

	原始问题	改进后问题
问题指向性	问题1:从家庭角度考虑,同学们使用什么方法采集用电数据?(时间范围和目的不明确)	问题1:从家庭节电的角度考虑,为了实现定量减少家用电量的目标(比如这周减少使用10度电左右),同学们可以使用什么方法采集用电数据,用来制定节电方案?
	问题2:要获取＊＊区用电数据,使用什么采集方法?(缺少获取用电数据主体)	问题2:电力公司想要获取＊＊区的居民各时段用电数据,使用什么方法采集用电数据?
教学内容关联紧密	问题3:学生想要获取小区的居民用电数据,使用什么方法采集用电数据?(不能体现某种数据采集方法在特定场景下优势和可行性的教学重点)	问题3:学生想要分析华东地区的第三产业用电情况,为此他们需要获取华东地区与第三产业相关行业的用电数据,那还能使用前面的数据采集方法吗?如果不能,那有没有其他电量数据采集方法呢?
问题链层次递进	问题链:家庭用电采集→＊＊区用电数据采集→学生对小区居民用电数据采集→采集单车数据优化共享单车投放(问题层次区分度不够,并且问题链有缺失)	问题链:学生为制定节电方案,可以采用哪种数据采集方法→电力公司对＊＊区居民各时段用电数据采集→学生对华东地区第三产业用电数据采集→采集单车数据优化共享单车投放→采集到的数据如何保存→如何保护采集到数据的安全问题

6. 整合数字平台、学习工具和数字资源,提升个性化课堂学习的可能性

个性化学习的内涵主要包括以下三个要点:以学习者的个性化需求和特征为前提;以学习者个性化的学习过程为核心;以学习者的个性化发展为最终目标。这与"三高"原则中的高立意和高互动相契合。互联网时代信息爆炸,导致人们对数字资源的获取和依赖变得频繁。各种形式的、与学科紧密联系的数字资源层出不穷,特别是与信息技术课程相关的资源种类丰富、形式多样。教师可以根据不同学生的起点和学习需求有针对性地引入这些资源,支撑课堂教学活动,调动学生学习的积极性,推进学生发展。

为了满足学生个性化学习的需求,数字平台的支持至关重要。数字平台不仅可以支持学生的多维化学习体验,教师还能利用平台的交互、记录和反馈等功能实施个性化教学。教师可灵活运用平台提供的组织方式,适应学生课堂内的自主创作、小组合作等学习形态;通过分析平台记录的过程数据,充分了解学生、评估学习效果、调整教学策略,并有针对性地进行基于核心素养的评估。此外,个性化学习还需要整合多种数字化学习工具来拓展创新空间。

除了将传统计算机作为学习工具,我们还可以将课堂搬至其他实验室和场地,如工程实验室、化学实验室、体育场等。这些物理空间中的数字化设备同样可成为信息技术课程的学习工具,有助于学生在自己熟悉的环境中基于真实问题设计解决方案,从而激发学生开展个性化学习的兴趣。

教师在数字化环境中关注的重点应该是深入、个性化的探索,而非技能训练或工具运用。例如,在复习"计算机网络信息系统"课程时,教师可将课堂移到工程实验室,让学生分组解决实验室中各种设备间的网络故障。学生根据数字平台发布的学习任务单进行故障排查,遇到需要回顾和复习的内容时,可自主观看教师提供的微视频,选择解决方法(数字资源),记录解决过程(数字平台),

测试结果(学习工具),并在线协作完成展示问题解决思路的思维导图(学习工具)。同时,教师根据各小组成员的学习过程、记录,为他们提供个性化的学习指导和评估。

六、"双新"视野下的"三高"教学评价

学习评价是教师根据教学目标对教学过程及成果进行价值判断的活动,是对现实或潜在的教学价值作出评估的过程。它关注学生知识学习的全过程与结果,以激励学生自主学习并促进教师改进教学行为。科学的学习评价既包括学生的学习成果,也涵盖学生的学习过程;既关注学生学科专业水平的变化,也考量学生在学习活动中情感、态度、意志等隐性要素的表现。

在学生的成长和发展过程中,教师应发现并接受他们的个性化差异。因此,需要构建一个以促进学生个性发展为目的的多维度评价体系,包括全面的评价内容、多样的评价主体、灵活的评价方法以及科学的评价工具。这一评价体系应具有发展性、前瞻性和创新性,从而进一步推动学生评价领域的发展与创新,使其与教育改革的大趋势保持一致。

传统的教学评价往往以学生的考试成绩为标准,过分强调评价的甄别和选拔作用,忽略了评价对学生的促进和激励意义,并限制了学生的个性发展。"双新"视野下的学习评价,应建立一个关注学生学习动机、学习过程及学习效果三位一体的评价方式,也是一个关注"学生的全面发展"和"教师不断提高"的新型课堂教学评价体系。具体实施时,我们既要关注学生的课堂听讲、师生互动、考试成绩等可以量化的显性指标,还要关注学生在学习过程中的兴趣、合作交流、努力程度以及个性化创意表现等多元发展态势。

在落实"双新"视野下的多维度评价时,我们需要根据教学内容、教学目标、教学环境和学生情况等方面不断创新。例如,在进行必修一教材第三章"数据处理和应用"的教学时,教师设计了一

个名为"软科中国最佳大学排名"的项目,引导学生以小组为单位进行项目式学习和体验。

在项目实施过程中,教师与学生进行实时互动,了解活动进展并开展个性化指导。同时,教师关注学生在项目活动中的参与情况(如态度、深度、效度、合作度等),并在预先设计好的评价量表中进行记录(如表4所示)。这些数据在学生课程学习评价中将占有一定权重(多维度评价)。

表4 小组化学习个人评价量表

	A	B	C	D	评价
项目参与度	积极参与小组项目,主动帮助组内成员,和组员共同学习、探索解决问题的方案	喜欢与同学一起讨论,能围绕任务主题给出自己观点	接受组内分工和任务的安排,能做好分内的工作	专注于自己的学习安排,对组内任务的进展漠不关心	
分工合作度	组内有明确分工,积极参与组内讨论,发挥自己特长,乐于分享自己的点子,帮助小组作出合理决定和方案设计	愿意参与小组的分工,进行交流,对任务的完成起到较大作用	在小组活动中,有发表自己的观点,给出一些针对性的建议	在其他人的要求下,参与了小组活动,听取别人的建议和讨论	
项目完成度	小组合作效果好,用头脑风暴激活思维,为任务的完成提供了很多建设性的见解;和组员之间产生了良好的"化学反应"	基本完成了设定任务,思路和结论能达到老师预期的教学要求,组内也通过讨论达成了一些共识	小组有分工与合作,但完成效果不太理想,得到的部分结论有偏差	未能按照预期通过合作解决问题;项目完成过程中没有很好规划,流于形式	
项目创新度	围绕任务主题,大胆设想与思考,提出了一些解决问题的新观点、新论断;大胆尝试了一些新方法	完成了项目任务,进行了一些思路上的创新,也有部分合理、正确的观点陈述	在教师的辅导和帮助下能完成任务,通过引导也有一些新结论	完成了项目任务,中规中矩,缺少创新	

　　在讲解使用技术工具的问答环节中,师生实时互动能体现学生对教学内容的理解、掌握和内化效果。这在一定程度上反映了学生在学习目标达成水平上的表现,因此也可以作为一个维度的评价指标(多维度评价),如表5所示。

表5　课堂互动评价量表

	A	B	C	D	评价
态度认真	认真听讲,积极参与讨论,和教师有眼神交流	认真听讲,做记录;有参与讨论	听讲时不太认真,偶尔开小差,做其他无关事情	课上无心听讲,极少参与教师的提问和互动	
积极主动	积极举手发言,踊跃参与讨论	有时举手提问;有参与发言和讨论	点到时能发表自己观点;被邀请参与讨论	不举手发言、不参与讨论或交流	
回答质量	思路清楚,表述有条理;声音洪亮,表情自然,切中问题要害	能表达自己观点,能抓住问题的要点;但条理性不足	表述内容有些含糊不清;语言组织有待加强,缜密性有待提高	表述有科学性错误;问题的回答没有针对性;条理性较弱	
思维的创造性	有创造性思维特征;观点/方案独特;有一定的升华和反思	熟练运用所学解决问题;有一定的思考和突破	对问题的思考较表面化,创新性不足	思考能力弱,缺乏创造性;未能解决问题	

　　项目成果的交流环节既能让学生向教师和同学展示小组协作成果,同时考验学生的语言组织和口头表达能力。交流环节后的问答阶段更能凸显学生的临场应变、逻辑思考及知识综合运用能力(多维度评价),这些都可以通过可量化的标准进行评估,如表6所示。

　　基于项目完成过程中具体、生动、趣味、动态和实时的评价,将使学生评价的内涵更全面、丰富和科学。这样的评价方法有助于提高学生的自信心,激发他们不断求知和学习的欲望,促进学生心智的发展和成熟(尊重个性化差异)。

表6 项目成果汇报评价量表

	A	B	C	D	E	评价
陈述内容	丰富且重点突出,详略得当,观点清晰、新颖	能突出重点,详略有一定的安排,观点明确	内容一般,重点不太突出,详略体现得不明显,观点偶有创新	内容安排不太合理,详略安排不太合理,几乎没有自己的观点总结	内容安排混乱,没有重点突出,观点没有创新	
讲解	声音洪亮,口齿流利,神态自然,介绍时形式新颖、有条理	逻辑合理,观点正确,表情自然,有流畅的语言陈述	有一定逻辑,介绍时有部分衔接不到位,语音语调有时也不太稳定	声音较小,讲解时照本宣科,表情比较呆板,缺少必要的眼神交流	不自信,紧张,声音小,没有很好准备,经常中断	
呈现形式	美观且主题突出,图文排列生动,交互性好	有明确主题和必要的图片辅助说明,运用了一些动画增加交互	排版基本符合要求,缺少后期的美化和动画效果	纯文字的版面,有一些图片辅助说明,部分内容之间缺少逻辑安排	文字格式不统一,图片失真变形,很多内容之间逻辑混乱	
回答	回答提问思路清楚,解释有理有据,能清晰表达自己的观点	能理解提出的问题,回答问题时能合理组织语言,给出较切合的观点	回答提问时能清晰地表达自己观点,但在语言组织逻辑上有待完善	未能很好理解问题,能表达自己的观点,但缺乏说服力	表达的观点模糊,思路不清楚,语态有待改进	

七、结论与思考

在"双新"视野下,信息技术"三高"教学纲要基于课标、教材和以学生为本的学科教学探索。在教学实践过程中,教师需要明确核心素养的内涵和外延,不断地探讨"三高"教学原则。通过落实强化学生的信息意识、启迪其计算思维、培养其数字化学习与创新能力,并赋予其信息社会责任的课程宗旨,为培养具备信息素养的中国公民提供有力保障。

(毛黎莉)

普通高中"双新"视野下
通用技术学科"三高"教学纲要导引

通用技术课程是上海中学课程的重要组成部分。它的核心思想扎根于国家和社会对高中阶段人才培养的长期目标定位。首先,高中教育具有甄别属性,它作为选拔人才的一个重要环节,让高中阶段的学习以若干选拔性考试告终。其次,高中教育具有启发属性,这一阶段学生特长和天赋得到初步显现,基本具备分专业深入学习的条件,并对未来的学习规划和职业规划有了初步认识。因此,在通用技术课程中,我校正尝试为这个特殊时期的学生提高素质、拓宽视野、激发潜能。

在课程实施过程中,积极贯彻学校长期提倡的"三高"原则,即高立意、高思辨和高互动。这一教学原则旨在实现教学内容的提升和升华,更适合资优生的教学需求,使他们在教学过程中得以全面提高素质。

自 2018 年起,上海中学在高中通用技术课程中逐步渗透STEM课程,从高立意(不唯分数论、不唯考试论)和高互动(强调学生活动与师生协作)的角度出发,在通用技术课程框架内进行尝试。将科学、技术、数学、工程等多学科知识融合在一个平台上,从知识获取开始,沿着视野开阔、实践探究的主线,最后聚焦于学生的兴趣和潜能的开发,这是对"三高"教学原则有意义的新实践。

　　然而,仍存在一些问题需要厘清。首先,需要讨论课程的发展方向。自从我校在通用技术课程中试点推行 STEM 课程以来,课程内容逐渐丰富并初具规模。其立足于课标,在深度与广度上均进行了拓展,受到学生们的欢迎。几年来,课程构成和教学方法也经过了动态迭代。那么,这类课程未来的发展方向是什么? 当前需要优先解决的问题是什么? 这关系到下一步应当首先开展哪些实验性的课程方面的尝试。其次,近年来国内外社会环境、科技进展和国家规划带来的新变化如何影响课程设计? 依托 STEM 课程的新型通用技术课程应如何适应这些变化? 这就需要在"双新"视野下进行思考。

一、在通用技术课程中加强对高立意的思考

　　新时期所要求的"高"和我们之前所说的"高"相比,是否有新的含义? 新时期对于教育应该培养什么样的人,如何培养这样的人都提出了新的要求,引发了我们的思考。在高中阶段,随着学生逐步成熟,他们的学习方式、生活方式以及人际交往方式正逐步形成。可以说,高中是实现国家教育事业立德树人根本任务的一个重要阶段。

　　在具体的高中教学中,通用技术课程设计与立德树人根本任务高度一致,旨在帮助学生在高中阶段发掘自己的潜能和天赋,培养自己的兴趣和特长,并树立学以致用、实干兴邦的理想。这可以说是体现了通用技术课程的高立意,应当长期坚持。相较之下,高中课程中的科学必修课主要以基础知识为主,尽管其中也有联系实际的部分,但大多仅作为相关知识教学的辅助。通用技术学科则作为这些课程的补充,以实际应用为教学主线,不能丢弃其"立足实际需要"和"解决实际问题"的核心。

　　此外,在培养人才方面,解决实际问题的立足点不应局限于技术和技巧,更应包含"自力更生"和"勤劳实干"的劳动情怀。高中

阶段的青少年充满好奇,容易接受新事物和新概念。随着多媒体、移动设备、虚拟现实、人工智能等新技术大量涌入生活和课堂,包括科学课程和通用技术课程在内的许多课程正逐渐呈现高科技和高集成的趋势。然而,动手操作过程反而变得更简单、更直接,有些甚至带有"一键式"或"傻瓜式"的形式主义色彩。另外,信息时代的高速发展使得"探究"的本质开始与"搜索"相混淆。在通用技术课程中,一些已有的选修课程开始出现"高效率"的现象。原本需要学生逐步探索并在反复失败后才能掌握的技能,在"照搬照抄"的环境下变得可以轻松掌握。这看似使学生迅速取得成就,但实际上却削弱了学生对努力和劳动过程的重视。

高科技、高集成和高效率三者本身并无错处,然而若忽视其中的弊端,长期下来,在这些以三"高"为特点的 STEM 课程中,学生可能会对真实的"劳动精神"和"实干精神"的本质产生误解。这将影响到培养科学精神和创新精神的教学目标,因为没有脚踏实地的劳动精神,所谓科学创新素养的培养只能是照搬照抄和低层次模仿借鉴的技巧化操作。久而久之,更可能在学生思想上形成以走捷径为荣,而以踏实苦干为耻的错误观念。

因此,在技术高度集成、取得容易的当下,如何确保技术为我们所用而不适得其反,也是通用技术课程在立足于高立意基础上进一步发展所需要考虑的问题。要回归劳动的本质,首先需要让教学内容更具实际性,其次要巧妙设计教学过程。将高科技作为教学对象引入通用技术课程时,有时会出现过度"包装"的现象。以机器人教学为例,十多年前,机器人行动编程常以 51 式单片机为基础,学生需要掌握繁琐的汇编语言和具备相当的调试技能才能使机器人做出动作。随着技术的不断进步,特别是大量开源硬件和代码的出现,机器人学习的门槛已经大幅降低。如今,一些原本需要高中水平才能完成的任务在初中就能实现,而那些曾需要翻阅海量资料、费尽心思才能掌握的细节,在软硬件接口高度标准化的现今,可以轻松地通过复制网络上的标准库来获得。

从某种程度上说,这些现象当然是时代的进步,是好事。然而,在一个更深入的层面上,机器人教学变得越来越像游戏。当学生用所学技术解决实际问题时,我们应该问:如何确保这些丰硕作品的背后不仅仅是知识的堆砌? 如何让学生在课程中所获得的知识技能,避免成为没有根基的"花"、没有基础的"楼"呢?

要解决这个问题,就需要对教学内容的选择和过程的设计进行改革,摒弃过度包装,使课程有根基,接地气。让学生在其中不仅能够体验到成果,还能感受到过程。正是在这个过程的体验中,"劳动""踏实""自强不息"的精神才能被内化。这正是我们学校通用技术课程的目标。

二、在通用技术选修课中实现高互动的思考

从上述思考出发,我校通用技术课程发展将面临一个矛盾。由于通用技术课程与工程应用联系紧密,新技术对课程的影响比其他学科更为深刻。然而,引入新科技的目的并不仅是了解技术本身,而是希望以此为载体,使学生在知识习得和过程体验中提高自身素养。另外,如果过度强调学习过程,剖析新科技,要从基础知识讲起,这是不现实的。因为高中学生的数学和自然科学方面的基础知识有限,过度专门化的内容并不适合整个高中阶段的学生,这违背了因材施教的基本教育原则。因此,在设计通用技术课程时,一个重要问题是如何把握这个度。

"三高"中的高互动主要指在一堂课或一门课程中,教师与学生的互动、学生之间的互动等。通过互动,学生的思维和教学内容能够产生共鸣,从而实现良好的教学效果。高中阶段的学生活动在课堂教学中占据重要地位。一般来说,学生活动的价值被认为高于教师活动,所以强调"互动"侧重于学生的主动参与

是非常必要的。然而,在高中教育教学过程中,我们不能简单地将"双向互动"和"单向灌输"对立起来。事实上,有些课程的某些内容适用于互动,而其他内容则不适合。由于性格差异,有些学生喜欢并擅长在互动过程中提高学习效率,而另一些学生则不热衷于此。

如何让不同类型的学生在通用技术课程中通过高度互动来增进学习呢?从跨学科性和动手操作等学科特征来看,通用技术课程的教学内容并不比其他学科更容易掌握。可以利用课程之间的前后关联和合理的选课机制,使学生的兴趣和优势逐步聚焦,从而形成课程和学生之间的互动。例如,针对零基础的初学者,课程可以设定为完全无门槛的。在经过一段时间的"适应性"教学后,部分学生会认为自己对进一步学习有显著兴趣和潜力,另一部分学生可能觉得自己在这方面有一定兴趣但没有特殊潜力,还有第三类学生认为并不喜欢这种课程。因此,在第二轮课程选择中,可以考虑为这三类学生分别设置提高类课程、概述类课程和其他方向的通用技术选修课程。同理,在第三轮课程选择中,前两类学生可以通过深入挖掘、分流寻找自己的兴趣和潜能。与此同时,新加入的学生开始从多个方向选择课时较少的课程,在接下来几轮选课过程中逐步减少选择的方向,同时增加每门课程的课时和深度。这样便可实现课程之间的互动,进而促进学生与课程的互动。这种"集群效应"有可能成为我校通用技术课程中高互动的具体体现。

课程间的互动还表现在运用"前后呼应"和"回环往复"的策略,以加深学生对学习内容的理解,突出情感态度等内涵。在最初针对初学者的课程中,课程内容主要强调"会"和"用",即学生在课程中只需要了解"做什么"和"怎么做",这本质上是一个初步了解和模仿的过程。而在后续课程中,逐渐开始强调"懂"和"造",也就是要求学生对之前所学内容进行提炼、质疑、改进、创新。这将在后续的案例探究中详细阐述。

三、通用技术课程案例探究

(一)"机器人"方向的通用技术课程教学设计

近年来,软件、硬件技术的不断进步,尤其是开源软硬件和互联网技术的发展,使得机器人相关的 STEM 课程逐渐呈现低龄化趋势。大量针对初中甚至小学生的机器人课程应运而生。其中,能够从互联网获取大量传感器的开源控制代码成为推动其飞速发展的主要原因之一。我们提供了部分与机器人方向直接相关的课程及其主要教学内容,如表1所示。

表1

层次	课程名称	课时数,选择形式	开设学期	主要内容
初级	开源硬件和传感器基础	6 课时,必修	高一第一学期	利用 Arduino 开发板进行基本的电路搭建和机器人制作
中级	智能产品设计	9 课时,选修	高一第二学期 高二第一学期	围绕某一主题自行设计、开发智能产品,利用 Arduino 或其他开发板制作
初级	乐高机器与机械装置	9 课时,选修	高一第二学期 高二第一学期	利用乐高系列积木制作连杆结构、传动结构等机械装置,并加以比较改进
高级	数字电路和微控制器	16 课时,选修	高二第二学期	结合数字逻辑集成电路和存储芯片实现时序控制电路;利用 C 语言对微控制器集成电路编程,在寄存器层实现与传感器的端口通信

"开源硬件和传感器基础"是一门面向高一学生的必修课,主

要介绍 Arduino 开源控制板、基本配件及常用传感器。学生们被分组后,在详细指导下,从零开始在面包板上搭建最简单的电路和完成小课题。课程共有 6 个课时,包括 3 个小课题,涉及简单的 Arduino 编程以及发光二极管、微型舵机等基础元件。因此,即使是第一次接触这类课程的学生,也可以通过团队互助和边做边学的方式快速入门。这种手脑互动和学生间的互动层次较为浅显。

在高一第二学期,课程针对不同需求的学生进行了差异化设计。对电路、编程等内容缺乏兴趣的学生,可以选择不再继续学习表 1 中的机器人方向课程(但仍可选择其他方向的选修课程)。对其感兴趣但觉得潜力有限的学生,可以选择"乐高机器与机械装置"课程。该课程结合了机器人方向课程和机械工程方向课程的内容,涵盖了包括连杆机构、差速器在内的传动装置等,学生可以通过制作国外热门的乐高积木模型来加深理解。乐高积木的编程方式相较于 Arduino 语言更为直观简单。该课程主要关注机械方面的内容,并作为开源硬件和传感器基础课程(侧重电子)的补充。

热衷于机器人和传感器的学生,可以选择进阶课程"智能产品设计"。该课程延续了开源硬件和传感器的基础内容,提供了更丰富的开发平台和传感器。事实上,具体开发及学习方向将由学生自行决定。课程一开始,学生将组成 4 至 5 人的小组,并根据各自特长在产品设计、材料采购、硬件实现、程序设计等方面分工合作。教师仅给出课程主题,如智能窗帘、智能门铃等,各小组需要在 9 周内完成从设计到实现的全流程制作。在此过程中,教师会提供建议和帮助。

智能产品设计课程强调学生之间的互动,使得学生在交流过程中不仅学到了知识,还掌握了搜索和调查的技能。例如,他们可以了解网上科技达人是如何制作这类产品的,并直接从电商平台购买所需传感器,甚至获取整套示例程序。在这个过程中,"照搬"是难以避免的,学生在制作产品时对细节也可能一知半解。这些问题可以在后续课程中得到弥补。

最后一个进阶课程"数字电路和微控制器",主要安排在高二年级。这门课是针对那些对机器人领域有浓厚兴趣的学生。前面的课程采用了以 Arduino 开发板为代表的开发平台和传感器,这使得初学者能够更容易入门,因为它们具有高集成度和良好的通用性。然而,在降低使用者门槛的同时,它导致学生失去了许多只有通过主动探索才能获得的经验。

针对这一问题,数字电路和微控制器课程采取了相反的策略。其围绕机器人的核心部件微控制器,让学生通过直接对集成电路芯片编程,从而重新获得像开源硬件和传感器基础等基础课中所学习的知识。这相当于将原先内部复杂但外观简单的东西,变得更加详细和复杂,让学生从头开始体验探索和思考的过程。就像用电脑和打印机打印一行字与用钢笔和白纸书写一行字的区别,前者更多地体现了高技术,而后者则蕴含着另一个层面的高立意。通过运用"前后呼应"和"回环往复"的方法,学生能在回到起点的同时站到一个新的高度,深刻体悟科技的物质外表、精神本质以及实干精神的内涵。

（二）通用技术单元"结构及其设计"教学设计

《通用技术》教材作为劳动技术课程的升级转型,已于 2021 年在上海各高中全面实施。《普通高中通用技术课程标准（2017 年版 2020 年修订）》（以下简称课标）明确指出,普通高中通用技术课程旨在提高学生的学科核心素养,具有设计学习和操作学习的特点,是一门以实践为基础、注重创造、体现科技与人文相统一的课程。从通用技术学科的内涵来看,它比其他任何学科都更接近现实世界,是调动各学科知识技能、解决真实世界问题、形成高阶思维的强大平台。为了发挥通用技术学科的育人价值,实现学科核心素养的培养目标,传统的教学方式显然不适用。本文将以《通用技术(必修)——技术与设计2》中第一单元"结构及其设计"为例,探讨通用技术学科的教学策略。

在"结构及其设计"单元中,教学目标是让学生了解结构分类,分析简单结构的受力情况,探讨影响结构强度和稳定性的主要因素。通过简易结构设计实践,培养学生试验方案设计、绘制图样、制作模型、测试交流和编写报告等的能力。这一过程将拓展学生的技术思维和想象空间,增强其动手实践和团队协作,提高其解决技术问题的综合能力,并培养其通用技术学科核心素养。核心知识点包括:结构的组成和分类、结构受力与形变、影响结构稳定性和强度的因素和结构设计的一般过程。教材内容采用自然递进方式,从认识结构到结构如何受力和实现功能,再通过简易结构设计实践活动来加深对结构的理解。这些活动为整个单元提供了轴线,并可使用"结构设计"项目将其他知识点串联起来。

1. 设计适切的项目载体

通过梳理单元知识点和教学目标,可以形成基于项目的教学框架。要想更有效地实现教学目标,关键在于项目载体的设计。例如,在简易结构设计项目框架下,可以选择工程结构(建筑、桥梁等)或日常物品的结构。在选择载体时,需要考虑以下几个问题:是否与学情相适应?是否能将单元核心知识有机组合?是否有利于教学目标的实现?是否易于学生操作?

综合上述问题,我们选择"桥梁结构设计"作为项目载体。桥梁对于学生而言是既熟悉又陌生的事物。它与日常出行密切相关,但学生对其力学和工程特性知之甚少,这有助于有效地激发他们的学习兴趣。桥梁可以从简单的受弯梁到具有不同受力特征的复杂构件,非常适合向学生展示结构受力与形变的知识点。作为工程结构,桥梁需要满足使用功能的稳定性及强度要求,这为学生探究影响结构稳定性和强度因素提供了支撑。将桥梁作为设计和制作实践的载体是很合适的。

2. 凝练真实情境

在教学组织中,项目载体需要融入真实情境以发挥其价值。"桥梁结构设计"本身只是一个技术问题,将其置于"脱贫攻坚,修路造桥助发展"的真实情境中自然能激发学生的探索兴趣。通过情境引导,让生活在大城市的学生关注农村山区的困境,并激发他们的民族使命感,实现学科德育价值的渗透。

真实情境有助于设置结构性问题。在解决问题的过程中,需要学生利用已有知识和技能补充使之结构化,这有助于提升学生的综合能力。然而,在教学情境设计时,需要注意并非简单地移植真实情境,而是需要教师根据学情对其进行凝练。既要让学生感到有难度,又要让他们经过努力能够解决问题,从而产生探索欲望和成就感。

3. 课时任务分解

学习情境的价值不仅在于激发兴趣、引导项目学习或课堂学习,更是贯穿整个学习活动始终的核心。它推动着学习设计的发展,衍生出一系列有意义的学习任务后形成任务链,并组成任务群。每一课时都应围绕单元大项目进行学习任务和实践任务的分解。各分课时任务在大框架情境下相互联系、排序且难度逐渐提升,形成活动群、任务群。在这一过程中,学生的技术素养水平将逐步提高。

以"桥梁结构设计"项目为例,在有机结合单元知识点和核心素养培养目标的基础上,对每一课时任务进行分解,如表2所示。活动和任务的设计务必符合"技术为满足人类需求"和"设计为了解决问题"的初衷,不能脱离技术实践的本质。例如,过分注重项目产品外观设计而忽略产品功能,可能导致项目活动的艺术化。

表2 桥梁结构项目任务分解

项目	课时	分解任务	知识内容	核心素养
修路造桥助发展	1	用简单材料搭建迷你桥	结构的组成、分类,不同的力和形变	TA、ET
		信息收集:桥梁结构的类型和案例	简单结构的受力分析、结构的赏析	TA、ET
	2	不同横截面形状的结构抗弯能力探究	影响结构强度的因素	ET、ID、CM
	3	探究如何提高桥塔的稳定性	影响结构稳定性的因素	ET、ID、CM
桥梁结构设计	4	村民需求分析,桥梁选址、跨度、宽度、选型	结构设计需要考虑的因素、结构设计的一般过程:发现和明确问题	TA、ET
		制订桥梁模型设计方案	结构设计的一般过程:制订方案	ET、ID、TD
	5	用限定材料和工具制作桥梁结构模型	结构设计的一般过程:模型或原型的制作	TA、ID、CM
	6	桥梁结构的展示交流和测试	结构设计的一般过程:检测	TA、ET
	7	根据测试结果,优化桥梁结构	结构设计的一般过程:优化和改进,工程问题通过循环迭代获得最优解	TA、ET、ID、TD、CM

说明:TA是指技术意识,ET是指工程思维,ID是指创新设计,TD是指图样表达,CM是指物化能力。

4. 建立过程性与结果性并重的学习评价机制

旨在关注学生技术知识掌握、实践技能习得、技术作品形成等方面,同时要关注技术思维方法、情感态度与价值观的发展情况。此外需要重视学生在技术学习活动中的技术经验积累、原理运用、方法融合、设计创新、技能迁移和文化感悟等。这就要求评价框架具有多元性。

结果性评价可通过学生在技术实践中形成的成果来实现,如方案、问卷、设计图样、技术作品等。然而,教师对每位学生学习过程的评价难度较大,因此过程性评价以学生自评为主会是更有效可行的方式。学生活动以小组为单位,小组成员对课堂活动的过程进行客观文字描述(包括反思、心得体会、团队配合情况等)及主观水平描述(如表3),这有助于提高学生的元认知能力。同时,当课堂主体转变为学生后,教师可以有更多的时间和精力关注学生的个性发展。

表3 评价表示例

活动名称			
评价内容		客观文字描述	主观水平描述
实践过程	○ 发现明确问题	自述:	自评:
	○ 构思设计方案		
	○ 表达设计意图		
	○ 制作原型模型		
	○ 编写设计方案		
	○ 设计分析优化		
	○ 其他		
成果形成	○ 方案	他述:	他评:
	○ 问卷		
	○ 设计图样		
	○ 演讲 PPT		
	○ 过程视频		
	○ 实物作品		
	○ 其他		

从工程技术特征角度来看,技术产品的优劣往往可以从侧面反映出制作者在团队协作能力、交流表达能力、技术操作能力等方

面的水平。因此，在通用技术学科的评价中，我们应注重评估结果，并充分利用这一策略来帮助构建人工智能评价系统。在项目活动过程中，教师应当根据学习任务的特性，设计各种形式的阶段性成果展示、交流和汇报，以便小组内部或不同小组进行相互评价。学生往往更关心同伴的评价，也更在意自己在其他学生心目中的形象。通过鼓励同伴间的互评，我们可以建立互动式的学习反思机制，并有助于培养学生的反思能力。

在这个技术无处不在的世界中，作为一门技术教育学科，通用技术课程在教学辅助手段上应充分发挥现代技术的优势。让学生在课程各方面感受到技术，并培养亲近技术的情感。在"结构及其设计"单元的教学过程中，我们采用多媒体设备的实时投屏功能以提高学生的参与度和课堂观赏效果。在方案交流阶段，通过实时拍摄学生的设计图并投影到屏幕上，使所有学生都能了解交流小组的设计图样。在结构展示与测试阶段，通过分屏投射测试小组的设计图样和实时测试视频，让其他学生更加清晰地对比设计图样与实物作品，并实时观看结构测试的细节。此外，我们还借助专业的工程软件，对桥梁结构进行仿真建模及力学分析，帮助学生更有针对性地制订结构优化方案。

四、思考与展望

高立意和高互动为我校通用技术课程的持续发展带来了新的思考。通用技术课程的教学目标和内容多样，在高立意的指导下，通用技术课程不应走入脱离基础、过度依赖技术手段的歧途，而是应立足于培养人的素养、塑造人的精神这一根本目标。根据通用技术课程内容具有较强交叉性的特点，合理地运用课程之间的互动关系，不仅可以帮助实现这个目标，还有望使原本独立课程所期望达到的教学效果更上一层楼。

（赵奇玮　陈　希）

后记:在普通高中实施新课程和使用新教材中培育教学学术的生长土壤

普通高中新课程的实施和新教材的使用,需要进一步完善创新人才早期培育体系。党的二十大报告指出:"教育、科技、人才是全面建设社会主义现代化国家的基础性、战略性支撑,必须深入实施科教兴国、人才强国战略、创新驱动发展战略,开辟发展新领域新赛道,不断塑造发展新动能新优势。"在普通高中实施新课程和使用新教材的过程中,为推动科教兴国战略和加强现代化建设人才支撑,我们需要关注培育学术空间,特别是将教育内容转化为学生素养的教学学术。

面对复杂多变的外部环境以及学生多样化的成长需求,学校课程、数字环境、教师教育等方面得到了越来越多的关注。然而,作为学校核心部分的课堂教学中如何促进教师传道、授业、解惑与学生素养提升的系统性问题,并没有得到同步的重视、研究与探索,甚至有忽视教学学术的现象存在。因此,在普通高中课堂教学中,要引导教师将教学视为一种学术,将知识传播的学术性转化为教学学术,努力培育教学学术的良好土壤。

所谓教学学术,简言之,就是指学校将教学看作一门系统、专门的学问来研究、认识与实践。学校对教学学术的实施,需要引导教师在教学准备、教学过程、教学反思、教学评价等方面,关注如何将教育内容更有效地结合时代特点、学校特色和学生特点进行教学设计与课堂实践。同时,在教学过程中,教师应融合自身的个性特点和专业背景,促进学生素养的提升与发展。这样,学校可以形成独特的教学特色、个性和风格,同时也有助于教师教学能力的提升和教学风格的形成。

教学学术并不是一个新名词,它伴随着教育学的发展一直存在。关于教学的研究和阐述,国内外学者成果丰富。在学校实践层面,强调教学学术这一术语的目的,旨在引起学校和教师的足够重视,即认识到课堂教学等相关行为,不是固化、静止的,而是鲜活的、有灵魂的。将与教学研究有关的认识、智慧融入课堂教学,从而促进学生素养的提升和教师自身的成长。

任何一所学校的课堂教学都是由教师的"教"与学生的"学"组成的生命体。外部教学要求需要转化为教师的教学行为与学生的学习行为,需要把握教学学术的客观存在。对于基础教育阶段的任何学校,都是如此。本文将主要探讨普通高中的教学学术。

普通高中教学学术与一般意义上的教研之间存在区别和联系。教学学术强调将教师的教与学生的学整合到课堂教学中,最大限度地发挥课堂教学的效能。其重点在于创造性地把握时代特点、学校实际和学生发展需求,从而精确设定教学目标、落实教学要求、处理教学内容、运用恰当的教学方式、融会贯通教学手段、合理评价教学成果以及优化布置教学环境等。与此不同,教研涉及的研究对象包括课程、教师、学校和学生等,涵盖范围更为广泛。

教学学术关注将教学作为直接研究对象,通过研究促进教学质量提升,引导学生学习。它视教学为独立客观的研究对象,并关注教学实践的智慧提升。对于学生成长而言,教师在教学过程中解决真实问题,有助于学生从懵懂、未知、无知,走向理性、认知、真理。对于学校而言,教师对教学真问题的研究,能帮助学校立足育人实际与学生特点、区域实情与国家要求,也能体现从教学中找到真实、精细的教学学术；对于教师的成长来说，教学学术能体现其教学的本质价值，展现教学实践的应用性与导向性，并在追求真善美的过程中不断强化课堂教学的正能量。

普通高中将教学视为学术行为，既包括具有普遍性的教学行为，也包括符合学校特点的特殊教学行为。这种普遍性与特殊性相结合的教学学术行为赋予普通高中教学丰富多样的特点。

一般性的教学学术行为关注以下几个方面：教师在教学过程中探究影响学生学习和行动的心理、社会和文化因素；对学科内容进行逻辑分析和实质层面的分析；在课堂教学中整合社会要求、道德元素和智力支持等；将各类教学元素融入课堂教学；强调教师开展学术性学习，反思知识构成，并在新时代背景下思考教哪些知识最合适。

教学学术强调对课程内容和教材内容的再加工，并融入教师自己的特点与研究探索。因此，学校引导教师把教学视为学术行为，关注不同教师自身的专业知识整合、教学个性的张扬以及集体智慧的再次分析与取舍，形成切合本班级学生需求的课堂教学特色。如学者型教师在教学过程中将教学放在学术性框架内，传授学生某一领域的知识；专业型教师在教学准备中关注自身专业知识在课堂教学中的体现，教授对象的专业知识获取；临床型教师在课堂教学中注重教学场景的巧妙设置与把握，注重学生在课堂学习中的临场发挥与教学内容的适当调整。

学校鼓励教师将教学看作是一种学术行为，把一般性和特殊性教学行为相结合，从而构建丰富多彩的教学生态。要引导教师以学术的眼光看待教学，即期望教师在课堂上不仅仅传递课程内容，更要注重如何将学科知识融入教学过程中，以及如何根据学校的实际情况和学生的需求，展现符合学校发展需求的教学特色和教学风格。同时，教师需要思考如何根据学生的班级特点和个体差异来安排教学内容和布置教学空间。

　　将教学视为学术就能积极发挥教师的主动性和能动性,把教学当作持续研究的课题,而不受外部因素所影响。教师要充分考虑自身对于教学问题、学科问题和学生问题的认识,从而在课堂、课程、学校和学生之间作出适当的教学行为选择与创新。这样既能在教学中挖掘具有学术价值的教学智慧和教学个性,同时能进一步让学校的教学特色和教学风格得以彰显。

　　让教师将教学视为学术的重要性,不仅在于促进他们根据新时代发展需求进行教育改革、寻找并探究教学问题,还有助于将外部知识有效及时地转化为学生内在需求、核心素养和关键能力。因此,将教学视为学术也可以推动教师随着时代变迁、学校发展需求以及学生实际需求进行持续的教学问题研究。中国教育现代化2035 与上海教育现代化 2035 对教育人才培养目标提出了更高要求,即要求学校引导教师将教学视为学术,并关注教学中的真实问题。

　　没有学术要求的学校很难成为名校。学术水平不仅仅是高等院校的专有标志,普通高中也应追求符合自身发展需求的学术水平,并致力于解决学生成长过程中所遇到的问题。教学学术的发展是其中不可或缺的重要组成部分。学校的教学学术水平取决于教师整体的教学水平。学校应该为教师提供基于实践的研修和学术提升机会,创造一个有利于教育学术共同体探讨的氛围,从而使教学学术在良好的环境中茁壮成长。

　　要推动普通高中学科教师在实施新课程和使用新教材过程中,深入探讨教学学术,以提高学生学科核心素养为目标,关注课堂教学实践中的真实问题,并及时思考新时代对教学挑战,培养教师自适应教学变革的能力。这正是我们上海中学全体教师一直在努力寻求的方向。

　　在本书的编写过程中,得到了多位专家的指导与帮助。感谢上海市教委教研室原主任徐淀芳、上海市教师教育学院副院长纪明泽以及上海市教师教育学院院长王洋等专家的指导;感谢上海市教委教研室高中阶段各学科教研员提出的对文稿修改的宝贵意见;同时,非常感谢上海中学党委书记张泽红、教学处树骅、李锋云、张智顺以及校务办刘茂祥、程林等老师对书稿进行的编辑与审阅。

此外,我们还要特别致谢上海教育出版社的徐建飞主任带领的团队,他们为本书的出版付出了诸多辛劳。再次向所有为此书付出努力的人表示衷心的感谢。

本书编写组

2023 年 3 月

图书在版编目（CIP）数据

纳新固本：普通高中"双新"视野下学科教学校本纲
要导引 / 冯志刚主编. — 上海：上海教育出版社，2023.7
ISBN 978-7-5720-2164-0

Ⅰ.①纳… Ⅱ.①冯… Ⅲ.①课程－教学研究－高中
Ⅳ.①G632.3

中国国家版本馆CIP数据核字(2023)第143989号

策　　划　徐建飞工作室
责任编辑　章琢之
封面设计　金一哲

纳新固本——普通高中"双新"视野下学科教学校本纲要导引
冯志刚　主编

出版发行　上海教育出版社有限公司
官　　网　www.seph.com.cn
地　　址　上海市闵行区号景路159弄C座
邮　　编　201101
印　　刷　上海盛通时代印刷有限公司
开　　本　890×1240　1/32　印张 8.75　插页 4
字　　数　219千字
版　　次　2023年11月第1版
印　　次　2023年11月第1次印刷
书　　号　ISBN 978-7-5720-2164-0/G·1932
定　　价　88.00 元

如发现质量问题，读者可向本社调换　电话：021-64373213